Gläser / Richter
Die sozialwissenschaftliche Perspektive konkret

AF164638

Begleitbände zum Perspektivrahmen Sachunterricht
Band 1

herausgegeben von Andreas Hartinger

Eva Gläser
Dagmar Richter
(Hrsg.)

Die sozialwissenschaftliche Perspektive konkret

Begleitband 1 zum
Perspektivrahmen Sachunterricht

Verlag Julius Klinkhardt
Bad Heilbrunn • 2015

Schriftenreihe der
Gesellschaft für Didaktik des Sachunterrichts e.V.

Die Gesellschaft für Didaktik des Sachunterrichts (GDSU) e.V. ist ein Zusammenschluss von Lehrenden aus Hochschule, Lehrerfortbildung, Lehrerweiterbildung und Schule. Ihre Aufgabe ist die Förderung der Didaktik des Sachunterrichts als wissenschaftlicher Disziplin in Forschung und Lehre sowie die Vertretung der Belange des Schulfaches Sachunterricht.
www.gdsu.de

Bibliografische Information der Deutschen Nationalbibliothek
Die Deutsche Nationalbibliothek verzeichnet diese Publikation
in der Deutschen Nationalbibliografie; detaillierte bibliografische Daten
sind im Internet abrufbar über http://dnb.d-nb.de.

2015.K. © by Julius Klinkhardt.
Das Werk ist einschließlich aller seiner Teile urheberrechtlich geschützt.
Jede Verwertung außerhalb der engen Grenzen des Urheberrechtsgesetzes ist ohne Zustimmung des Verlages unzulässig und strafbar. Das gilt insbesondere für Vervielfältigungen, Übersetzungen, Mikroverfilmungen und die Einspeicherung und Verarbeitung in elektronischen Systemen.

Titelillustration: © sunnysideeggs / istock.

Druck und Bindung: AZ Druck und Datentechnik, Kempten.
Printed in Germany 2015.
Gedruckt auf chlorfrei gebleichtem alterungsbeständigem Papier.

ISBN 978-3-7815-2060-8

Vorwort für die Reihe „Begleitbände zum Perspektivrahmen"

Der vorliegende Band ist der erste von insgesamt fünf Begleitbänden zum 2013 neu gefassten Perspektivrahmen Sachunterricht der Gesellschaft für Didaktik des Sachunterrichts, die in den nächsten Jahren erscheinen werden. Die besondere Zielsetzung dieser Bände liegt darin, konkrete Beispiele zusammenzustellen, die deutlich machen, wie der Perspektivrahmen Sachunterricht zur Unterrichtsplanung und -vorbereitung effektiv und gewinnbringend genutzt werden kann.
Diese Begleitbände flankieren damit die Weiterentwicklung des Perspektivrahmens Sachunterricht, der seit 14 Jahren und inzwischen in seiner dritten Auflage existiert. Damit kann man ihm bereits jetzt eine gewisse Entwicklungsgeschichte zuschreiben. Bei den ersten beiden Auflagen (2001 und 2002) war es die zentrale Absicht, Tendenzen zu begegnen, die eine zunehmende Abwertung des Faches (in Schule und Studium) befürchten ließen. Zudem soll durch die Benennung inhaltlicher Perspektiven sowie durch die Festlegung auf zentrale Kompetenzen und die Ausgestaltung inhalts- und verfahrensbezogener Beispiele das Bildungspotenzial des Faches dargestellt und zugleich aufgezeigt werden, welche Lernchancen Schülerinnen und Schüler bis zum Ende der vierten Jahrgangsstufe aus der Sicht der Didaktik des Sachunterrichts gehabt haben sollten.
Der Erfolg der ersten beiden Auflagen des Perspektivrahmens Sachunterricht ist in vielerlei Hinsicht unstrittig. Dies gilt insbesondere für seinen Einfluss auf alle Lehrpläne bzw. Curricula, die seit seiner Entstehung erschienen sind sowie für seine Orientierungskraft innerhalb der Disziplin „Didaktik des Sachunterrichts". Ebenso ersichtlich war jedoch, dass er nur kaum in den konkreten Sachunterricht der Grundschule wirken konnte. Verbunden damit ist die Befürchtung, dass die Aussagen des Perspektivrahmens in der Unterrichtspraxis als wenig hilfreich – oder schlimmer noch – als wenig realistisch und umsetzbar gesehen werden könnten.
Auch aus diesem Grund wurden in der dritten Auflage des Perspektivrahmens Sachunterricht für sämtliche Perspektiven sowie für die vier beschriebenen perspektivenvernetzenden Themenbereiche (Mobilität, nachhaltige Entwicklung, Medien, Gesundheit/Gesundheitsprophylaxe und Medien) so genannte „beispielhafte Lernsituationen" ausgearbeitet. In ihnen wird gezeigt, wie die im Perspektivrahmen formulierten Kompetenzen in der Unterrichtspraxis konkret gefördert werden können. Allerdings mussten diese Ausführungen im Perspektivrahmen sehr exemplarisch bleiben, auch wenn in jeder der beispielhaften Lernsituationen mehrere und unterschiedliche Kompetenzen berücksichtigt werden.

Die Reihe „Begleitbände zum Perspektivrahmen Sachunterricht" setzt hier an. In jedem der fünf Bände der Reihe werden für eine Perspektive des Sachunterrichts weitere Lehr-Lernsituationen beschrieben, die aufzeigen, wie sich die Idee eines bildungswirksamen und kompetenzorientierten Sachunterrichts umsetzen lässt. Sämtliche Beispiele orientieren sich an den theoretischen Überlegungen des Perspektivrahmens Sachunterricht. Zwar ist es auch hier erforderlich, exemplarisch vorzugehen, doch ermöglicht der nun zur Verfügung stehende Platz, dass für alle Perspektiven sowohl die zentralen perspektivenbezogenen Themenbereiche als auch die perspektivenbezogenen Denk-, Arbeits- und Handlungsweisen berücksichtigt werden. Zudem finden sich jeweils Beispiele, die explizit die Vernetzung der Perspektiven im Fokus haben.

Ziel der Bände und der in ihnen enthaltenen Unterrichtsbeispiele ist es, sämtlichen Personen, die in der Unterrichtspraxis des Sachunterrichts tätig sind oder die an dieser Unterrichtspraxis interessiert sind, eine tragfähige Brücke zu schlagen. Sie soll verbinden zwischen den Überlegungen des Perspektivrahmens und den dort formulierten Anforderungen an Inhalte und Ausgestaltung eines kompetenzorientierten Sachunterrichts auf der einen Seite und der (eigenen) Unterrichtspraxis auf der anderen Seite.

Durch diese Begleitbände wird die Diskussion um die Ausgestaltung und auch die Konzeptionierung von Sachunterricht sicherlich weitere Impulse erfahren. Dabei werden die hier formulierten Beispiele hoffentlich ermutigend und anregend wirken sowie den konkreten Sachunterricht vor Ort beeinflussen, um somit letztlich die Qualität des Sachunterrichts weiter zu sichern und zu erhöhen.

Andreas Hartinger
Erster Vorsitzender der GDSU

Literatur

GDSU (Gesellschaft für die Didaktik des Sachunterrichts) (2001): Fünf Perspektiven für den Sachunterricht. Ein Vorschlag der Gesellschaft für Didaktik des Sachunterrichts. In: Grundschule, 33, H.4, 9-14.
GDSU (Gesellschaft für die Didaktik des Sachunterrichts) (2002): Perspektivrahmen Sachunterricht. Bad Heilbrunn: Klinkhardt.
GDSU (Gesellschaft für die Didaktik des Sachunterrichts) (2013): Perspektivrahmen Sachunterricht. Bad Heilbrunn: Klinkhardt.

Inhaltsverzeichnis

Vorwort des Reihenherausgebers Andreas Hartinger

Inhaltsverzeichnis

Eva Gläser und Dagmar Richter:
Einleitung 9

Anke Götzmann und Georg Weißeno:
Politisches Lernen im Sachunterricht zu Demokratie und
Bürgerentscheid (TB 1) 13

Thomas Goll:
Das Thema Rechtsstaat im Sachunterricht (TB 1) 27

Detlef Pech und Nina Kallweit:
Mehrheit entscheidet? Wahlen und Wahlverfahren (TB 2) 43

Dagmar Richter:
Öffentlichkeit und Privatsphäre –
ein strittiges, aber unzertrennliches Paar (TB 2) 51

Eva-Maria Schauenberg:
Gerechtigkeit: „Wenn einer mehr hat – ist das fies?" (TB 3) 63

Bernhard Ohlmeier:
Gemeinwohl und gesellschaftliche Partizipation –
Service Learning am Beispiel eines Beteiligungsprojektes zur
Renaturierung eines Wiesenbaches (TB 3) 75

Birgit Weber:
Kinder als aktive Konsumenten (TB 4) 89

Michael-Burkhard Piorkowsky:
Arbeit als grundlegendes Mittel der Alltags- und
Lebensgestaltung (TB 5) 109

Astrid Rank und Günther Seeber:
Vielfältige Zugänge zum Themenbereich Arbeit für das
dritte und vierte Schuljahr (TB 5) 121

Linya Coers und Marlies Hempel:
Das eigene Leben reflektieren: Sozialisation und Geschlecht als
Gegenstand des Sachunterrichts (TB 6) 135

Eva Gläser und Julia Peuke:
Migration und Migrationsgesellschaft im
sozialwissenschaftlichen Sachunterricht thematisieren (TB 6) 151

Markus Gloe und Hans-Werner Kuhn:
Recherchieren und Vergleichen als beispielhafte Lernsituationen.
Medien im sozialwissenschaftlichen Sachunterricht
(*perspektivenvernetzender Beitrag*) 169

Claudia Schomaker und Jan Heiko Wohltmann:
Inklusives Zusammenleben von Menschen mit und
ohne Behinderung (*perspektivenvernetzender Beitrag*) 181

Autorinnen und Autoren 197

Einleitung

Die sozialwissenschaftliche Perspektive des Sachunterrichts hat eine zentrale Zielsetzung: Die Kompetenzen der Schülerinnen und Schüler sollen für das Zusammenleben in der demokratischen Gesellschaft in Lehr-Lern-Situationen gefördert werden. Die Schülerinnen und Schüler sind zu befähigen, ihre gesellschaftlich geprägte Alltagswelt zu verstehen und in ihr kompetent handeln zu können. Das zentrale Ziel ist somit die Förderung ihrer Mündigkeit. Im Perspektivrahmen Sachunterricht wird in einem differenzierten Überblick das Bildungspotenzial dieser Perspektive ausgeführt (2013, 27ff.).
Dieser Band ergänzt diese grundlegenden Erläuterungen, indem die perspektivenbezogenen Denk-, Arbeits- und Handlungsweisen (DAH) (30ff.) und Themenbereiche (TB) (34ff.) aus den gesellschaftlichen Bereichen Politik, Wirtschaft, Recht, Kultur und Gemeinschaft im Zusammenhang in unterrichtliche Kontexte eingebunden werden.
Grundschülerinnen und -schüler sind in diese unterschiedlichen gesellschaftlichen Bereiche vielfach eingebunden. Sei es, dass sie politische, wirtschaftliche oder kulturelle Themen in den Medien wahrnehmen, Werte und Normen übernehmen, von Gesetzen und Ordnungen indirekt über ihre Eltern betroffen sind oder dass sie kulturelle Vielfalt in ihrer Nachbarschaft erleben. Die Vermittlung relevanter Wissensbestände und Fertigkeiten in unterrichtlichen Anforderungssituationen ist ein Anliegen des kompetenzorientierten Sachunterrichts. Die Teilhabe und Mitwirkung am Leben in der Gesellschaft erfordert von den Schülerinnen und Schülern Kompetenzen, die im Perspektivrahmen Sachunterricht aus heuristischen Gründen in DAHs (prozedurale Komponente) und TBs (deklarative Komponente) differenziert in Form einer Tabelle dargestellt sind (29f.):

Tab. 1: Überblick über die sozialwissenschaftliche Perspektive

Perspektivenbezogene Denk-, Arbeits- und Handlungsweisen:	
DAH SOWI 1:	*An ausgewählten gesellschaftlichen Gruppen partizipieren*
DAH SOWI 2:	*Argumentieren sowie zwischen Einzelnen oder zwischen Gruppen mit unterschiedlichen Interessen und Bedürfnissen verhandeln*
DAH SOWI 3:	*Politisch urteilen*
DAH SOWI 4:	*Ökonomische Entscheidungen begründen*
DAH SOWI 5:	*Kulturelle Deutungen und Werte respektieren und tolerieren*
DAH SOWI 6:	*Handlungen planen und umsetzen*
Perspektivenbezogene Themenbereiche:	
TB SOWI 1:	*Die politische Ordnung*
TB SOWI 2:	*Politische Entscheidungen*
TB SOWI 3:	*Das Gemeinwohl*
TB SOWI 4:	*Kinder als aktive Konsumenten*
TB SOWI 5:	*Arbeit*
TB SOWI 6:	*Sozialisation*

In den ersten Klassenstufen sind die Begriffe und Fertigkeiten aus den TBs und DAHs grundzulegen. Hierzu gehören beispielsweise Sprachbildung und Reflexion über die Tätigkeiten. Kürzere Lernsituationen und kleinere Einheiten kennzeichnen den Unterricht. In den weiteren Klassenstufen lassen sich die in der Tabelle genannten DAHs und TBs für die Unterrichtsplanungen zunehmend als Baukastensystem nutzen, da sie je nach konkretem Unterrichtsthema vielfältig miteinander zu kombinieren sind. Dies ist insbesondere dann möglich, wenn komplexere Sachverhalte aus der Alltagswelt zum Unterrichtsgegenstand werden. Die Sachverhalte beziehen sich dann auf gleiche Realitätsausschnitte der verschiedenen TBs. So lässt sich beispielsweise das Konzept Gerechtigkeit (TB 3) als ein thematischer Aspekt in alle anderen TBs integrieren. Ähnliches gilt für die DAHs. Dies ermöglicht bei wiederkehrenden DAHs und TBs in der Grundschulzeit zunehmende Vertiefungen des Wissens und der Fertigkeiten, also kumulatives Lernen bei den Schülerinnen und Schülern.

Alle Beiträge dieses Bandes haben jeweils einen Themenbereich (TB) als Schwerpunkt zum Gegenstand, kombiniert mit mindestens zwei Denk-, Arbeits- und Handlungsweisen (DAH). Zu fast allen Themenbereichen finden sich zwei Beiträge im Band. Auch alle Denk-, Arbeits- und Handlungsweisen sind mehrfach in die verschiedenen Unterrichtsthemen einbezogen. Sachunterricht ist prinzipiell vielperspektivisch. Dies veranschaulichen zudem zwei Beiträge, die perspektivenvernetzende Bereiche thematisieren.

Grundsätzlich sind die Beiträge dieses Bandes als Beispiele zu verstehen, wie eine Unterrichtsplanung ausgehend vom Perspektivrahmen erfolgen kann. In jedem

Beitrag wird der jeweilige Schwerpunkt zunächst im Hinblick auf seine Bedeutung für den Kompetenzerwerb in dieser Perspektive ausgeführt, d.h. er wird didaktisch begründet bzw. in didaktische Diskussionen des Sachunterrichts eingebettet. Aus diesem Schwerpunkt werden für verschiedene Klassenstufen geeignete Unterrichtsgegenstände bzw. Unterrichtsthemen vorgestellt. Zu diesen Unterrichtsgegenständen werden fachliche Informationen gegeben und/oder Hinweise zur eigenen weiteren Recherche. Zudem werden Verknüpfungen zu anderen TBs oder Perspektiven aufgezeigt. Exemplarisch werden Bezüge zum kindlichen Alltag hergestellt, die als Unterrichtsanlässe dienen können. Insbesondere bei sozialwissenschaftlichen Unterrichtsthemen können die tatsächlichen Bezüge aufgrund ihrer Historizität bzw. Aktualität variieren. Wichtig für die konkreten Planungen sind des Weiteren die Lernausgangslagen, also die Vorerfahrungen der Schülerinnen und Schüler. Soweit vorhanden, werden hierzu empirische Forschungen ausgeführt und einbezogen.

Im Anschluss an diese didaktischen Reflexionen werden in den Beiträgen exemplarische Lernsituationen bzw. Aufgabenbeispiele präsentiert, mit denen die Kompetenzen gefördert werden können. Hierzu werden typische Denk-, Arbeits- und Handlungsweisen (DAH) der Perspektive einbezogen, also ein oder zwei DAHs konkreter mit dem gewählten Gegenstand verknüpft. Ergänzend wird zudem vielfach auf bereits veröffentlichte Unterrichtsbeispiele z.B. in Zeitschriften oder als Online-Materialien verwiesen. Die dargestellten Aufgabenbeispiele und vorgestellten Materialien und Medien können Ausgangspunkte für eigene Unterrichtsplanungen sein.

Ein Band, der vor allem didaktische Begründungen, empirische Befunde und unterrichtliche Planungen fokussiert, kann nicht alle weiteren wichtigen Aspekte einbinden. Unterrichtsprinzipien oder -methoden der sozialwissenschaftlichen Perspektive wie beispielsweise das Kontroversitätsgebot oder die Fallanalyse sind nicht Gegenstand von Kompetenzmodellen und folglich nicht im Perspektivrahmen Sachunterricht zu finden. Gleichwohl ist es für die konkrete Planung des Unterrichts wichtig, sie entsprechend der Unterrichtsziele oder der Gegebenheiten vor Ort zu berücksichtigen. Exemplarisch finden sie sich in einigen Lernsituationen in den hier versammelten Beiträgen, ohne dass sie aber ausführlich beschrieben oder systematischer dargestellt werden konnten. Das Arbeiten mit diesem Band wird daher eine grundlegende Kenntnis bzw. Beschäftigung mit der Lehre der sozialwissenschaftlichen Perspektive nicht ersetzen, er bietet allerdings fundierte einführende Hinweise und Anregungen zur unterrichtlichen Umsetzung für die sozialwissenschaftliche Perspektive.

Anke Götzmann und Georg Weißeno

Politisches Lernen im Sachunterricht zu Demokratie und Bürgerentscheid

1 Einleitung

Kompetenzorientierter Unterricht spielt eine entscheidende Rolle bei der Umsetzung des Perspektivrahmens Sachunterricht der Gesellschaft für Didaktik des Sachunterrichts (GDSU, 2013). Die Vermittlung relevanter politischer Wissensbestände und Fertigkeiten in unterrichtlichen Anforderungssituationen zählt zu den Anliegen des Sachunterrichts. Für die individuellen Lern- und Lebenschancen ist die Förderung politischer Kompetenzen schon in der Grundschule notwendig. Die Grundschüler/-innen schauen (Kinder-)Nachrichten, begegnen Wahlplakaten, erkunden politische Institutionen in der Gemeinde oder im Urlaub, wollen mehr über aktuelle Kriege erfahren, wählen Klassensprecher/-innen usw. Politik ist als Thema präsent und in Form von Schlagwörtern bekannt (ebd., 28). Politik ist heute selbstverständlicher Teil der Lebenswelt der Kinder.

Kinder nehmen die demokratische Ordnung wahr, so wie sie über Medien, Parteien oder Familien dargestellt oder in der Heimatgemeinde erfahren wird. Viele kennen den Namen des Bürgermeisters ihrer Gemeinde und sind im Elternhaus oder anderenorts vermutlich schon Diskussionen über einen anstehenden Bürgerentscheid begegnet. Dies sind Anknüpfungspunkte und Bausteine für den konzeptuellen Wissensaufbau mit Hilfe von 'Lernwörtern' in der Grundschule. 'Lernwörter' bzw. politische Begriffe erschließen die Lebenswelt der Kinder. Sie lernen damit umzugehen und sie anzuwenden. Die Entwicklung der politischen „(fach-)sprachlichen Kultur" (GDSU 2013, 11) beginnt mit der Grundschule. Begrifflichkeiten müssen zur präzisen Verständigung geklärt und in politikbezogenen Denk-, Arbeits- und Handlungsweisen umgesetzt werden (ebd., 30). Hierzu zählen argumentative Fähigkeiten wie auch die Motivation zur Teilhabe und Mitwirkung an demokratischen Entscheidungen. Gerade argumentative Fähigkeiten sind in politischen Diskussionen besonders wichtig.

Mit dem Perspektivrahmen ist eine Neuorientierung im Sachunterricht vorgenommen worden. Dies hat Konsequenzen für die Planung und Durchführung des Unterrichts. Im Kern geht es dabei um Konzepte, die über politische 'Lernwörter' zu fördern und für die Wissensaufnahme zentral sind. Es geht um die Konstruktion des Wissens. Deshalb werden in diesem Beitrag nach den didaktischen

Vorüberlegungen die für die Themenbereiche relevanten (Fach-)Konzepte erklärt. Gefragt wird darüber hinaus, wie sie zur Förderung der Denk-, Arbeits- und Handlungsweisen beitragen. Insofern bleibt der Unterricht nicht auf die Wissensvermittlung beschränkt. Abschließend werden konkrete Unterrichtsvorschläge gemacht und die neuen Arbeitsweisen an einem Material konkretisiert.

2 Didaktische Überlegungen zum Themenbereich politische Ordnung

Im Sinne von naiven Theorien (vgl. Götzmann 2007) entwickeln Kinder bei Unwissenheit eigene Strategien zur Erklärung eines Sachverhalts. Meist sind es Analogien aus anderen Domänen. Solche Erklärungsmuster entsprechen Informationskonzepten von Nicht-Wissenschaftler/-innen (vgl. Wellman & Gelman 1998, 524). Derartige Muster sind in der Alltagssprache gängig, aber aus fachlicher Perspektive noch unterkomplex. Naive Theorien gibt es für einzelne Bereiche/Domänen wie Physik, Biologie, Politik etc. Sie sind wichtig für das Realitätsverständnis. Kenntnisse über das Funktionieren eines Staates sind heute für das Überleben genauso relevant wie über Biologie oder Physik. „Politik ist öffentlicher Konflikt von Interessen unter den Bedingungen von öffentlichem Machtgebrauch und Konsensbedarf" (von Alemann 1994, 148). Von der Öffentlichkeit zu unterscheiden sind private Entscheidungen, die in der Familie, in der Klasse, im Freundeskreis getroffen werden (vgl. Götzmann 2007). Dies zu verstehen, ist Aufgabe politischen Lernens.

Im Unterricht ist immer wieder zu beobachten, dass Schüler/-innen, die aufgefordert werden, einen politischen Sachverhalt zu erklären, oft auf der Basis vorgängiger Alltagserfahrungen spontan Konstruktionen entwickeln. Schülervorstellungen in diesem Sinne sind noch nicht als dauerhaft repräsentierte, stabile Strukturen zu verstehen. Sie werden im Deutschen auch als Ad-hoc-Konstruktionen bezeichnet (vgl. Kleickmann 2008). Es sind naive Theorien, die herangezogen werden. Die Variation solcher alltäglicher Schülervorstellungen ist groß. Sie stehen (noch) nicht im Zusammenhang mit dem Fachwissen, das im Unterricht zu vermitteln ist. Aufgabe des Sachunterrichts ist, dass Schüler/-innen aus den Alltagsvorstellungen wissenschaftlich angemessenere Vorstellungen entwickeln. Die Bundeskanzlerin ist keine Königin. Die Vorstellungen müssen verändert werden durch einen Konzeptaufbau, der angemessenes Wissen als Maßstab hat.

Eine naive Theorie der Politik geht aber nicht von einer Defizitanalyse aus, nach der die Kinder Politik noch nicht richtig erklären können. Sie will vielmehr den Weg zu einem elaborierten Verständnis aufzeigen. In der Auseinandersetzung mit der Sache Politik sind Fehlkonzepte vorhanden, die in elaborierte Konzepte zu überführen sind. Von dem vorliegenden Alltagsverständnis aus sind über die

Einführung der Fachsprache Wege der Elaborierung zu suchen. Der Erwerb der Begrifflichkeiten hilft dabei. Politik ist adäquat zu erfassen und zu beschreiben. Die schulische Fachsprache hat sich von der alltäglichen zu unterscheiden, um den Alltag nicht zu verdoppeln. Mit dem Fachvokabular in Form von politischen 'Lernwörtern' ist es erst möglich, schulisches politisches Wissen zu vermitteln. Es ist Teil der Bildungssprache. Der Perspektivrahmen fordert diese Schritte, wenn er auf die Bedeutung der Fachsprachen ausdrücklich hinweist. „Sprachliche Ausdrucksformen im Sachunterricht knüpfen auch an die Erfahrungen und Vorstellungen und damit an die Alltagssprache der Kinder an. In der Auseinandersetzung mit den Sachen des Sachunterrichts müssen die Kinder lernen, Dinge, Erscheinungen und Zusammenhänge sachadäquat sprachlich darzustellen, um so (…) Wege von der Alltags- zur Bildungssprache zu finden" (GDSU 2013, 11).

3 Beschreibung der Inhalte zum Themenbereich politische Ordnung

Themenbereiche über (Fach-)Konzepte zu beschreiben ist neu. Der Perspektivrahmen nennt eine Reihe von Konzepten (GDSU 2013, 34f.). Sie sind dort bereits in Kontexte eingebunden und mit weiteren Begriffen verbunden. Wie aber ist der dort genannte fachsprachliche Korpus für das in der Grundschule zu vermittelnde politische Wissen zu definieren? Die GDSU hat für den Bereich Politik die im Modell von Weißeno, Detjen, Juchler, Massing und Richter (2010) begründeten (Fach-)Konzepte und konstituierenden Begriffe übernommen. Sie sind dort inhaltlich erläutert. Die Unterrichtsvorbereitung kann sich auf die gelieferten Sachinformationen, die im Perspektivrahmen fehlen, stützen. Sie werden im folgenden Abschnitt aus dem Buch in stark gekürzter Form zitiert und jeweils mit empirischen Hinweisen aus den offenen Fragen der Studie zum Wissen von Schüler/-innen der ersten und vierten Klasse versehen (vgl. Götzmann 2015).
Die für den Sachunterricht relevanten politischen Konzepte werden in den ersten drei Themenbereichen des Perspektivrahmens (GDSU 2013, 34f.) genannt. Sie werden dem Kontext des jeweiligen Themenbereichs zugeordnet. Der Begriff Themenbereich kann hier aber leicht missverstanden werden. Politische Ordnung ist kein Unterrichtsthema. Vielmehr geht es darum, die Konzepte in den Unterrichtsthemen zu berücksichtigen. Konzepte werden in der Praxis in verschiedenen Kontexten/Themen neu kombiniert. Die Schüler/-innen integrieren sie in ihr Wissensnetz. Dies wird im Perspektivrahmen nicht deutlich. Die bekannten und sonst möglichen Unterrichtsthemen ändern sich aber nicht.
Im Perspektivrahmen sind zu den Themenbereichen zunächst die jeweiligen (Fach-)Konzepte genannt. Sie werden in den Spiegelstrichen mit weiteren konstituierenden Begriffen erläutert. Dadurch wird der in der Grundschule mögli-

che Vorstellungsraum zu einem Konzept konkret. Er markiert die Möglichkeiten, über die ein Kind mindestens verfügen soll, wenn es ein Konzept wie Repräsentation fachlich richtig erklären soll.
Die im Perspektivrahmen geforderte „Sprachbildung" im Unterricht ist mit Konzepten möglich. Die empirische Studie zu den von den Grundschüler/-innen benutzten Begriffen zeigt folgendes Gesamtbild. „Auffallend ist die schon beachtliche inhaltliche Stringenz der Konzepte der Kinder. Nur sehr selten verwenden sie in ihren Antworten sich widersprechende Argumentationen. In der Regel verfügen sie entweder über mindestens einen korrekten Fachbegriff oder aber über Misskonzepte. Während Fachbegriffe wie Wahlen, Bürgermeister, Bundeskanzler und Parteien bereits von einer größeren Zahl der Kinder für ihre Argumentation herangezogen werden, finden andere Fachbegriffe lediglich bei einzelnen Kindern Verwendung. Auffällig ist, dass die geäußerten Fachbegriffe in der Regel richtig verwendet werden. Dennoch wird deutlich, dass den Kindern viele Fachbegriffe noch nicht bekannt sind" (Götzmann 2015).
Die für die „Sprachbildung" erforderlichen Konzepte und konstituierenden Begriffe sind in der folgenden Übersicht gelistet. Für unser Thema sind in den Materialien Konzepte aus den Themenbereichen Ordnung und Entscheidung kombiniert. Die Unterrichtseinheit beschränkt sich zwar auf einige wenige Begriffe, doch können die Kinder sie auch mit den anderen sinnvoll verknüpfen. Die folgende Übersicht aus dem Buch von Weißeno et al. (2010, 191) zeigt die Begriffe, die den beiden Perspektiven zugrunde liegen.

Tab. 1: Politische Begriffe für die Sprachbildung zu den Themenbereichen Ordnung und Entscheidung (und Gemeinwohl)

Themenbereiche	(Fach-)Konzepte	konstituierende Begriffe
politische Ordnung	Repräsentation	Klassensprecher, Bürgermeister, Gemeinderat
	Demokratie	Mehrheitsprinzip, Abstimmung, Diskussion
	Staat	Polizei, Grenze
	Rechtsstaat	Staatsanwalt, Verteidiger, Richter, Gesetz
	Grundrechte	Meinungsfreiheit, Schutz (der Privatsphäre)
politische Entscheidungen	Macht	Autorität, Gewalt, Führung, Gehorsam, Verhandlung
	Öffentlichkeit	Zugang, Partizipation, Privatheit, Amt vs. Person
	Wahlen	frei, allgemein, gleich, geheim
	Parteien	Wähler/-innen, Wahlkampf, Interessen
Gemeinwohl	Gerechtigkeit	Tausch, Leistung
	Frieden	Waffenstillstand, Krieg
	Nachhaltigkeit	Umweltpolitik, Armut/Reichtum, Generationengerechtigkeit

Bevor Einzelheiten zu den einzelnen (Fach-)Konzepten erläutert werden, ist zunächst zu klären, was eine politische Ordnung ausmacht. Der Themenbereich politische Ordnung beschreibt in einem allgemeinen Verständnis die Voraussetzung allen menschlichen Zusammenlebens. Die im engeren Sinne politische Ordnung stellt den Rahmen dar, innerhalb dessen politische Entscheidungsprozesse verlaufen können. Die wichtigste Funktion politischer Ordnung ist darin zu sehen, dass sie Verlässlichkeit schafft, politische Prozesse zumindest in Grenzen berechenbar und voraussehbar macht und absoluter Beliebigkeit Schranken setzt. Daher beinhaltet die politische Ordnung Staat und Verfassung, fügt diesen aber noch die vom Staat gesetzten Normen für die Gesellschaft hinzu (vgl. Weißeno et al. 2010, 53ff.). Momente einer politischen Ordnung erleben die Kinder bei einer Klassensprecherwahl, bei Reisen über die Grenze, bei der Begegnung mit Polizei oder Feuerwehr usw. Zudem hat ein Themenbereich lediglich eine Gliederungsfunktion. In der gesprochenen Sprache sind Begriffe aus allen Themenbereichen vernetzt. Deshalb sind die Konzepte und die konstituierenden Begriffe das, was in der Grundschule zu vermitteln ist.

Der Themenbereich politische Entscheidungen zielt darauf ab, den Schüler/-innen zu verdeutlichen, dass in der Politik immer die bewusste oder unbewusste Wahl zwischen Alternativen oder Varianten von Zielen, Gestaltungs- und Handlungsmöglichkeiten im Hinblick auf Wertmaßstäbe und/oder sonstige Präferenzen (z.B. Interessen) besteht. Grundsätzlich sind demokratisch getroffene Entscheidungen kollektive Entscheidungen (von vielen in einem großen sozialen Gebilde), keine individuellen Entscheidungen. „Politik ist die Gesamtheit der Aktivitäten zur Vorbereitung und zur Herstellung gesamtgesellschaftlich verbindlicher und/oder am Gemeinwohl orientierter und der ganzen Gesellschaft zugute kommender Entscheidungen" (Meyer 2003, 41). Politik ist also gekennzeichnet durch Entscheidungen, die offen sind, d.h. in einem Handlungsraum getroffen werden, in dem immer Alternativen möglich sind (vgl. Weißeno et al. 2010, 98f.). Dies erleben Kinder bei jedem in einer Gemeinde kontrovers diskutierten Thema, aber auch täglich in den Kindernachrichten der Zeitung oder des Fernsehens usw.

Das erste (Fach-)Konzept des Themenbereichs Ordnung ist Demokratie. Ausgeübt werden kann demokratische Herrschaft zum einen unmittelbar durch das Volk in Volksversammlungen oder durch Abstimmungen in Volksentscheiden, zum anderen durch gewählte Personen, d.h. Repräsentanten. Demokratische Herrschaftsausübung dient dem Wohle und Nutzen des Volkes und nicht den jeweils Herrschenden. Der demokratische Verfassungsstaat ist durch folgende Merkmale geprägt: Rechtliche Gleichheit aller Bürger/-innen, allgemeines Wahlrecht, umfassende Partizipationsrechte und -chancen der Bürger/-innen, diskursive Öffentlichkeit, Geltung des Mehrheitsprinzips, Herrschaftsanvertrauung auf Zeit, gewaltenteilige Organisation der Staatsgewalt, Mehrparteiensystem, Parteienwettbewerb,

Pluralismus der Interessenverbände, offener politischer Willensbildungsprozess und freie Entfaltungsmöglichkeiten der Opposition (vgl. ebd., 61f.).

Ein häufiges Fehlkonzept ist die Erwartung, dass demokratisch gefällte Entscheidungen deshalb gerecht sein müssen, weil sie demokratisch zustande gekommen sind. Grundschüler/-innen benutzen den Begriff Demokratie eher selten (vgl. Götzmann 2015). Er ist noch nicht selbstverständlicher Teil der Bildungssprache in der Grundschule. Dem (Fach-)Konzept Demokratie geht das Verständnis der Konzepte Rechtsstaat, Repräsentation und Grundrechte voraus. Es besteht ein enger Zusammenhang zu den Fachkonzepten Parteien, Öffentlichkeit, Wahlen und Gerechtigkeit (vgl. Weißeno et al. 2013, 64).

Grundrechte sind die in eine Verfassung übernommenen Menschenrechte. Sie sind Elementarrechte, die dem Einzelnen durch die Verfassung verbrieft und garantiert sind. Sie verleihen dem Individuum einen Rechtsstatus, der ihm nicht einfach von Behörden und durch Richterspruch entzogen werden kann. Grundrechte lassen sich in Freiheitsrechte und Gleichheitsrechte unterscheiden. Die Freiheitsrechte untergliedern sich in Rechte zum Schutze der Freiheit der Person (z.B. Privatsphäre) und in politische Mitwirkungsrechte (z.B. Meinungsfreiheit). Die Grundrechte werden durch mehrere Vorkehrungen geschützt: So dürfen die Grundrechte nicht beseitigt oder abgeschafft werden. Die UN-Konvention zu den Kinderrechten kann in diesem Sinne auf die Grundrechte übertragen werden (vgl. ebd., 72ff.).

Die Schulbücher widmen den Kinderrechten breite Aufmerksamkeit. Allerdings fehlen nicht selten Hinweise auf die Schranken. Daher ist das Fehlkonzept weit verbreitet, die Geltung von Kinderrechten sei unbeschränkt. Hier wird übersehen, dass die meisten Grund- und Kinderrechte nur nach Maßgabe von Gesetzen (Gesetzesvorbehalt) gelten. So ist z.B. die körperliche Züchtigung durch die Eltern in Gesetzen und durch die Rechtsprechung genau geregelt.

Das (Fach-)Konzept Rechtsstaat verweist auf das Primat des Rechts vor der Politik. Rechtsstaat heißt daher, dass staatliches Handeln, welcher Art auch immer, an Gesetz und Recht, letztlich an die Verfassung gebunden ist. Hierdurch soll die Macht des Staates gegenüber der Freiheitssphäre der Individuen gemäßigt werden. Neben der Freiheitssicherung soll der Rechtsstaat noch Rechtssicherheit sowie Gerechtigkeit gewährleisten. Er bildet damit das Gegenprinzip zum Willkürstaat, der die Staatsgewalt freisetzt von jeglicher rechtlichen Bindung (vgl. ebd., 83ff.). Zum Rechtsstaat gehört die Unabhängigkeit der Richter-/innen. Hierzu gehören das Recht auf den gesetzlichen Richter, der Anspruch auf rechtliches Gehör und die Öffentlichkeit des Gerichtsverfahrens mit Staatsanwalt und Verteidiger. Das Recht ist prinzipiell unvollkommen. Dies muss thematisiert werden, da es anderenfalls zu unerfüllbaren Erwartungen an den Rechtsstaat kommt. Es entsteht das Fehlkonzept, Rechtsstaat und Gerechtigkeit zu identifizieren. Grundschüler/-innen nehmen den Rechtsstaat über Gesetze wahr. Sie kennen bereits einzelne gesetzliche Festlegungen bzgl. Wahlen und Steuern.

Das (Fach-)Konzept Repräsentation beinhaltet die Vorstellung, dass Nicht-Anwesendes durch einen Repräsentanten vergegenwärtigt wird. Im gesellschaftlichen Zusammenleben ist Repräsentation unvermeidlich. Denn eine aus unüberschaubar vielen Mitgliedern bestehende Gesamtheit von Menschen kann nur durch Einzelne einheitlich handeln und sich artikulieren. Diese Einzelnen treten stellvertretend an die Stelle der Gesamtheit und sprechen, entscheiden und handeln für sie. So wird etwa die Einheit der Gemeinde durch den Bürgermeister, ihre Vielfalt durch den Rat der Gemeinde repräsentiert. Gemeinderäte sollen sich nicht nur als Vertreter ihrer Wählergruppe oder Partei verstehen, sondern immer auch das Wohl des Ganzen im Auge haben. Dabei unterliegen sie aber nicht den Weisungen ihrer Wähler/-innen, sondern haben ein freies Mandat. Repräsentanten haben die Befugnis, für andere verbindlich zu entscheiden und nicht aus eigenem Recht. Verantworten muss sich ein Amtsträger vor dem, der ihn in das Amt berufen hat. So sind der Bürgermeister und der Gemeinderat den Wähler/-innen verantwortlich (vgl. ebd., 87ff.).

Die Repräsentation ist mit einem gravierenden Fehlkonzept belastet. Von gewählten Repräsentanten wird nämlich häufig erwartet, dass sie die Interessen ihrer Wähler/-innen zu vertreten hätten. Abgesehen davon, dass die Gewählten gar nicht wissen, wer genau ihre Wähler/-innen sind, und ebenso nicht wissen können, wie die Interessen der Wähler/-innen aussehen, ist diese Erwartung ganz prinzipiell problematisch. Zudem gibt es den Fraktionszwang in den Parteien. Es gibt keine befriedigende Antwort auf die Frage, was die Abgeordneten tun sollen, wenn verschiedene Wähler/-innen entgegengesetzte Erwartungen an sie herantragen.

Repräsentation gibt es in Gestalt des Klassensprechers bzw. der Klassensprecherin bereits in der Lebenswelt von Grundschüler/-innen. Man kann also in der Primarstufe über die Kompetenzen (Amtspflichten) sprechen, die ein Repräsentant, in diesem Falle der Klassensprecher, haben sollte. Bei der Thematisierung der Gemeinde lässt sich die doppelte Repräsentation von Bürgermeister/-in und Rat erfahrbar machen. In der empirischen Studie zeigt sich die Fehlvorstellung, dass man zum Bürgermeister durch Üben oder eine Prüfung wird. Nur wenige Schüler/-innen sind in der Lage, die Zuständigkeiten (Amtspflichten) des/der Bürgermeisters/-in zu erkennen. Oftmals fehlen ihnen die Begriffe, um den Bezug zum Gemeinwohl in der Bildungssprache herzustellen.

Das (Fach-)Konzept Staat ist geprägt durch eine je spezifische sanktionierende Ordnung, die das Zusammenleben von Menschen in kleineren oder größeren sozialen Einheiten möglich macht. Diese Ordnung dient wesentlich dem Zusammenleben im Innern und dem Schutz nach außen. Der Staat zeichnet sich durch drei Elemente aus: Staatsgebiet (Grenzen), Staatsvolk und Staatsgewalt (ebd., 95). 16,1% der Schüler/-innen nehmen die Polizei als Exekutivorgan des Staates wahr. Für 20,6% ist sie zum Schutz der öffentlichen Ordnung wichtig. Eine große Anzahl der Kinder (60,6%) stellt noch den individuellen Schutz in den Mittelpunkt ihrer Ausführungen und sieht die Polizei dafür verantwortlich, dass ihnen nichts passiert. Dies ist aus inhaltlicher Sicht nicht als falsch zu werten, entspricht aber noch nicht einem politischen Konzept.

Das erste (Fach-)Konzept des Themenbereichs Politische Entscheidungen ist Macht. Sie lässt sich beschreiben als Beherrschung von oder Einflussnahme auf Andere (power over) und als Fähigkeit zum autonomen Handeln (power to) (vgl. Pitkin 1972, 277). Power over ist eine asymmetrische soziale Beziehung, bei der meist Handlungsmöglichkeiten eingeschränkt werden. Besonders Macht als power over ist politisch gesehen interessant, da mit ihr Entscheidungsprozesse beeinflusst werden. Politische Herrschaft wird hingegen als durch die Verfassung legitimierte Gewaltausübung verstanden. So üben beispielsweise politische Institutionen gegenüber den Bürger/-innen Herrschaft aus, indem sie politische Entscheidungen durchsetzen. Sie dient hier der Steuerung im Gemeinwesen.

Im Alltagsverständnis von power over werden vielfach die Ebenen verwechselt, indem Macht auf der persönlichen Beziehungsebene mit Macht auf der politischen bzw. institutionellen Ebene gleichgesetzt wird. Macht wird im Alltag zudem landläufig negativ konnotiert, obwohl spätestens seit Arendt das Positive des power to umfassend dargestellt wurde. Oft wird auf die Webersche Definition zurückgegriffen, die den Willen thematisiert und deshalb zu einer personenzentrierten Betrachtung verleitet. Als politisches Konzept ist Macht in der Demokratie eng verknüpft mit ›Herrschaft auf Zeit‹, also mit Gewaltenteilung und -verschränkung.

Für die Grundschule bietet es sich an, Macht begrifflich von Autorität und physischer Gewalt zu trennen. Mittel der Macht und power over sowie power to sollten z.B. auf das Handeln der Akteure in lokalen oder internationalen Fragen (Spielplatzbau, Kriegsparteien) bezogen sein (vgl. Weißeno et al. 2010, 122ff.). Wenn die Bundeskanzlerin alles bestimmen darf (omnipotente Herrschaft), bedeutet dies ein Fehlkonzept von Macht und Amt. Sie nehmen die Einschränkungen von Macht nicht wahr. 35,8% wissen aber, dass die Bundeskanzlerin gewählt (Konzept Wahlen), von einer Partei aufgestellt wird (9,6%) und Parteimitglied ist (7,8%), Interessen vertritt (16,9%) und Minister ernennt (8,7%).

Das (Fach-)Konzept Öffentlichkeit meint zum einen ungehinderte Debatten, Diskussionen und Diskurse über das Gemeinwohl sowie über politische Entscheidungen bis hin zur Kontrolle politischer Macht durch Transparenz. Öffentlichkeit als grundlegendes demokratisches Prinzip soll sowohl die politische Meinungs- und Willensbildung fördern als auch die Trennung von Amt (öffentlichen Interessen) und Person (privaten Interessen) bewirken. Zum anderen bedeutet Öffentlichkeit die allgemeine und freie Zugänglichkeit zur Information, Kommunikation und Beteiligung am Geschehen.

Der Begriff kommt umgangssprachlich häufig in Komposita vor, bei denen der Unterschied zum Privaten als dem Nicht-Politischen, dem Persönlichen, Intimen oder Geheimen betont werden soll. Fehlverständnisse werden zudem dadurch gefördert, dass einige gesellschaftliche Praxen die bestehenden Grenzen zwischen Öffentlichkeit und Privatheit zu ihrem Vorteil nutzen und z.B. Kindererziehung als private Angelegenheit bezeichnen, die somit indirekt abgewertet wird. Fehlkonzepte, die auf der Unkenntnis von Mechanismen des Öffentlichen basieren, drücken sich des Weiteren in der Haltung aus, dass der staatliche Datenzugriff die Privatsphäre erfassen könne, wenn man ‚nichts zu verbergen habe'. In der Primarstufe sollten die Begriffe öffentlich und privat an alltagsnahen Beispielen wie dem Briefgeheimnis oder ‚Themen für den Klassenrat' geklärt werden (vgl. ebd., 129ff.).

Parteien sind intermediäre Organisationen zwischen dem politisch-administrativem System und Gesellschaft. Sie nehmen divergierende Interessen aus der Gesellschaft auf, aggregieren und organisieren sie, um sie mit dem Anspruch, allgemeine Interessen zu sein, in die politischen Entscheidungsorgane zu vermitteln. Umgekehrt begründen sie die dort getroffenen Entscheidungen gegenüber der Bevölkerung und tragen so zur Legitimation des politischen Systems insgesamt bei. Parteien reagieren organisatorisch und programmatisch auf gesellschaftlichen Wandel. Ein angemessenes Verständnis des Fachkonzepts Parteien ist Voraussetzung für die (Fach-)Konzepte Demokratie, Repräsentation, Macht, Öffentlichkeit, Wahlen, Gerechtigkeit.

Das Fehlkonzept Parteienverdrossenheit als gängiges Politikbild kann im Unterricht unbeabsichtigt verstärkt werden, indem Parteien überwiegend im Zusammenhang von Parteiversagen, Krise des Parteiensystems, Korruptionsanfälligkeit von Parteipolitikern, Manipulation von Wähler/-innen behandelt werden. In diesem Zusammenhang entsteht häufig ein weiteres Fehlkonzept von Parteien, die Vorstellung von ihrer Allmacht. Dass Parteien sich gegenseitig kontrollieren, durch staatliche Institutionen kontrolliert werden, wird seltener behandelt (vgl. ebd., 140). Nur knapp 20% der Grundschüler/-innen sind in der Lage, die Vielfalt der Parteien auf programmatische Unterschiede zurückzuführen. 6,5% führen verschiedene Parteien sogar auf verschiedene Menschen und Städte zurück. 7,9% vermuten, dass es mehrere Parteien gibt, weil eine voll ist. Solche Fehlvorstellungen weisen Analogien zum alltäglichen Leben auf.

Wahlen sind ein Mittel zur Bildung von Körperschaften (z.B. Parlamente) oder zur Bestellung von Personen in Ämter. Zu Wahlen gehören in der Regel vorher festgelegte, spezifische Verfahren z.B. über die Frage, wer wahlberechtigt ist, über die Art und Weise, wie die Stimmen abgegeben werden, nach welchen Verfahren die Stimmen gezählt werden, wie der Wahlprozess kontrolliert wird usw. Echte Wahlen liegen dann vor, wenn zwischen Alternativen, Programmen und/oder Kandidaten entschieden werden kann. Sie sind förmlicher Akt der Legitimation der Repräsentativorgane und die Rückbildung an die Willensbildung der Bürger/-innen unverzichtbar. Die Behauptung aber, jede Stimme zählt, fördert dagegen die Illusion und das Missverständnis, der Einzelne könne die Machtverteilung verändern. Richtig müsste es heißen ‚Jede Stimme zählt genau so viel wie jede andere'. Wahlkämpfe, gerade in ihrer modernen Form, sind zunehmend Gegenstand moralisierender Kritik. Die häufig anzutreffende negative Einstellung zu Konflikten wird auch auf den Wahlkampf übertragen. Wahlen aber ohne ‚Kampf' um die Wählerstimmen sind undenkbar.

Wahlen können schon in der Grundschule behandelt werden. Am Beispiel der Klassensprecherwahl, der Wahl des Klassenrates, der Wahl des Gemeinderats oder Bundestags, lassen sich viele Aspekte von Wahlen behandeln. Wahlen lassen sich mit einer Vielzahl von (Fach-)Konzepten verbinden: Mit Demokratie, Parteien, Macht, Repräsentation und Öffentlichkeit (vgl. ebd., 148ff.). 90% der Grundschüler/-innen wissen, dass es ein Wahlrecht gibt, benutzen aber nicht den Fachbegriff. 40% erfassen die Wahl als ein Mittel zur Herstellung legitimer Herrschaft und sind bereits in der Lage, die Repräsentationsfunktion der Politik zu erkennen. Wahlen bringen die Kinder mit 16 weiteren Fachbegriffen in Verbindung, was sehr hoch ist. Hier haben sie ein Wissensnetz aufgebaut (vgl. Götzmann 2015).

4 Förderung der Denk-, Arbeits- und Handlungsweisen: Thema Bürgerentscheid

Der Anspruch der vorliegenden Unterrichtsreihe ist ein kontinuierliches Umsetzen aller Fachbegriffe im Unterricht. Fachbegriffe bilden gleichsam das Gerüst für die Auswahl von und den Umgang mit Unterrichtsmaterialien aller Art. Die Fachbegriffe sind in den Texten unterstrichen. Dies erleichtert die Auswahl der Materialien. Für die Schüler/-innen können neben entsprechenden Materialien auch Übersichten und *concept maps* zum Wiederholen der benutzten Fachbegriffe bzw. Fachsprache vorgegeben werden. Nachhaltiges Lernen ist auf ständige Wiederholungen der Fachbegriffe ('Lernwörter') in verschiedensten Anwendungssituationen angewiesen. Mit dem sprachlichen Inventar wird zudem der Beliebigkeit der Auswahl der Materialien entgegengewirkt.

Ausgangspunkt der vorzustellenden Unterrichtsreihe ist die Lebenswelt einer Gemeinde, hier der Stadt Mannheim. Ein Bürgerentscheid kann in jeder Gemeinde einmal anstehen. Insofern sind die Materialien exemplarische Beispiele, die in jeder neuen Situation leicht adaptiert oder direkt nachvollzogen werden können. Das Beispiel Mannheim beinhaltet anwendungsfähiges Wissen (vgl. GDSU 2013, 12), weil die ausgewählte Situation so ähnlich jederzeit auftreten kann bzw. häufig auftritt. Die gewählten Unterrichtsverfahren sollen die Denk-, Arbeits- und Handlungsweisen des Verhandelns, Urteilens und Partizipierens fördern (ebd.,

13). Beiden Anforderungen entspricht die Reihe, deren Materialien und Stundenverlaufspläne komplett downloadbar sind (http://www.ph-karlsruhe.de/institute/ph/politikwissenschaft/forschung/entwicklung/demokratie-und-buergerentscheid/). In diesem Beitrag kann nur ein kurzer, illustrierender Auszug abgedruckt werden.

Material 1: *Bürgerentscheid* zur Bundesgartenschau

„Die teils hitzig geführte *Diskussion* über eine Bundesgartenschau (Buga) in Mannheim ist aus Expertensicht ein Zeichen für eine lebendige *Demokratie*. Politik funktioniere nur, wenn klare Alternativen gegenübergestellt würden, sagte der Politikwissenschaftler Jan van Deth der Nachrichtenagentur dpa.
In der Stadt wird seit Wochen über das Für und Wider einer Gartenschau gestritten. Eine Initiative macht mit Infoständen und Aktionen wie einer Menschenkette Stimmung gegen das Projekt. Ein anderes Bündnis spricht sich dafür aus, etwa weil eine Buga die Stadt attraktiver und lebenswerter mache."
(aus: Morgenweb – das Nachrichtportal Rhein-Neckar vom 21.9.2013; http://www.morgenweb.de/)

Material 1 thematisiert Diskussionen, Abstimmungen und das Mehrheitsprinzip als Elemente der Demokratie. Die Schülerinnen sollen über Positionen nachdenken und dazu Aussagen machen. Der Konflikt ist nach demokratischen Werten als notwendig für den politischen Prozess zu beurteilen. Die Schüler/-innen lernen mit den Argumenten von Befürwortern und Gegnern einer Bundesgartenschau ihre Interessen und Bedürfnisse kennen. Die Artikulation führt zur Abwägung des Nutzens für Einzelne, für verschiedene Gruppen und die Gesellschaft insgesamt (Urteil). Das Erschließen von Informationen und die Fähigkeit, sie sachbezogen darstellen und austauschen zu können, ist wesentlich für die politische Kommunikation und in der Grundschule zu vermitteln (vgl. Richter 2007).

Material 2: Wir wollen ein starkes Mannheim – wir wollen keine Legenden

Der Mannheimer *Gemeinderat* hat seit 2011 mit großer Mehrheit alle Schritte hin zu einer Bundesgartenschau beschlossen. Dabei ist für uns Gemeinderäte die Fortführung der Bürgerbeteiligung ein nicht wegzudenkender Bestandteil, denn schließlich haben wir selbst den *Bürgerentscheid* beschlossen.
Wir kommen von unterschiedlichen *Parteien* und streiten leidenschaftlich über den richtigen Weg. Aber einig sind wir uns, dass eine BUGA 2023 in Mannheim eine große Chance für unsere Stadt ist.
(aus: SPD-Gemeinderatsfraktion/Die GRÜNEN im Gemeinderat, am 4.9.2013)

Material 2 thematisiert die Beteiligung an Abstimmungen, hier dem Bürgerentscheid, sowie die Tätigkeit von Parteien im Gemeinderat. Der politische Prozess im Vorfeld eines Bürgerentscheids ist als gelebte Demokratie in der Lebenswirklichkeit der Kinder erfahrbar. Sie machen die Erfahrung, sich mit den Perspektiven verschiedener Gruppen und Parteien auf eine Bundesgartenschau auseinanderzusetzen. Die Schüler/-innen erfahren in simulierenden Diskussionen in der Klasse, dass sich auch Parteien an der Suche nach Möglichkeiten der Konfliktlösung in der Diskussion mit den Bürger/-innen beteiligen. Dazu müssen sie sich mit Argumenten beschäftigen und eine begründete eigene Sichtweise entwickeln und verbalisieren.

Politisches Lernen sollte sich nicht nur auf die Klassenstufen 3 und 4 beschränken, sondern bereits in der Schuleingangsstufe stattfinden. In Bezug auf das Konzept Demokratie und die Bürgerbeteiligung können in den Klassenstufen 1 und 2 Aspekte des Konzeptes Repräsentation im Vordergrund stehen, die für das Verständnis und die Anwendung demokratischer Elemente wie Bürgerentscheid notwendig sind. Die Kinder können sich bereits mit den Aufgaben und Funktionen eines Klassensprechers auseinandersetzen und somit erste Einblicke in demokratisch legitimierte Vertreter/-innen gewinnen. In der Schuleingangsstufe stehen häufig Inhalte im Mittelpunkt, die der Erschließung der kindlichen Lebenswelt dienen – dies muss nicht auf geographische Inhalte beschränkt bleiben. Davon ausgehend, können bereits erste Überlegungen angestellt werden, wer in der Heimatgemeinde die Interessen der Bürger/-innen vertritt, sodass der Bürgermeister und der Gemeinderat als demokratisch legitimierte Organe den Kindern bereits bekannt sind.

Das Prinzip einer demokratischen Abstimmung und die Konsequenzen eines Mehrheitsentscheides können ebenfalls im Unterricht durch Rituale wie Klassenrat o.ä. erarbeitet werden. Im Sinne eines fächerübergreifenden Unterrichts können die Kinder zum Lesen der Kinderseiten in der Tageszeitung oder in Zeitschriften für Kinder angeregt werden, so dass sie auf diesem Weg ggf. selbst auf Konflikte und Probleme aufmerksam werden, die im Unterricht aufgegriffen werden können.

Literatur

Alemann, U. von (1994): Grundlagen der Politikwissenschaft. Opladen: Leske und Budrich.
Gesellschaft für Didaktik des Sachunterrichts (GDSU) (2013): Perspektivrahmen Sachunterricht. Bad Heilbrunn: Klinkhardt.
Götzmann, A. (2007): Naive Theorien zur Politik. Lernpsychologische Forschungen zum Wissen von Grundschüler/innen. In: D. Richter (Hrsg.): Politische Bildung von Anfang an. Schwalbach: Wochenschau-Verlag, 73-88.
Götzmann, A. (2015): Entwicklung politischen Wissens in der Grundschule. Wiesbaden: Springer.
Kleickmann, T. (2008): Zusammenhänge fachspezifischer Vorstellungen von Grundschullehrkräften zum Lehren und Lernen mit Fortschritten von Schülerinnen und Schülern im konzeptuellen naturwissenschaftlichen Verständnis. Abgerufen am 05. 08. 2013 von http://d-nb.info/992474906/34

Meyer, T. (2003): Was ist Politik? Opladen: Leske + Budrich.
Richter, D. (2007): Welche politischen Kompetenzen sollen Grundschüler/-innen erwerben. In: Dies. (Hrsg): Politische Bildung von Anfang an. Bonn: Bundeszentrale für politische Bildung, 36-53.
Weißeno, G., Detjen, J., Juchler, I., Massing, P. & Richter, D. (2010): Konzepte der Politik – ein Kompetenzmodell. Bonn: Bundeszentrale für politische Bildung und Schwalbach/Ts.: Wochenschau Verlag. Kostenlose Online-Version unter http://www.bpb.de/shop/buecher/schriftenreihe/35835/konzepte-der-politik
Weißeno, G., Detjen, J., Massing, P. & Richter, D. (2013): Politikkompetenz kurzgefasst – zur Arbeit mit dem Kompetenzmodell. In: S. Frech & D. Richter (Hrsg.): Politische Kompetenzen fördern. Schwalbach: Wochenschau, 246-276.
Wellman, H., & Gelman, S. (1998): Knowledge Acquisition in Foundational Domains. In: D. Kuhn & R. Siegler (eds.): Handbook of Child Psychology. Volume 2: Cognition, Perception and Language. 5. Aufl. New York, Chichester, Weinheim, Brisbane, Singapore, Toronto: John Wiley & sons, Inc., 523-563.

Thomas Goll

Das Thema Rechtsstaat im Sachunterricht

„Was sind Königreiche außer große Räuberhaufen, wenn die Gerechtigkeit fehlt?", heißt es schon bei Augustinus im vierten Jahrhundert. Was es bedeutet, einem Staat schutzlos ausgeliefert zu sein, dem es an elementaren rechtsstaatlichen Grundsätzen fehlt, kann jeder nachempfinden, der die Berichte über die russische Ukrainepolitik verfolgt oder das Terrorregime des „Islamischen Staats" – eine mordende Räuberbande mit modernen Waffen.
Daher sind Recht und Rechtsstaat wichtige Themen für die politische Bildung, zumindest in der Sekundarstufe. Ob schon in der Grundschule institutionenkundliche Themen im Unterricht behandelt werden sollen, ist jedoch strittig, weil diese als schwierig gelten, als lebenswelt- und erfahrungsfern, abstrakt und langweilig, kurzum also didaktisch anspruchsvoll (vgl. Massing 2014, 195). Die oben genannten Beispiele und die starke Verrechtlichung des Lebens und der Politik – man denke nur an die rechtlichen Grundlagen der Inklusion und deren faktische Umsetzung – macht es aber unabdingbar, das Thema intensiver als bisher auch schon im Sachunterricht der Grundschule zu bearbeiten und das politikdidaktische Fachkonzept Rechtsstaat (vgl. Weißeno, Detjen, Juchler, Massing & Richter 2010) grundzulegen:

> „Recht als Aufgabe, mittels Grundrechten, Gesetzen und Rechtsprechung Sicherheit, Freiheit und Gerechtigkeit für alle Menschen einer Gesellschaft zu gewährleisten, indem Probleme gemäß der rechtlichen Ordnung gelöst werden" (GDSU 2013, 28).

1 Rechtsstaatlichkeit als Element des demokratischen Verfassungsstaats

Um den Begriff Rechtsstaatlichkeit angemessen erörtern zu können, bedarf es zunächst einer Konzeptualisierung des Rechtsbegriffes, die die Funktion des Rechts im demokratischen Verfassungsstaat ins Zentrum stellt:
Die Verfassungsordnung der Bundesrepublik Deutschland ist wertgebunden (Art. 1 GG). Der Mensch als Person ist „von unverfügbarem Eigenwert, zu freier Ent-

faltung bestimmt, zugleich aber auch Glied von Gemeinschaften" (Hesse 1999, 55f.). Diese Spannung impliziert, dass klar unterschieden wird zwischen öffentlich und privat, zwischen Staat und Gesellschaft. Der freiheitliche Verfassungsstaat versucht eben nicht, alle Lebensbereiche zu erfassen und in sie hineinzuregieren und die Politik ist an das Recht gebunden. Positives Recht darf der Wertordnung der Verfassung nicht widersprechen. Recht ist herrschaftsbegründend und herrschaftsbegrenzend zugleich.

Allerdings ist damit das Spannungsverhältnis von Recht und Politik nicht völlig aufgelöst. Der Politik bleibt die Gestaltungsaufgabe auferlegt, welche Maßnahmen im Einzelnen zu ergreifen sind, um insbesondere den in Spannung stehenden Prinzipien der Freiheit und Gleichheit gerecht zu werden.

Der freiheitliche Verfassungsstaat ist in seinem Kern ein Rechtsstaat (Art. 28 (1) GG): „Das Rechtsstaatsprinzip macht aus einem Staat einen Verfassungsstaat" (Mastronardi 2007, 279). D.h. nichts anderes, als dass die Rechtsstaatlichkeit ein essentieller Ausdruck seiner zentralen Prinzipien ist (vgl. zum Folgenden Weißeno u.a. 2010, 83f., ergänzt um die Bezüge zum Grundgesetz):

(1) Die Existenz von Grundrechten „als unmittelbar geltendes Recht" (Art. 1 (3) GG);

(2) die Gewaltenteilung (im politischen System der Bundesrepublik Deutschland als Gewaltenverschränkung angelegt) „durch besondere Organe der Gesetzgebung, der vollziehenden Gewalt und der Rechtsprechung" (Art. 20 (2) GG) ;

(3) die richterliche Unabhängigkeit: „Die Richter sind unabhängig und nur dem Gesetze unterworfen" (Art. 97 (1) GG);

(4) die Gesetzmäßigkeit der Verwaltung, wie z.B. hinsichtlich der Freiheit der Person: „In diese Rechte darf nur auf Grund eines Gesetzes eingegriffen werden" (Art. 2 (2) 3 GG; Art. 104 (1) GG);

(5) der Rechtschutz gegen die staatliche Gewalt: „Wird jemand durch die öffentliche Gewalt in seinen Rechten verletzt, so steht ihm der Rechtsweg offen" (Art. 19 (4) GG), der in Gestalt der „Verfassungsbeschwerde" bis zum Bundesverfassungsgericht reicht (Art. 93 (1) 4a. GG);

(6) besondere Rechte in Strafverfolgungsverfahren: „Niemand darf seinem gesetzlichen Richter entzogen werden" (Art. 101 (1) 2 GG); „Anspruch auf rechtliches Gehör" (Art. 103 (1) GG und Art. 104 (3) GG); Verbot der Bestrafung ohne gesetzliche Grundlage: „Eine Tat darf nur bestraft werden, wenn die Strafbarkeit gesetzlich bestimmt war, bevor die Tat begangen wurde" (Art. 103 (2) GG); Verbot der doppelten Bestrafung: „Niemand darf wegen derselben Tat auf Grund der allgemeinen Strafgesetze mehrfach bestraft werden" (Art. 103 (3) GG); Verbot der Folter: „Festgehaltene Personen dürfen weder seelisch noch körperlich misshandelt werden (Art. 104 (1) 2 GG); richterliche Überprüfung und rechtliche Beschränkung der polizeilichen Gewahrsamnahme: „Über die Zulässigkeit und Fortdauer einer Freiheitsentziehung

hat nur der Richter zu entscheiden" (Art. 104 (2) 1) GG) und „Die Polizei darf aus eigener Machtvollkommenheit niemanden länger als bis zum Ende des Tages nach dem Ergreifen in eigenem Gewahrsam halten" (Art. 104 (2) 3 GG), sowie: „Von jeder richterlichen Entscheidung über die Anordnung oder Fortdauer einer Freiheitsentziehung ist unverzüglich ein Angehöriger des Festgehaltenen oder eine Person seines Vertrauens zu benachrichtigen (Art. 104 (4) GG);

(7) der Grundsatz der Verhältnismäßigkeit bzw. das Verbot des Übermaßes, nach denen ein Eingreifen des Staates nur dann möglich ist, wenn kein „milderes, den Betroffenen oder Dritte weniger belastendes Mittel zur Verfügung steht" und wenn der mit dem Eingriff „verbundene Schaden" nicht „in grobem Missverhältnis zu dem angestrebten Zweck steht" (Duden Recht A-Z 2007, 487). Der Rechtsstaat hat somit die Aufgabe, „Gerechtigkeit im staatlichen und staatlich beeinflussten Bereich" zu gewährleisten (ebd., 379). Das ist seine vornehmste Aufgabe, sein „oberstes Ziel". Es entspricht dem materialen Aspekt von Rechtsstaatlichkeit sicherzustellen, dass Bürger nicht zu bloßen Objekten staatlicher Handlungen degradiert werden (vgl. Avenarius 2001, 22). Es geht um „Rechtssicherheit" und „Vertrauensschutz" statt Willkür, also um Fairness bei Konflikten zwischen Machtinhabern und Bürgern (vgl. Duden Recht A-Z 2007, 379). Jemandem einfach so einen „kurzen Prozess" zu machen, ist damit ausgeschlossen (vgl. Avenarius 2001, 22). So gewinnt der freiheitliche Verfassungsstaat Legitimität, wie gut am Vertrauensprinzip als „Kerngehalt der Rechtsidee" (Mastronardi 2007, 279) gezeigt werden kann:

> „Das Recht sichert Vertrauen, indem es das Versprechen, das ein Mensch einem anderen macht, verbindlich erklärt. *Die Bereitschaft, das Versprechen in Rechtsform (in einen Vertrag) zu kleiden, ist Tatbeweis für die Ernsthaftigkeit der geäußerten Absicht.* Das gilt auch für das Verhältnis zwischen dem Staat und dem Privaten. Dafür sorgt der Rechtsstaat, indem er Rechtssicherheit schafft und den Einzelnen vor der Staatsmacht schützt. Der Rechtsstaat ist die Form, in welcher Vertrauen in die Machtordnung geschaffen wird" (ebd., 279f.).

Gerade diese allgemeinen Kennzeichen des Rechtsstaates – Gesetzmäßigkeit, Rechtsschutz, Verhältnismäßigkeit, Rechtssicherheit und Vertrauensschutz – bieten gute Anknüpfungspunkte für seine Behandlung schon im Sachunterricht. Es geht dabei aber nicht um ein soziales Miteinander, sondern um die Etablierung und den Erhalt einer staatlichen „Friedensordnung", in der „Friede, Freiheit und Gerechtigkeit [...] mit dem Mittel des Rechts" erreicht werden sollen (ebd., 280).

2 Der Rechtsstaat als Institution

Für die politische Bildung auch schon im Sachunterricht relevant und zentral sind insbesondere solche Rechtsbezüge, die der Institution Recht im sozialwissenschaftlichen Sinn gerecht werden. D.h., es geht um die Funktionen von Recht und deren Gewährleistung in der Institution Rechtsstaat. Im Unterschied zum alltäglichen Sprachgebrauch wird der Begriff der Institution dabei nicht synonym mit Organisation verwendet, sondern bezeichnet vor allem auch nicht-materielle Einrichtungen:

> „Institutionen sind dauerhafte, ‚verfestigte' Muster sozialer Beziehungen und menschlichen Handelns, die als legitim gelten oder gesellschaftlich erzwungen und von Menschen in ihrem Handeln faktisch verwirklicht werden" (Schwietring 2011, 165).

Anders ausgedrückt, versteht man unter Institutionen also „von Menschen geschaffene Restriktionen, welche zwischenmenschliches Handeln beeinflussen" (Hug 2009, 120), oder eine „soziale Einrichtung, die auf Dauer bestimmt, was getan werden muss'" (Lipp 2001, 148). Der Begriff Restriktion klingt negativ, ist jedoch wertneutral gemeint, denn die gesellschaftlichen Institutionen haben für den Menschen vor allem eine Stabilisierungsfunktion hinsichtlich der ihn umgebenden sozialen Wirklichkeit. Einerseits stellen sie zwar Zwänge dar, andererseits eröffnen sie aber auch Möglichkeiten und bieten Orientierung (vgl. Schwietring 2011, 166). Sie geben also Sicherheit und schaffen Vertrauen, sie sorgen für Entlastung, indem sie Chaos mindern sowie Bedürfnisse und Interessen kanalisieren. Allerdings besteht auch die Gefahr, dass sie in „totale Institutionen" umschlagen und damit die ihnen unterworfenen Menschen zu Objekten machen (vgl. Lipp 2001, 149f.). Inwiefern Menschen Institutionen als Möglichkeitsraum oder als Beschränkung wahrnehmen, ist zudem kulturell bedingt und einem Wertewandel unterworfen. In multikulturellen Zuwanderungsgesellschaften gehören Konflikte über Institutionen, also über das, was erlaubt oder gar geboten bzw. nicht erlaubt und verboten ist, zum alltäglichen Leben. Im Kontext von Rechtsstaatlichkeit wird gegenwärtig nicht umsonst die Institution des islamischen Friedensrichters genauso diskutiert wie der Geltungsbereich der Scharia in Zivil- und Strafprozessen sowie Mord als archaische Institution zur vermeintlichen Rettung oder Wiederherstellung von „Ehre". Es ist evident, dass mit Wertewandel einhergehender sozialer Wandel Institutionen einem Veränderungs- und Anpassungsdruck aussetzt.

Im demokratischen Verfassungsstaat ist Rechtsstaatlichkeit nicht allein durch nicht-materielle Institutionen sicherzustellen. Im Gegenteil verlangen der Anspruch auf Verbindlichkeit und der Vertrauensschutz auch die formale Absicherung des Rechtsstaats. Daher ist er doppelt institutionalisiert: Zum einen als for-

melle, zum anderen als informelle Institution (vgl. zu den Begriffen Hug 2009, 120f.):
(1) Bei formellen Institutionen handelt es sich um die klassischen Staatsorgane (z.B. Parlament), um „strukturbestimmende Elemente" (z.B. Föderalismus) und um „verfassungsmäßige Regeln" (z.B. Entscheidungsfindung). Der Rechtstaat gehört zu den strukturbestimmenden Elementen des freiheitlichen Verfassungsstaates, seine verfahrensmäßige Auskleidung zu den „verfassungsmäßigen Regeln" (s.o.).
(2) Informelle Institutionen hingegen sind „nicht formell verankert", sie haben sich vielmehr „als Verhaltensregeln und -normen etabliert". Das gilt z.B. für den Begriff der Fairness, der zwar in Verfahrensregeln gegossen werden kann und auch wird, der aber dem „Rechtsempfinden" als normativem Maßstab unterworfen ist. Dieses basiert aber auf kulturellen Prägungen und verändert sich historisch.

Da nicht die äußere Form das Entscheidende ist, sondern „die gedankliche Struktur, die konstruierte Wirklichkeit aus Wissen, Überzeugungen und Gewohnheiten" (Schwietring 2011, 165), werden beide Betrachtungsweisen heute miteinander verschränkt.

3 Der Rechtsstaat als Gegenstand moderner Institutionenkunde

Wenn der Rechtsstaat Thema des Unterrichts werden soll, dann nur über einen modernen institutionenkundlichen Ansatz, der nach dem Sinn des Rechts und der Rechtsstaatlichkeit fragt und deren Funktionen in den Mittelpunkt stellt. Fachdidaktisch ist das einerseits kognitionspsychologisch, andererseits inhaltlich zu begründen: Lernpsychologisch geht es nicht um insuläres, träges Wissen, sondern um die Vermittlung des Fachkonzeptes Rechtsstaat (vgl. Weißeno u.a. 2010, 83ff.). Damit ist mehr als Faktenwissen angesprochen, das häufig die „alte" Institutionenkunde geprägt hat (vgl. Deichmann 1996; Gagel 1989). Und inhaltlich ist konzeptuelles Wissen gerade das, was bei der Vermittlung von Institutionen geboten ist, weil es deren Logik als „konstruierter Wirklichkeit" (s.o.) folgt. In anderen Worten drückt Peter Massing das in Anschluss an Walter Gagel aus: „Institutionenkundliches Lernen im Politikunterricht hat die Aufgabe, Schülerinnen und Schülern zu verdeutlichen, dass Institutionen Sinn konstituieren, dass sie in einer Idee gründen und dass die faktische Ausgestaltung und das Agieren einer Institution an ihrer Idee gemessen werden kann" (Massing 2014, 296).

4 Lernvoraussetzungen der Schüler/innen

Die Behandlung des Rechtsstaates im Kontext einer modernen Institutionenkunde setzt also voraus, dass Schülerinnen und Schüler der Grundschule in der Lage sind, den Sinn von Institutionen, hier also den Sinn von Recht und Rechtsstaatlichkeit, zu erfassen. Erforderlich ist dafür die Existenz von Präkonzepten, die im Unterricht aufgegriffen und bearbeitet werden können, oder die grundsätzliche Möglichkeit, politische Konzepte zu entwickeln.

Entwicklungspsychologisch ist das möglich: Nach der Kernwissensthese können schon Kleinkinder rasch domänenspezifische Kenntnisse erwerben (vgl. Sodian 2008, 463), denn der Mensch verfügt über eine frühkindliche Fähigkeit zur Systematisierung und Theoriebildung, er kann also schon früh „größere zusammenhängende begriffliche Systeme" bilden, „intuitive Theorien, die vor allem die Funktion haben, viele einzelne Phänomene eines Bereichs anhand weniger Grundprinzipien zu erklären" (ebd., 463f.). Dabei gilt grundsätzlich, dass solche Theoriebildung anders als bei Piaget domänenspezifisch ist:

> „Intuitive wie wissenschaftliche Theorien sind gekennzeichnet durch einen Phänomenbereich, ein System von Kernbegriffen sowie ein System von Erklärungsprinzipien. Diese Kausalerklärungen sind auf Domänen bezogen: So erklären wir menschliches Verhalten nach anderen Prinzipien als das Wachstum von Pflanzen oder die Bewegung von Himmelskörpern" (ebd., 464).

Die Bedeutung der Schule wird in diesem Kontext vor allem auch in der Neustrukturierung von Wissen sowie in der Umspeicherung vom „episodischen" ins „semantische Gedächtnis" gesehen (Oerter 2008, 255).

Dies kann nach der Theorie der „gemeinsamen Wissenselemente" (Thorndike) in Kombination mit der ökologischen Kognitionstheorie (Greeno, Smith & Moore) gelingen, wenn die Wissensrepräsentation einer Person ein Anknüpfen ermöglicht (vgl. Mähler & Stern 2006, 789). Jedoch ist das Ganze kein Selbstläufer, denn selbst bei intelligenten Schülerinnen und Schülern wird vorhandenes Wissen „nicht automatisch zur Bewältigung neuer Anforderungen herangezogen, sondern nur dann, wenn es speziell dafür aufbereitet wurde" (ebd., 789). D.h. nichts anderes, als „dass Transferleistungen nicht ohne gezielte Intervention zu erwarten sind" (ebd.). Bedeutsam sind insbesondere bewusste Vergleiche und Analogiebildung, wobei unangemessene Analogien einen Transfer sogar verhindern können. Nötig sind aber vor allem auch Motivation und Wertschätzung von Lernstoff und Lernsituation (ebd., 791).

Dass Grundschüler/innen tatsächlich über anschluss- und ausbaufähige Präkonzepte von Recht und Rechtsstaat verfügen, ist theoretisch somit gut begründet, muss jedoch auch empirisch erwiesen werden. Im Gegensatz zur Moralentwicklung ist hier die Basis jedoch schmal, es gibt „nur wenige Studien zum kindlichen

Verständnis rechtlich relevanter Normen" (Richter 2013, 143) – und noch keine speziell zum Rechtsstaat. Vorarbeiten dazu von Helwig und Jasiobedzka (2001) ergeben jedoch, dass schon Kinder im Alter von sechs bis zehn Jahren über Gesetze und Rechtsgehorsam urteilen können. Gefragt danach, ob ein fiktives Gesetz (1) gut oder schlecht sei, (2) ob es in Ordnung (oder nicht) für die Regierung sei, es zu erlassen, und (3) ob es für Menschen in Ordnung sei (oder nicht), es zu brechen, urteilen die Schüler/innen hinsichtlich der Fallbeispiele (drei sozial begründbare Gesetze zum Verkehrsrecht, zur Impfpflicht und zur Schulpflicht; drei ungerechte Gesetze zur Altersdiskriminierung und zur Verweigerung von Bildung und medizinischer Versorgung für Bevölkerungsgruppen) unter Anführung folgender unterschiedlicher Gründe: die von ihnen wahrgenommene Gerechtigkeit des Gesetzes, sein sozialer Sinn und das Potenzial des Gesetzes hinsichtlich der Verletzung individueller Freiheiten und Rechte. Gefunden wurden in der Studie signifikante Zusammenhänge zwischen dem Alter der Urteilenden und der Bezugnahme auf Fairness und Gerechtigkeit bzw. Gleichbehandlung. Sind schon einige Schüler/innen (bis zu 10 %) im Alter von sechs Jahren dazu in der Lage, mit diesen Kategorien zu argumentieren, steigert sich der Anteil bis zum Alter von zehn Jahren auf bis zu 50 %, ohne dass dazu spezifischer Unterricht angeboten worden wäre. Die Folgerung der Autoren für die politische Bildung und damit für die sozialwissenschaftliche Perspektive des Sachunterrichts ist eindeutig:

> „The findings of the present study suggest that even elementary school-age children are capable of thinking critically about social institutions, and that questions such as 'What is a fair law?' or 'What are the limits of a citizen's obligation to obey laws?' may be approached – using appropriate concrete examples – even before the secondary school grades" (Helwig & Jasiobedzka 2001, 1392).

Insbesondere lassen sich aber auch aus den empirischen Studien von Weyers zum kindlichen Verständnis von Recht und Unrecht (Weyers, Sujbert & Eckensberger 2007), z.B. zur Vertragstreue (Weyers 2006) und zum Prinzip des „Audiatur et altera pars" (man muss beide Seiten hören) (Weyers 2007), Schlüsse z.B. hinsichtlich der Entwicklung des Rechtsverständnisses bei Kindern ziehen (vgl. zum Folgenden Weyers 2012):
Es scheint sich zwar zu bestätigen, dass Kinder „bis zum Alter von ca. 9-10 Jahren [...] nicht zwischen Recht und Moral unterscheiden und [...] noch nicht in rechtlichen Kategorien [denken]", dass aber „die Genese rechtlich relevanter Konzepte bereits in der frühen Kindheit [beginnt]". Von zentraler Bedeutung sind dabei „Vorformen von Rechtsnormen", d.h. Präkonzepte in Gestalt „rechtsanaloge[r] Strukturen", also „normative Konzepte, die eine Ähnlichkeit zu Rechtsnormen aufweisen, auch wenn sie nicht institutionalisiert sind". Gemeint sind „Abmachungen", „Gehören" und „Klauen", die Weyers „als Vorformen der Rechtskategorien Vertrag, Eigentum und Diebstahl" versteht. Aus theoretischen Annahmen

und empirischen Studien entwickelt Weyers ein Kompetenzentwicklungsmodell mit sechs Phasen (nicht Stufen!):
Phase 1 (ca. 1,5–3 Jahre): Einseitiges Verständnis sozialer Regeln (Besitznormen)
Phase 2 (ca. 3–5 Jahre): Verständnis reziproker sozialer Regeln (Vertragsnormen)
Phase 3 (ca. 5–10 Jahre): Vorrechtliches Regelverständnis (Übergangsphase)
Phase 4 (ab ca. 9–10 Jahren): Interpersonales Verständnis des Rechts (protorechtlich)
Phase 5 (ab ca. 15 Jahren): Transpersonal-systemisches Verständnis des Rechts
Phase 6 (ab ca. 19 Jahren): Prinzipienorientiert-systemisches Verständnis des Rechts

Weyers betrachtet das Denken von Grundschulkindern also als noch „protorechtlich": Aspekte des Rechtsstaats werden noch „nicht beachtet, denn es gibt noch kein adäquates Verständnis von Rollen und Funktionen des Rechtssystems". Insgesamt erscheint das Verhalten noch sehr stark von einem personalen Verständnis gekennzeichnet.

Fragt man nun nach Anknüpfungspunkten für das basale Verständnis des Rechtstaats, also nach einem Bezug der Kinder zu Gesetzmäßigkeit, Rechtsschutz, Verhältnismäßigkeit, Rechtssicherheit und Vertrauensschutz (s.o.), dann lassen sich dennoch aus den Entwicklungsphasen des Rechtsverständnisses Anknüpfungsmöglichkeiten identifizieren:

Während in Phase 1 „Regeln [...] noch nicht reflektiert und begründet werden [können]", sind sich Kinder in Phase 2 Regelsetzungen bewusst, allerdings eher im Sinn faktischer Geltung und autoritätsfixiert. So werden „[i]n Bezug auf Konfliktregelungen durch dritte Personen (ErzieherIn, LehrerIn) [...] einseitig-autoritäre Strategien genannt [...]". In Phase 3 kommt es zu einer Erweiterung des rechtlichen Denkens, „ein Verständnis rechtlicher Kategorien [scheint] ansatzweise auf [...]" und auch bei der „Konfliktregelung durch Dritte [...] tauchen [...] bereits kooperative Strategien auf". D.h. im Einzelnen werden „[r]echtlich relevante Kategorien [...] jetzt angemessener verstanden als in Phase 2". Ab Phase 4 schließlich „beginnen [die Kinder] zu verstehen, dass die Rechtssphäre ein besonderes institutionalisiertes Regelsystem ist". Im Kontext von Rechtsstaatlichkeit ist wichtig, dass „[d]as Recht [...] eingebunden [ist] in eine Ordnungsperspektive: Gesetze gelten als Regeln, die das Zusammenleben schützen, häufig genannt werden ‚Frieden', ‚Sicherheit' und das Vermeiden von ‚Chaos'", wobei jedoch „die Vorstellungen von Institutionen und Prozessen des Rechts und der Politik [vage] bleiben". Aber hinsichtlich „der Konfliktregelung tauchen jetzt rechtliche Denkfiguren wie das Konzept des neutralen Dritten auf", was wesentlich für die Sphäre des Rechts ist. Auch wenn das Ganze noch „protorechtlich" bleibt, weil „noch kein adäquates Verständnis von Rollen und Funktionen des Rechtssystems" existiert, erscheinen die Ansätze ausbaubar, denn „[m]it 12-13 Jahren werden dann Verfahrensregeln wie die Unparteilichkeit des Dritten oder das Anhören beider Seiten explizit genannt (Weyers 2007). Mit Bezug auf Gerichtsverfahren werden

auch Rechte des Angeklagten (in dubio pro reo, Aussageverweigerung etc.) befürwortet".
Die Folgerung, die Dagmar Richter aus diesen Studien zieht (vgl. Richter 2013, 145), lautet keineswegs, dass Unterricht zum Thema Recht – bei ihr eigentlich „Verfassungswerte", wozu auch die Rechtsstaatlichkeit gehört – nicht sinnvoll oder gar unmöglich wäre, sondern dass sich solche Rechtsvorstellungen nicht quasi naturwüchsig oder aus der Alltagserfahrung der Kinder ergeben. Gefragt sind kompetenzorientierte Lernarrangements und deren Beforschung durch die Fachdidaktik.

5 Der Rechtsstaat als Thema des Sachunterrichts

In der Didaktik der Politischen Bildung stellt der Zusammenhang von Betroffenheit und Bedeutsamkeit einen möglichen Ausgangspunkt didaktischer Überlegungen dar (vgl. Gagel 1986, 107ff.). Unser aller Leben ist im modernen Verwaltungs- und Rechtsstaat von Rechtsnormen geprägt. Das gilt auch für Grundschulkinder, die in die juristisch bestimmten Sphären von Rechts- und Geschäftsfähigkeit hineinwachsen und deren Leben nicht nur, aber vor allem auch in der Schule rechtlich reglementiert ist (z.B. Schulpflicht, Schulgesetz und Schulordnung). Entscheidend ist, dass die subjektive Dimension der Betroffenheit mit der objektiven Dimension der Bedeutsamkeit verknüpft wird. Damit wird eine Brücke vom Alltagswissen der Schüler zur Welt von Recht und Politik und von diesen zurück zur Alltagswelt der Schüler geschlagen (vgl. Gagel 2000, 168ff.).
Zu berücksichtigen sind dabei jedoch die anderen kognitiven Möglichkeiten der Grundschüler/innen. Da sie noch nicht in der Lage sind, die Funktionen des Rechtssystems in all ihrer Breite und Konsequenz zu erfassen, wird Rechtsstaatlichkeit insbesondere über Aspekte zu thematisieren sein, die in der Alltagswelt der Schüler/innen verankert und damit über die Perspektive der Betroffenheit zugänglich sind. Das sind insbesondere die Aspekte Freiheit von Willkür (= Gesetzmäßigkeit, Rechtssicherheit, Vertrauensschutz) und Rechtsschutz, da auch Grundschüler schon ein Gespür für Ungerechtigkeit und Unfairness haben (s.o.). Wenn es in der Folge gelingt, die Brücke von der sozialen Ebene des fair miteinander Umgehens zur systemischen Ebene der Bedeutsamkeit zu schlagen, also zum Bewusstsein, dass die „Friedensordnung" des Staates den Werten „Friede", „Freiheit" und „Gerechtigkeit" dient und diese mit dem Mittel des Rechts sichert, dann sind zentrale Momente des Konzeptes Rechtsstaatlichkeit grundgelegt. Diese können in der Sekundarstufe weiter ausgebaut werden.
Die Arbeit an der Grundlegung sowie am anschließenden Auf- und Ausbau des Konzeptes Rechtsstaat kann im Perspektivrahmen Sachunterricht an den perspektivbezogenen Themenbereichen der sozialwissenschaftlichen Perspektive: Politik

– Wirtschaft – Soziales und an den dort formulierten Denk-, Arbeits- und Handlungsweisen anknüpfen.
Bezüge finden sich zu TB SOWI 1 (GDSU 2013, 34) unter „Die politische Ordnung":

„Die politische Ordnung stellt den Rahmen dar, innerhalb dessen politische Handlungs- und Entscheidungsprozesse verlaufen. Sie schafft Verlässlichkeit, macht politische Prozesse zumindest in Grenzen berechenbar und voraussehbar und sie setzt absoluter Beliebigkeit Schranken. Wichtige Konzepte dieses Bereichs sind Repräsentation, Demokratie, Staat, *Rechtsstaat* [Hervorhebung durch den Verfasser] und Grundrechte. [...]
Schülerinnen und Schüler können: [...]
– die Bedeutung des *Rechtsstaats* [Hervorhebung durch den Verfasser] für Kinder erklären, indem sie zwischen Regeln und Gesetzen unterscheiden und die Bedeutung der verschiedenen Rollen vor Gericht (Ankläger, Verteidiger, Richter) an einem Konflikt beschreiben
– Kinderrechte als konkrete Beschreibungen von Grundrechten benennen und als Beispiele die Meinungsfreiheit und den Schutz der Privatsphäre in ihrer Bedeutung für Kinder erläutern"

Hinsichtlich der perspektivenbezogenen Denk-, Arbeits- und Handlungsweisen ist der Bezug zu den DAH SOWI 1 und 3 gegeben (GDSU 2013, 30ff.), auch wenn dort der Begriff „rechtlich" nicht fällt:

„**(1) An ausgewählten gesellschaftlichen Gruppen partizipieren**
Als gesellschaftliche Gruppen lassen sich z.B. solche der Selbstverwaltung der Schule (Klassensprecherwahl, Beteiligung an Klassenkonferenzen usw.) oder Vereine nennen. Des Weiteren kann in Kommunen und/oder über Ämter partizipiert werden. Hier ist zum einen soziales Handeln und Urteilen wichtig, das zur Gestaltung einer Gemeinschaft beiträgt. Zum anderen sind politische Urteils-und Handlungsfähigkeiten zu fördern, die sich auf das öffentliche Leben in der Gesellschaft beziehen, in dem *Regeln der politischen Ordnung* [Hervorhebung durch den Verfasser] gelten. [...]

(3) Politisch urteilen
Das Urteilen schließt eine inhaltliche Auseinandersetzung mit einem Lerngegenstand (vorläufig) ab. Es steht daher im Unterrichtsverlauf eher am Ende eines Lernprozesses. Ein politisches Urteil kann als normativer Schiedsspruch in einer politischen Angelegenheit definiert werden. [...]
Schülerinnen und Schüler können: [...]

– problemhaltige Situationen, Konflikte oder Entscheidungen nach demokratischen und ethischen Werten beurteilen [...]
– ausgewählte Konfliktlösungen nach Kriterien der Gerechtigkeit bewerten [...]"

Im Sinne einer modernen Institutionenkunde käme es darauf an, dezidiert die rechtlichen Fragen in den Unterricht einzubringen. Dies ist möglich, wenn die Regeln der politischen Ordnung und die Werte der Demokratie wie auch die Kriterien der Gerechtigkeit im Kontext von Freiheit (= u.a. Schutz vor Willkür und Rechtsschutz; s.o.) und der allgemeinen Sicherung von Frieden thematisiert werden, und zwar auf der Systemebene eines allgemeinen Schutzes der Bürger vor überschießendem staatlichen Handeln. In diesem Grundsatz liegen z.B. auch die Grenzen demokratischer Entscheidungen, wie sie u.a. in Klassenräten getroffen werden. Die „Staatsgewalt" – sei sie auch unmittelbar demokratisch ausgeübt – darf eben nicht alles.

6 Anregungen für den Unterricht

Soll der Unterricht den Sinn der Institution Rechtstaat und deren formale Voraussetzungen vermitteln, dann sollte er den fachdidaktischen Prinzipien der Erfahrungs-, Problem- und Handlungsorientierung folgen und mit Hilfe von Fällen arbeiten, denn das Fallprinzip ist in Fragen des Rechts erprobt und hat sich bewährt (vgl. Oberreuter 2014, 309f.), da es Betroffenheit und Bedeutsamkeit verbindet und das Typische im Einzelnen zu zeigen geeignet ist. Daher wird es auch für den Sachunterricht empfohlen (vgl. Richter 2013, 146). Um die oben genannten Prinzipien im Unterricht konkret und damit wirksam werden zu lassen, bietet sich als Zugang insbesondere die Arbeit mit realen Sachverhalten (= Fälle aus der Lebenswelt der Grundschulkinder, z.B. der Einsatz von Schiedsrichtern im Sport und ggf. die Schiedsgerichtsbarkeit, das Recht auf Transparenz bei der Notengebung) an. Methodisch möglich und hinsichtlich der rechtlichen Dimension nötig ist dabei u.a. die Expertenbefragung (z.B. Schiedsrichter/in, Schuleiter/in), die über ihre kommunikativen Anforderungen zugleich den Umgang mit Konzepten fördert. Zu letzterem passt auch die Pro-Kontra-Debatte (vgl. ebd., 145).
Streitschlichter, die in nicht wenigen Schulen etabliert sind, scheinen sich zwar auf den ersten Blick auch für die Thematik anzubieten, scheiden jedoch aus, da sie auf freiwilliger Basis sowie in gegenseitiger Akzeptanz des Ergebnisses funktionieren und ihnen die systemische Dimension abgeht. Der Sport (als privater Raum) und die Schule (als öffentlicher Raum) sind dagegen rechtlich stark reglementiert und kennen Instanzenzüge, d.h. eine starke formelle Institutionalisierung und das Institut des Rechtsschutzes. Auch wenn Akte der Sportsgerichtsbarkeit

keine staatliche Gewalt sind, finden sie nicht im rechtsfreien Raum statt, sondern können im Zweifel auch vor staatliche Gerichte gezogen werden, wenn aus ihnen Rechtsfolgen für die Betroffenen erwachsen, die mit deren (Grund-)Rechten kollidieren (z.B. Berufsfreiheit).

Aufgrund der besonderen kognitiven Herausforderungen der Thematik sind die nachfolgenden Vorschläge insbesondere für die Jahrgangsstufen 3 und 4 geeignet. Unterrichtsvorschlag 1 kann jedoch wie auch Unterrichtsvorschlag 2 schon in den Jahrgangsstufen 1 und 2 grundgelegt werden, wenn im Stuhlkreis z.b. über Wochenenderfahrungen aus dem Sport gesprochen wird oder die Lehrkraft ihre Notengebung transparent macht und das auch mit Nachvollziehbarkeit begründet:

Unterrichtsvorschlag 1:
Was ist, wenn der Schiedsrichter sich irrt?

Da viele Kinder selbst Individual- oder Mannschaftssportarten in Vereinen betreiben oder Sport im Fernsehen (z.B. Fußball Weltmeisterschaft) anschauen, sind ihnen Punktrichter und Schiedsrichter sowie deren Entscheidungen vertraut. Auch die Diskussion um Fehlentscheidungen wird schon von Grundschülern lebhaft geführt. Gleiches gilt für die Debatte um zusätzliche Schiedsrichter (z.B. am Tor) und technische Hilfsmittel (z.B. Chip im Ball), die Fehlentscheidungen vermeiden helfen oder korrigieren sollen. Auch Sportgerichtsverfahren (z.B. zum „Phantomtor" in Hoffenheim) sind ihnen bekannt.

Es bietet sich somit an, mit Kindern über ihr Verständnis von Fairness und Gerechtigkeit im Sport und über ihre Erwartungen an Schiedsrichter zu sprechen und dies auf das Richteramt zu übertragen. Die Überlegungen können auf der Basis der eigenen Erfahrungen („Was ich schon einmal mit Schiedsrichtern erlebt habe ...") oder von aktuellen Fällen – jedes Wochenende gibt es in der Bundesligaberichterstattung die Debatte um Schiedsrichterfehler – initiiert werden.

Die Schiedsrichterleistung ist dabei ohne Regelkenntnis nicht einzuordnen, da sich vor allem auch an der Regelkonformität der Entscheidungen die Leistung bemisst. Einzelne Schüler können schon Experten für Regeln sein. Es bietet sich jedoch an, Schiedsrichter aus dem Amateur- oder Profibereich als Experten in den Unterricht einzuladen, da diese auch die Möglichkeiten für die Überprüfung von Schiedsrichterleistungen kennen. Wichtig ist dabei der Unterschied von Regelverstoß und „Tatsachenentscheidung". Während ersterer zu einer Aufhebung des Spielergebnisses durch ein Sportgericht führt, ist letztere grundsätzlich nicht in Frage zu stellen. Gerade über die Beschäftigung mit dieser Unterscheidung wird ein Verständnis von Rechtstaatlichkeit (= Sicherung einer Ordnung ohne absolute Gerechtigkeit herzustellen, Rechtssicherheit, Vertrauensschutz, Unabhängigkeit der Richter) jenseits einer nicht durchzuhaltenden Erwartung an Schiedsrichter, immer richtig zu entscheiden, grundgelegt.

Tatsachenentscheidungen sind nötig, damit überhaupt ein Spielbetrieb aufrechterhalten werden kann. Würde eine Mannschaft oder ein Spielteilnehmer die Chance haben, während des Spiels oder nachträglich einzelne Entscheidungen des Schiedsrichters in Frage zu stellen, um ein Ergebnis zu korrigieren, würde es zu ständigen Konflikten kommen. Abgesehen davon, dass niemand wissen kann, welche Auswirkung auf den Spielverlauf bzw. das Spielergebnis eine Entscheidung z.B. in der 5. Spielminute gehabt hätte, wäre sie anders ausgefallen, ist die Anerkennung der Institution Tatsachenentscheidung dem Umstand geschuldet, dass in der Spielsituation niemand sicher vor Irrtümern ist. Auch der beste Schiedsrichter kann nicht alles sehen – und auch nicht alles richtig. Hat der Schiedsrichter etwas übersehen, z.B. eine Tätlichkeit, dann kann diese jedoch nachträglich geahndet werden, ohne dass das Spielergebnis geändert würde.

Der Schiedsrichter ist in seiner Entscheidung frei. Er ist aber an die Regeln gebunden und verpflichtet, diese nach bestem Wissen und Gewissen anzuwenden. Damit ist seine Rechtsstellung der eines Richters vergleichbar, dessen Entscheidungen vor einer höheren Instanz dann anfechtbar sind, wenn er Verfahrensfehler gemacht hat, der aber im Vorfeld keinen Pressionen unterliegt, damit er in seiner Entscheidung tatsächlich frei und unparteiisch sein kann. Den Schülern kann damit ein Konzept von Rechtsstaatlichkeit vermittelt werden, das die menschliche Komponente mit der rechtlichen verbindet. Absolute Gerechtigkeit kann es nicht geben, sehr wohl aber die grundsätzliche Gewährleistung von Regeltreue, z.B. über die Sicherung einer bestmöglichen Ausbildung und nachträglicher Korrektur von Fehlurteilen durch Regelverstöße.

Unterrichtsvorschlag 2:
Was ist, wenn ich eine Note oder pädagogische Maßnahme nicht verstehe?

Die Notengebung gehört zu den unumgehbaren Aufgaben einer Lehrkraft. Um sicherzustellen, dass dieses nachvollziehbar und verständlich ist, ist es nicht nur ein pädagogisches Gebot, ihre Prämissen und ihre Umsetzung so transparent wie möglich zu machen. Schüler/innen und Eltern haben darauf ein Recht. Was aber, wenn eine Lehrkraft das nicht macht und der Eindruck von Willkür entsteht? Gleiche Überlegungen lassen sich auch für pädagogische Maßnahmen anstellen, die z.B. der Sicherung einer guten Arbeitsatmosphäre dienen.

Die Grundsituation ist auch Grundschulkindern bekannt. Nicht immer hat die Lehrkraft die Zeit, die Notengebung oder Klassenregeln noch einmal zu erläutern und nicht immer passen Schüler/innen auf oder sind anwesend, wenn die Erklärung erfolgt. Die gegebene Note oder die Erziehungsmaßnahme sind damit immer wieder einmal für sie nicht nachvollziehbar und geben Anlass zur Nachfrage. Diese klassischen Fälle aus der Praxis können zum Ausgangspunkt eines Rollenspiels gemacht werden, in dem die ganze Bandbreite von Möglichkeiten durchgespielt werden kann: Von „Die Lehrkraft hat alles offengelegt, auf Schüler/

in-Seite wurde jedoch nicht aufgepasst" bis hin zu „Die Lehrkraft gibt nie Erklärungen für ihre Notengebung oder führt willkürlich und sprunghaft Regeln ein".
Im Kreisgespräch können nur Fragen der Zumutbarkeit (Zentrale Leitfrage: *Wie oft und wie intensiv muss die Lehrkraft ihre Entscheidungen transparent machen?*) und Fragen der Ausgeliefertheit (Zentrale Leitfragen: *Wie kann ich denn Noten überhaupt überprüfen lassen, wenn ich sie als ungerecht empfinde? Und wie kann ich mich auf Regeln einstellen, die ich gar nicht kenne?*) erörtert werden. Zudem können unterschiedliche Impulse eingebracht werden: z.B. ob es möglich ist, dass Noten nachträglich geändert werden, wenn ein Schüler einen Irrtum zu seinen Ungunsten meldet, oder ob auch rückwirkend Regeln erlassen werden können? Hierzu kann als Experte/in auch ein/e Schulleiter/in eingeladen werden, der/die z.B. Möglichkeiten erläutert, Transparenz herzustellen.

Als weitere Methode passt hier auch die Pro-Kontra-Debatte zum Thema: *Müssen Lehrer/innen ständig ihre Notengebung transparent machen? Müssen Regeln bekannt sein? Darf ein Schüler auch bestraft werden, wenn die Regel noch gar nicht in Kraft war?* Je nachdem, auf welcher Abstraktionsebene die Schüler/innen argumentieren – auf der Ebene der persönlichen Betroffenheit von Schüler/innen oder Lehrkräften, auf der Ebene des Nutzens für die Betroffenen oder für das Klassenklima, auf der rechtlichen Ebene – kann erfasst werden, ob die Lerngruppe schon zu einer rechtsstaatsbezogenen Konzeptualisierung (z.B. zur Frage des Rechtsschutzes, der Rechtssicherheit und des Vertrauensschutzes) gelangt ist oder dorthin geführt werden kann. Das jedoch setzt voraus, dass auch die Lehrkräfte ihre Rolle als Träger staatlicher Gewalt konzeptualisiert haben und Forderungen nach Transparenz weder als Zumutung noch allein mit pädagogischen Erwägungen verbinden. Der Rechtsstaat als Institution beschränkt einerseits das Handeln von Lehrer/innen, eröffnet ihnen aber zugleich auch Möglichkeiten, indem er pädagogische Freiheit gewährleistet und Noten insofern in die pädagogische Verantwortung der Lehrkräfte stellt. Wenn formale Verstöße vorliegen, sind sie jedoch anfechtbar (vgl. Avenarius & Füssel 2008, 22ff., 157ff.).

Beide Unterrichtsvorschläge heben somit auf zentrale Aspekte von Rechtsstaatlichkeit ab: Auf die Unabhängigkeit von Entscheidungsträgern von Druck und ihre Bindung an Recht und Gesetz, auf den Rechtschutz gegen staatliche Gewalt und die Rechtswegegarantie sowie auf Verfahrensprinzipien, wie z.B. „nulla poena sine lege" (keine Strafe ohne Gesetz). Erlangen die Schüler/innen dadurch eine erste Vorstellung davon, wie Probleme und Konflikte des Alltags auf der Basis einer rechtlichen Ordnung gelöst werden können, dann haben sie auch den Sinn der Institution Recht verstanden, mit Hilfe von Gesetzen und durch die Rechtsprechung den Mitgliedern einer Gesellschaft Sicherheit, Freiheit und Gerechtigkeit zu garantieren.

Literatur

Avenarius, H. (2001): Die Rechtsordnung der Bundesrepublik Deutschland. 3. Aufl., Bonn: Bundeszentrale für politische Bildung.

Avenarius, H. & Füssel, H.-P. (2008): Schulrecht im Überblick. Darmstadt: Wissenschaftliche Buchgesellschaft.

Deichmann, C. (1996): Mehrdimensionale Institutionenkunde in der politischen Bildung. Schwalbach/Ts.: Wochenschauverlag.

Duden Recht A-Z (2007): Fachlexikon für Studium, Ausbildung und Beruf. 2. Aufl. Mannheim: Bibliographisches Institut & F.A. Brockhaus. Lizenzausgabe Bonn: Bundeszentrale für politische Bildung.

Gagel, W. (1986): Unterrichtsplanung: Politik/Sozialkunde. Studienbuch politische Didaktik II. Opladen: Leske + Budrich.

Gagel, W. (1989): Renaissance der Institutionenkunde? Didaktische Ansätze zur Integration von Institutionenkundlichem in den politischen Unterricht. In: Gegenwartskunde, 38, 387-418.

Gagel, W. (2000): Einführung in die Didaktik des politischen Unterrichts. Ein Studienbuch. 2. Aufl., Opladen: Leske + Budrich.

GDSU (Hrsg.): Perspektivrahmen Sachunterricht. Vollständig überarbeitete und erweiterte Ausgabe. Bad Heilbrunn: Klinkhardt.

Helwig, C. & Jasiobedzka, U. (2001): The relation between law andmorality: Children's reasoning about socially beneficial and unjust laws. In: Child Development, 72, 1382–1393.

Hesse, K. (1999): Grundzüge des Verfassungsrechts der Bundesrepublik Deutschland. 20. Aufl., Heidelberg: C.F.Müller.

Hug, S. (2009): Institutionen. In: D. Fuchs & E. Roller (Hrsg.): Lexikon Politik. Hundert Grundbegriffe. Stuttgart: Reclam, 120-121.

Lipp, W. (2001): Institution. In: B. Schäfers (Hrsg.): Grundbegriffe der Soziologie. 7. Aufl., Opladen: Leske + Budrich, 148-151.

Massing, P. (2014): Institutionenkunde. In: W. Sander (Hrsg.): Handbuch politische Bildung. 4. Aufl., Bonn: Bundeszentrale für politische Bildung, 295-302.

Mastronardi, P. (2007): Verfassungsrecht. Allgemeines Staatsrecht als Lehre vom guten und gerechten Staat. Bern, Stuttgart, Wien: Haupt.

Oberreuter, H. (2014): Rechtserziehung. In: W. Sander (Hrsg.): Handbuch politische Bildung. 4. Aufl., Bonn: Bundeszentrale für politische Bildung, 303-311.

Oerter, R. (2008): Kindheit. In: R. Oerter & L. Montada (Hrsg.): Entwicklungspsychologie. 6. Aufl., Weinheim: Beltz, 225-270.

Richter, D. (2013): Verfassungswerte als Inhalte des Sachunterrichts: Didaktische Klippen und fehlende Forschung. In: P. Massing & G. Weißeno (Hrsg.): Demokratischer Verfassungsstaat und Politische Bildung. Festschrift für Joachim Detjen zum 65. Geburtstag. Schwalbach/Ts.: Wochenschauverlag, 139-149.

Schwietring, T. (2011): Was ist Gesellschaft? Einführung in soziologische Grundbegriffe. Bonn: Bundeszentrale für politische Bildung.

Sodian, B. (2008): Entwicklung des Denkens. In: R. Oerter & L. Montada (Hrsg.): Entwicklungspsychologie. Weinheim: Beltz, 436-479.

Weißeno, G., Detjen, J., Juchler, I., Massing, P. & Richter, D. (2010): Konzepte der Politik – ein Kompetenzmodell. Bonn: Bundeszentrale für politische Bildung.

Weyers, S. (2006): Pacta sunt servanda? Das kindliche Verständnis von Verträgen am Beispiel des Tausches und der Leihe. In: Zeitschrift für Pädagogik, 52, 591–610.

Weyers, S. (2007): „Der soll sich die Geschichte von beiden Seiten anhören!" Wie Kinder Konfliktregelungen durch Dritte verstehen. In: Die Deutsche Schule, 99, 62–79.

Weyers, S., Sujbert, M. & Eckensberger, L. H. (2007): Recht und Unrecht aus kindlicher Sicht. Die Entwicklung rechtsanaloger Strukturen im kindlichen Denken und Handeln. Münster: Waxmann.

Weyers, S. (2012): Wie verstehen Kinder und Jugendliche das Recht? Sechs Phasen der Entwicklung rechtlichen Denkens. In: Journal für Psychologie, 20, online: http://www.journal-fuer-psychologie.de/index.php/jfp/article/view/223/271.

Detlef Pech und Nina Kallweit

Mehrheit entscheidet? Wahlen und Wahlverfahren

1 Einführung

Die Teilnahme an Demonstrationen, die Mitwirkung in NGOs oder an Bürgerinitiativen sowie zivilgesellschaftliches Engagement stellen unterschiedliche Möglichkeiten demokratischer Teilhabe dar. In repräsentativen Demokratien, wie z.B. der Bundesrepublik Deutschland, gilt die Stimmabgabe bei Wahlen als allgemeinste Form von Beteiligung am politischen Prozess (vgl. Nohlen 2003a). Durch die Abgabe ihrer Stimme ist (wahlberechtigten) Bürgerinnen und Bürgern die Möglichkeit der direkten oder indirekten Einflussnahme auf den Prozess politischer Entscheidungsfindung gegeben. Beispielsweise bestimmen sie mit ihrer Entscheidung für eine zur Wahl stehende Person oder Partei – respektive ein Partei- und/oder Wahlprogramm – für einen begrenzten Zeitraum eine Vertreterin oder einen Vertreter ihrer Interessen und nehmen damit indirekten Einfluss auf den institutionalisierten Prozess politischer Entscheidungsfindung. Der Wahlakt selbst unterliegt dabei Prinzipien, die die demokratische Idee des Vorgangs gewährleisten sollen (siehe dazu Exkurs).
Der Perspektivrahmen Sachunterricht greift diese Momente im perspektivbezogenen Themenbereich *Politische Entscheidungen* (TB SOWI 2, GDSU 2013) auf. Eine Thematisierung von *Wahlen* im Sachunterricht fördert im weiteren Sinn die grundlegende Kompetenz eines Individuums, am demokratischen Leben aktiv teilnehmen und seine Beteiligungsrechte wahrnehmen zu können. Es wird ein Verständnis für die Bedeutung von Wahlen als urdemokratisches Element im politischen Prozess angebahnt. Im engeren Sinn werden die Kompetenzen der Schülerinnen und Schüler dahingehend gefördert, zwischen Person und Amt trennen sowie beurteilen zu können, ob eine Wahl den demokratischen Prinzipien folgt. Als konkret zu entwickelnde Fähigkeit benennt der Perspektivrahmen Sachunterricht dabei: „in Fallbeispielen beurteilen, ob eine Wahl den demokratischen Prinzipien (frei, allgemein, gleich, geheim) folgt" (GDSU 2013, 35). Um diese Fähigkeit zu entwickeln, bedarf es indes eines Verständnisses davon, was eine Wahl ausmacht und wie sie gestaltet werden kann. Die Annäherung und Auseinandersetzung steht im Mittelpunkt dieses Beitrages.

Eine Notwendigkeit der systematischen Auseinandersetzung mit politischen Entscheidungsprozessen wird nochmals stärker sichtbar, wenn berücksichtigt wird, dass gerade in Medien, die sich an Kinder richten, oftmals diese Strukturen negiert oder verklärt werden. Nachdrücklich hat bspw. Strohmeier (2005) in einer Analyse des Politikverständnisses bei „Benjamin Blümchen" und „Bibi Blocksberg" aufzeigen können, dass dieses als auch der Gesamtentwurf gesellschaftlichen Zusammenlebens zutiefst undemokratisch ist und Kinder kaum in der Entwicklung eines angemessenen Demokratieverständnisses unterstützen kann.

Grundschülerinnen und Grundschülern begegnen institutionalisierten Wahlen (z.B. Bundes-, Landtags- oder Kommunalwahlen) vor allem medial (Fernsehen, Zeitungsberichte) sowie in „direkter" Konfrontation über Wahlplakate oder Begegnungen mit öffentlichen Parteiständen während des Wahlkampfs (Verteilen von Kugelschreiben, Luftballons, Bonbons usw.). In anderen Situationen und Kontexten (z.B. Abstimmungen und Wahlen in der Schule) erhalten Kinder im Grundschulalter zudem die Möglichkeit, sich unmittelbar in Entscheidungsfindungsprozesse einzubringen.

In ihrer an Schweizer Grundschulen durchgeführten Studie stellen Kalcsics und Raths fest, dass sich „wählen" in den Vorstellungen der befragten Schülerinnen und Schüler als „Abstimmung als Form der Entscheidungsfindung in der Familie, unter Freunden, aber auch in der Öffentlichkeit" (Kalcsics & Raths 2012) konstituiert. Sprechen die Kinder dabei über die Teilhabe an öffentlichen Entscheidungen nutzen sie den Begriff „abstimmen". Wenn sie den Begriff „wählen" verwenden, meint dies über eine Person abzustimmen. Weiterhin ist bei den befragten Schülerinnen und Schülern bereits ein Wissen darüber vorhanden, dass eine Regierung durch die Regierten legitimiert wird (vgl. Kalcsics & Raths 2012). In seiner Untersuchung mit Schülerinnen und Schülern vierter Jahrgangsstufen stellt Dondl fest, dass diese die Möglichkeit des Wählens als ein den Bürgerinnen und Bürgern anvertrautes Instrument zur Durchsetzung ihrer politischen Interessen betrachten. Der Akt der Wahl wird von ihnen gewissermaßen als Grundvoraussetzung politischer Partizipation des Einzelnen verstanden, da dem Nichtwähler im Umkehrschluss ein Urteil über den Ausgang einer Wahl abgesprochen wird (vgl. Dondl 2013). In den durchgeführten Gruppendiskussionen kommt zum Tragen, dass „[w]er die ihm eingeräumten politischen Machtinstrumente nicht nutzt, der verzichtet freiwillig auf die Gestaltungsmöglichkeit des öffentlichen Raumes" (Dondl 2013, 157). Thematisiert wird ebenso, dass ein Wahlergebnis in Ausnahmefällen durch einzelne Stimmen entschieden werden kann. In der Konsequenz kann dies zur Erfüllung der politischen Wünsche des Einzelnen führen. Gleichzeitig wird sichtbar, dass der Gang zur Wahlurne nicht notwendigerweise zur Erfüllung des eigenen Wunschergebnisses führt. Ungeachtet dessen sprechen sich die Schülerinnen und Schüler für eine Beteiligung an Wahlen aus (vgl. Dondl 2013).

Die Studien von Kalcsics und Dondl gewähren Einblicke in mögliche Vorstellungen von Grundschülerinnen und Grundschülern zum Bereich „Wahlen". Weitere empirische Erkenntnisse zu diesem Gebiet stehen bisher noch aus.

Exkurs: Wahlrecht und Wahlsystem

Das Prozedere der Wahl hat bestimmten Prinzipien (= *Wahlrecht*) zu folgen, die in Artikel 38, Absatz 1 des Grundgesetztes verankert sind. Dort heißt es: „Die Abgeordneten des Deutschen Bundestages werden in allgemeiner, unmittelbarer, freier, gleicher und geheimer Wahl gewählt" (Deutscher Bundestag 2007, 31). Diese klassischen Bestandteile des engeren Wahlrechts beinhalten, dass jede Staatsbürgerin und jeder Staatsbürger nach Vollendung des 18. Lebensjahres berechtigt ist, seine/ihre Stimme unabhängig von Geschlecht, Herkunft, Konfession oder politischer Überzeugung abzugeben (allgemein). Darüber hinaus bestimmen die Wahlberechtigten jeweils selbst und unmittelbar, d.h. ohne die Zwischenschaltung eines weiteren Willens die Mandatsträgerinnen und Mandatsträger (unmittelbar). Jede Wahlberechtigte und jeder Wahlberechtigte besitzt dabei das gleiche Stimmgewicht (gleich). Zudem muss sowohl rechtlich als auch organisatorisch gewährleistet sein, dass die Wählerin und der Wähler eine Wahlentscheidung treffen kann, die von anderen nicht erkennbar ist (geheim). Die Verankerung des Bestandteiles „frei" im Grundgesetzartikel 38 diente demgegenüber primär als Abgrenzung der politischen Praxis von Wahlen in bürgerlich-demokratisch verfassten Staaten zu jenen in sozialistischen Ländern mit bolschewistischer Prägung (vgl. Nohlen 2003b).

Wahlen sind zudem immer in bestimmte *Wahlsysteme* eingebettet. Damit werden Verfahren bezeichnet, mittels derer die Wählerinnen und Wähler durch ihre Stimmen ihre jeweilige Kandidatinnen-/Kandidaten- und Parteipräferenz zum Ausdruck bringen können, sowie Verfahren, durch die Stimmzahlen in Mandate übertragen werden (vgl. ebd.).

2 „Wer die Wahl hat ..." – Ein Praxisvorschlag zum Kennenlernen verschiedener Wahlverfahren

Im Rahmen dieses Praxisvorschlags (siehe Kiewitt & Pech 2012) werden den Schülerinnen und Schülern Strukturen und Prozesse gemeinsamer Willensbildung und Entscheidungsfindung im Sinne demokratischer Abstimmungsverfahren erfahrbar gemacht und zur Gestaltung gemeinschaftlichen Lebens aufgezeigt. Die Kompetenz der Schülerinnen und Schüler, Abstimmungen und Wahlen durchzuführen sowie Mehrheitsentscheidungen in der Klasse umzusetzen, wird gefördert. Sie werden dabei auch dazu angehalten, Mehrheitsentscheidungen zu akzeptieren und zu tolerieren. Die genannten Kompetenzen entsprechen den Denk-, Arbeits- und Handlungsweisen *An gesellschaftlichen Gruppen partizipieren* und *Argumentieren sowie zwischen Einzelnen oder zwischen Gruppen mit unterschiedlichen Interessen und Bedürfnissen verhandeln* des Perspektivrahmens Sachunterricht (GDSU 2013, 30f.). Darüber hinaus wird die Entwicklung von Vertrauen in demokratische Prinzipien oder die Fähigkeit zur (kritischen) Reflexion und Auseinandersetzung mit normativen Demokratieprinzipien gefördert. Unabdingbar ist, dass die Schülerinnen und Schüler wirklich über Mitspracherechte und Entscheidungsbefugnisse mit Blick auf den Abstimmungsgegenstand verfügen. Den Abstimmungen und Vereinbarungen der Kinder sollten entsprechende Konsequenzen folgen.

Ausgangspunkt könnte folgende Situation sein: In der Klasse soll zum Abschluss der Schulwoche ein Film angeschaut werden. Die Frage, welcher Film vorgeführt werden soll, ist dabei noch offen und muss geklärt werden. Zu diesem Anlass wird von den Schülerinnen und Schülern der Klasse eine Kommission gebildet. Diese kann, sofern vorhanden, aus den Klassensprecherinnen und Klassensprechern bestehen und/oder aus Kindern, die Interesse an dem Filmauswahlverfahren haben und sich freiwillig dafür melden. Die Aufgabe der Kommission besteht darin, drei Filme auszuwählen, die dann im Klassenverband zur Abstimmung gestellt werden. Die Filmvorschläge werden der Klassengemeinschaft vorgestellt. Die Abstimmung über die Vorschläge erfolgt anschließend im Rahmen verschiedener Verfahren. Die jeweiligen Abstimmungsergebnisse werden in einer Tabelle festgehalten (Abb. 1). Der sich jeweils durchsetzende Vorschlag kann in der Tabelle farblich hervorgehoben werden.

Mehrheit entscheidet? Wahlen und Wahlverfahren

KARTEI		7	WAHLVERFAHREN KENNENLERNEN				
Dokumentation der Abstimmungsergebnisse							
Film	Öffentliche Abstimmung (1 Stimme)	Geheime Abstimmung (1 Stimme)	Gewichtete Abstimmung geheim (3 Stimmen)	Gewichtete Abstimmung öffentlich (3 Stimmen)			
				1. AR	2. AR	3. AR	Ergebnis
Vorschlag 1							
Vorschlag 2							
Vorschlag 3							

Abb. 1: Dokumentation der Abstimmungsergebnisse (Grundschule Sachunterricht 55, 2012, Materialpaket)

Die Abstimmungsverfahren

1. Öffentliche Abstimmung mit einer Stimme

Für die Stimmentscheidung sind vor allem soziale Faktoren von Relevanz: Wofür entscheidet sich z.B. die beste Freundin/der beste Freund oder eine sehr beliebte Schülerin/ein sehr beliebter Schüler der Klasse?

2. Geheime Abstimmung mit einer Stimme

Das Abstimmungsergebnis fällt möglicherweise nicht eindeutig aus, da die Interessenlagen in der Klasse ambivalent sein können. Durch das Verfahren der geheimen Abstimmung stehen die einzelnen Schülerinnen und Schüler weniger unter (sozialem) Druck und erhalten die Möglichkeit, stärker ihrem eigenen Interesse Ausdruck zu verleihen.

Abhängig davon, inwieweit den Schülerinnen und Schülern der Wahlrechtsgrundsatz geheim bereits bekannt ist, kann dem Abstimmungsverfahren eine entsprechende Erarbeitungsphase vorangehen. Mögliche Impulsfragen könnten sein: Was stellt ihr euch unter einer geheimen Abstimmung vor? Wie sollte die Wahl verlaufen, damit die eigene Abgabe der Stimme wirklich geheim bleibt? Warum könnte eine geheime Abgabe der Stimme sinnvoll sein?

3. Gewichtete Stimmabgabe

Die Schülerinnen und Schüler, die für sich klar entschieden haben, welchen Filmvorschlag sie favorisieren, können durch dieses Verfahren massiven Einfluss auf das Abstimmungsergebnis nehmen, indem sie ihre drei Stimmen gebündelt für einen Vorschlag abgeben (Abb. 2).

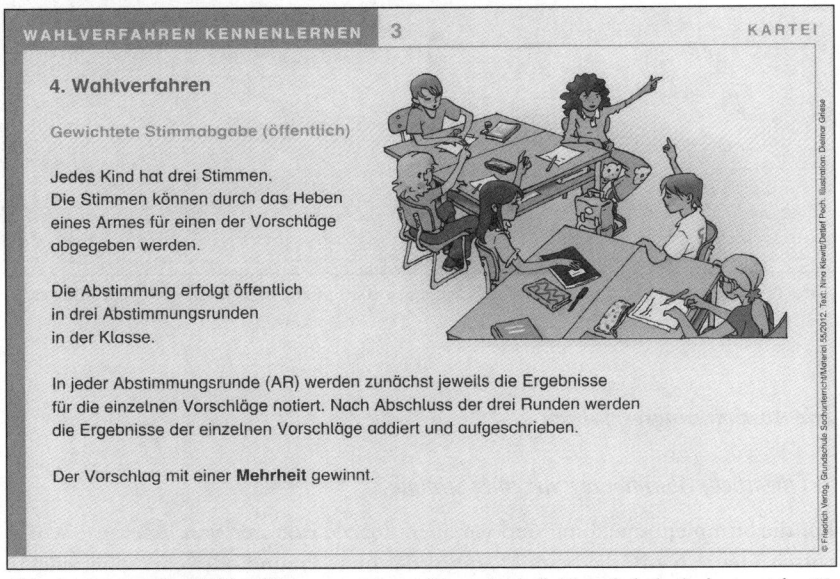

Abb. 2: Beispiel für Wahlverfahren „gewichtete Stimmabgabe" (Grundschule Sachunterricht 55, 2012, Materialpaket)

Nach der Durchführung der verschiedenen Abstimmungsvarianten vergleichen, analysieren und reflektieren die Schülerinnen und Schüler in Kleingruppen die einzelnen Verfahren und die möglicherweise unterschiedlich ausfallenden Ergebnisse. Die Überlegungen in den Kleingruppen werden im Anschluss im Klassenverband zusammengetragen. Abschließend entscheiden die Kinder gemeinsam, welches Abstimmungsergebnis für die Auswahl des Filmes ausschlaggebend sein soll. Folgende Fragen können für die Entscheidungsfindung erkenntnisleitend sein:
– Welches Abstimmungsverfahren hat euch jeweils am besten gefallen? Warum?
– Bei welchem Verfahren habt ihr euch am wohlsten gefühlt? Warum?

- Welches Abstimmungsverfahren erscheint euch am sinnvollsten/gerechtesten? Warum?
- Welches Ergebnis soll entscheidend sein für die Auswahl des Filmes?
- Welches Abstimmungsverfahren lässt sich am besten umsetzen, wenn viele Leute (die ganze Schule, die ganze Stadt, das ganze Land) eine Entscheidung treffen sollen?

3 Fazit

Die Fähigkeit in Fallbeispielen beurteilen zu können, ob eine Wahl den demokratischen Prinzipien entsprechen kann, bedarf einer Idee, eines Verständnisses davon, was eine Wahl ausmachen kann und dass unterschiedliche Wahlsysteme zu unterschiedlichen Ergebnissen führen können. Diese Annäherung an das politische System als ein Gestaltbares und auch Veränderbares kann Kindern einen Zugang ermöglichen, Demokratie als gestaltbar zu begreifen – und ihre Regeln als Vereinbarung anzusehen. Mit allen Stärken und Schwächen, die sie beinhalten.

Literatur

Deutscher Bundestag (Hrsg.) (2007): Grundgesetz für die Bundesrepublik Deutschland. Textausgabe – Stand: Januar 2007. Berlin.

Dondl, J. (2013): Politik-Lernen in der Grundschule. Überlegungen zur politischen Bildung anhand einer Studie zu demokratieorientierten Vorstellungen von Viertklässlern. Bad Heilbrunn: Klinkhardt.

Gesellschaft für Didaktik des Sachunterrichts (GDSU) (Hrsg.) (2013): Perspektivrahmen Sachunterricht. Bad Heilbrunn: Klinkhardt.

Kalcsics, K. & Raths, K. (2012): Schülervorstellungen zum Regieren und Wählen. Ergebnisse einer qualitativen Untersuchung in der 2. und 5. Schulstufe. In: Allenspach, D. & Ziegler, B. (Hrsg.): Forschungstrends in der politischen Bildung. Beiträge zur Tagung „Politische Bildung empirisch 2010". Zürich: Rüegger, 63-75.

Kiewitt, N. & Pech, D. (2012): „Wer die Wahl hat …". Exemplarische Möglichkeiten zur Thematisierung von (politischen) Wahlen im Sachunterricht. In: Grundschule Sachunterricht, 55, 23-30.

Nohlen, D. (2003a): Wahlen/Wahlfunktionen. In: Andersen, U. & Woyke, W. (Hrsg.): Handwörterbuch des politischen Systems. Bonn: Bundeszentrale für politische Bildung, 677-680.

Nohlen, D. (2003b): Wahlrecht/Wahlsystem/Wahlprüfung. In: Andersen, U. & Woyke, W. (Hrsg.): Handwörterbuch des politischen Systems. Bonn: Bundeszentrale für politische Bildung, 691-699.

Strohmeier, G. (2005): Politik bei Benjamin Blümchen und Bibi Blocksberg. In: APuZ, 41, 7-15.

Dagmar Richter

Öffentlichkeit und Privatsphäre – ein strittiges, aber unzertrennliches Paar

1 Einleitung

Die Spannung zwischen „privat" und „öffentlich" ist stets aktuell. Ob ein gesellschaftlicher bzw. sozialer Bereich öffentlich oder privat ist, ergibt sich oftmals aus Traditionen, kann aber in einer Gesellschaft immer wieder neu entschieden werden. Gesellschaftliche und technische Entwicklungen erfordern neue Entscheidungen.
Der Erhalt der Privatsphäre ist vielen Menschen wichtig. Sie möchten ungestört sein, wenn sie es wollen. Im Alltag wehren sie sich gegen Eingriffe insbesondere im Zusammenhang mit digitalen Medien. Andererseits werden persönliche Daten gerade hier oftmals freiwillig veröffentlicht, ohne dass die Folgen für die Privatsphäre stets bekannt sind. Einmal im Lichte der Öffentlichkeit zu stehen, ist ein Traum vieler Jugendlicher, die sich für Casting-Shows und ähnliches bewerben. Der US-amerikanische Whistleblower (Enthüller) Edward Snowden, der zum Schutz der Privatsphäre von vielen Menschen geheime Dokumente vom Geheimdienst NSA in Zeitungen veröffentlichen ließ, behauptete vor einiger Zeit, dass ein heute geborenes Kind nicht mehr wüsste, was privat sei (2013). Gehört das Private bald der Vergangenheit an? Neben dem Wunsch nach Öffentlichkeit gibt es aber auch den Wunsch nach Anonymität. Anonymität, also Geheimhaltung des Namens, kann wichtig sein bei Abstimmungen oder wenn beispielsweise Leistungen von Lehrkräften oder Ärzten öffentlich im Internet bewertet werden. Doch die Privatsphäre umfasst weiteres. Nicht nur ihr Erhalt ist wichtig, sondern auch der von Öffentlichkeit, wenn dadurch Chancen auf Partizipation oder transparente Entscheidungen gewahrt werden. Das Spannungsverhältnis, also die aufeinander bezogenen Grenzen zwischen privaten und öffentlichen Bereichen sind immer wieder Gegenstand gesellschaftlicher Diskussionen, politischer Entscheidungen und rechtlicher Prüfung.

2 Bedeutung für den Kompetenzerwerb in der sozialwissenschaftlichen Perspektive

Die Gesellschaft wird von Menschen gestaltet. Ein Ziel der Bildung in dieser Perspektive des Sachunterrichts ist es, die Gestaltungsmöglichkeiten der Gesellschaft für die Grundschülerinnen und -schüler zu verdeutlichen und sie somit zum Mitgestalten zu befähigen. Das Begriffspaar privat und öffentlich eignet sich hierzu gut, da es im Alltagsleben der Schüler/-innen viele gesellschaftliche Bereiche gibt, in denen sie selbst die Grenzen zwischen privat und öffentlich ziehen können oder sogar ziehen müssen. Kindererziehung, Briefgeheimnis oder Zeugnisnoten sind Beispiele, bei denen das Spannungsverhältnis öffentlich – privat für junge Kinder anschaulich werden kann. Oftmals sind es auch aktuelle Ereignisse, die das Spannungsverhältnis in die Medien bringen (z.B. die Massenüberwachung durch die NSA oder durch Wirtschaftsunternehmen) und die aufgegriffen werden können. Chancen und Gefahren sozialer Netzwerke wie Facebook oder Internet-Suchmaschinen wie Google, in denen auch Grundschüler/-innen schon Daten von sich eingeben, zeigen die Relevanz für das eigene Leben. Jede Person muss heute ihre Privatsphäre selbst schützen. Sie entscheidet in vielen Fällen, welche Daten öffentlich werden sollen und welche nicht. Durch diese Alltagsbezüge kann in der Regel das Interesse der Schülerinnen und Schüler an diesem thematischen Bereich geweckt werden.

An konkreten Beispielen anknüpfend kann der Blick auf die gesellschaftliche Ebene gerichtet werden, auf der politische Entscheidungen gefordert sind. Die Rolle der Politik verdeutlicht sich exemplarisch: Ausgehend von einem Problem oder einem Konflikt, wie er beispielsweise durch die Überwachung und Kontrolle von privaten elektronischen Kommunikationen entsteht, finden Diskussionen zwischen Vertreter/-innen verschiedener Positionen statt. So stehen u.a. die Interessen nach Sicherheit den Bedürfnissen nach Privatsphäre gegenüber. Aufgrund der Vermittlung zwischen den Interessen und der mehrheitlich vertretenen Position in der Gesellschaft trifft die Politik, d.h. die Mehrheit im Parlament, eine Entscheidung, die dann in positives Recht übersetzt wird. In diesen sog. Politikzyklus (vgl. Massing 2007, 287f.) sind Schüler/-innen sichtbar einbezogen durch ihre Interessen und Bedürfnisse, ihre Meinungsbildung sowie durch die Folgen, die eine politische Entscheidung für sie selbst hat. Die politische Entscheidung ist ein wesentliches Element der Politik; sie kann als Basiskonzept charakterisiert werden und das Verständnis ist schrittweise zu erweitern.

3 Fachliche Klärungen

Die Begriffe Öffentlichkeit und Privatheit werden manchmal als schlecht definiert bezeichnet. Doch liegt dieser Eindruck eher daran, dass sie in verschiedenen gesellschaftlichen Bereichen, Wissenschaftsdisziplinen (Politik, Recht, Wirtschaft, Soziologie) und theoretischen Ansätzen unterschiedlich definiert werden. Im Alltagsverständnis bedeutet Öffentlichkeit der allgemeine und freie Zugang zu realen oder virtuellen Orten. Sie schafft Möglichkeiten zur Information, Kommunikation und Beteiligung. In der Politik bezieht sie sich zudem auf ungehinderte Debatten und Diskussionen, auf die Transparenz von politischen Entscheidungen, der Kontrolle von Macht bis hin zur formalen Trennung von Amt und Person (öffentliche Interessen vs. private Interessen). Doch ist beispielsweise die Trennung von Amt und Person keine vollständige, sondern auch sie wird bei Skandalen oder Berichten in den Boulevardmedien oftmals verschoben. Ein bekanntes Beispiel hierfür ist die sog. „Wulff-Affäre".

Es gibt verschiedene Öffentlichkeiten in der Gesellschaft. Sie sind nicht immer für jeden frei zugänglich, sondern oftmals nur für Angehörige bestimmter Gruppen (vgl. Weißeno et al. 2010, 129). Beispiele hierfür sind Schulen, Vereine oder Organisationen, die auch als Teil-Öffentlichkeiten bezeichnet werden. „Öffentlichkeit ist als Konzept komplementär bezogen auf den Begriff Privatheit; sie sind dichotom konstruiert" (ebd.). In der Praxis sind sie jedoch nicht immer eindeutig zu trennen. Umgangssprachlich wird mit „öffentlich" häufig „der Unterschied zum Privaten als dem Nicht-Politischen, dem Persönlichen, Intimen oder Geheimen betont [...] (z.B. öffentliche Meinung)" (ebd.).

Welche gesellschaftlichen Bereiche öffentlich und welche privat sind, ergibt sich aus Traditionen, kann aber politisch neu entschieden werden. Das Grundgesetz der Bundesrepublik „kennt kein spezielles Grundrecht auf Privatheit. Es gibt in verschiedenen Artikeln allerdings deutliche Hinweise auf einen Schutz der Privatsphäre. [...] Die Entwicklung des Schutzes der Privatsphäre geht im Wesentlichen auf die Rechtsprechung des Bundesverfassungsgerichts zurück" (Detjen 2009, 87). Der Wandel der Gesellschaft führt zu einem Strukturwandel der Öffentlichkeit. Historisch und systematisch-theoretisch hat Habermas (1982) den sozialen Wandel seit der Aufklärung rekonstruiert. Für ihn ist Öffentlichkeit die Vermittlungssphäre zwischen staatlichen Regelungen und dem Privaten. Er stellt Prozesse der zunehmenden Verrechtlichung fest. „Das Private wird zum Laboratorium der öffentlichen Meinung, zur Ressource für den liberalen Staat oder aber zum individuellen Freiheitsraum (Rorty 1989; dagegen Rössler 2001)" (Weißeno et al. 2010, 130).

Für das Selbstverständnis des liberalen Verfassungsstaats ist die Trennung von Öffentlichkeit und Privatheit konstitutiv, was sich auch auf die Entfaltung der Persönlichkeit des Einzelnen auswirkt. Ein Verlust der Privatheit führt zur Konformität des Einzelnen, die sich dem Zwang der Erwartungen vom Staat, Firmen oder gesellschaftlichen Gruppen beugen und insofern durch sie gesteuert werden können. Einschränkungen des Privaten wirken sich negativ aus, wenn sie zum Verlust bürgerlicher Freiheiten führen (vgl. Sofsky 2007). Eine intakte Privatsphäre hingegen fördert die Entfaltung individueller Persönlichkeiten. „Der Mensch kann sich nur dann wirklich frei fühlen, wenn er trotz seiner Einbindung in eine staatliche Gemeinschaft und der damit verbundenen Einschränkungen seiner Freiheit über einen Bereich verfügt, in dem er seine höchstpersönlichen Angelegenheiten selbst bestimmen kann" (Detjen 2009, 87).

Die Privatsphäre kann allerdings nicht unbegrenzt sein oder von jeder Person selbst definiert werden. Das Recht auf informationelle Selbstbestimmung ist nicht schrankenlos gewährleistet: „Der Einzelne hat nicht ein Recht im Sinne einer absoluten, uneinschränkbaren Herrschaft über ‚seine' Daten; er ist vielmehr eine sich innerhalb der sozialen Gemeinschaft entfaltende, auf Kommunikation angewiesene Persönlichkeit. Information, auch soweit sie personenbezogen ist, stellt ein Abbild sozialer Realität dar, das nicht ausschließlich dem Betroffenen allein zugeordnet werden kann. Das Grundgesetz hat […] die Spannung Individuum – Gemeinschaft im Sinne der Gemeinschaftsbezogenenheit und Gemeinschaftsgebundenheit der Person entschieden" (BVerfG 65, 1, 43f., zit. nach Detjen 2009, 88). Persönliche Daten fallen nicht nur in den privaten, sondern auch in den öffentlichen Bereich. Für das Zusammenleben ist es erforderlich, dass beispielsweise Einkünfte dem Staat gegenüber veröffentlicht und versteuert werden. Die Art dieser Veröffentlichung kann jedoch variieren. In einer heterogenen Gesellschaft mit verschiedenen Kulturen existieren verschiedene Verständnisse von Privatsphäre ebenso wie zwischen den Staaten. Während es beispielsweise im angelsächsischen Sprachraum normal ist, sein Einkommen und Vermögen zu veröffentlichen, unterliegt dies im deutschsprachigen Raum eher dem Privaten. Ein anderes Beispiel stellt der Bereich der Sexualität dar.

Trotz dieser Einschränkungen ist das Recht auf informationelle Selbstbestimmung wichtig und vom Bundesverfassungsgericht 1983 im „Volkszählungsurteil" bestätigt. Das Spannungsverhältnis zwischen dem Recht und seinen Einschränkungen, also zwischen privat und öffentlich ist jedoch immer wieder neu zu prüfen: „Die Demokratie verteidigen im digitalen Zeitalter" ist 2014 ein Aufruf zahlreicher Schriftsteller/-innen in Deutschland, in dem sie fordern, dass jeder Bürger das Recht haben müsse mitzuentscheiden, „in welchem Ausmaß und von wem seine Daten gesammelt, gespeichert und verarbeitet würden" (Händler 2014, 45).

In der Politikwissenschaft ist das Konzept der Öffentlichkeit für partizipative Demokratietheorien (z.B. Cohen & Arato 1992) bedeutend, da es die Integration des Einzelnen in politische Prozesse und damit die Demokratie garantiert. Negt und Kluge sehen sogar eine Notwendigkeit für mehrere „Gegenöffentlichkeiten" (1972). Auch die Kontrolle von Politik durch die Medien ist nur möglich bei

Veröffentlichung der entsprechenden Daten. Allerdings gibt es Abstufungen. So bleibt auch in parlamentarischen Ausschüssen manches „unter Verschluss". Politische Themen werden dann nicht-öffentlich, wenn sie z.b. den Status eines Staatsgeheimnisses erhalten. Ebenso bleibt in der Sicherheitspolitik vieles geheim, wird also nicht öffentlich. Der Staat hat eine Schutzfunktion für seine Bürgerinnen und Bürger und er verliert an Legitimität, wenn er sie nicht erfüllen kann. Für diesen Zweck bedient er sich den Geheimdiensten, die Gefahren rechtzeitig aufspüren sollen. Doch das Gleichgewicht zwischen Schutz- und Kontrollfunktion ist prekär und immer wieder neu herzustellen. „Einen Staat, der mit der Erklärung, er wolle Straftaten verhindern, seine Bürger ständig überwacht, kann man als Polizeistaat bezeichnen" (Ernst Benda 2007, zit. nach Weidemann 2014, 3).

Der Begriff Privatheit wird im Gegensatz zu Öffentlichkeit erst in jüngster Zeit in der Politikwissenschaft beachtet, obwohl es frühe Beschreibungen der privaten Sphäre gibt. So stellt Hannah Arendt beispielsweise den ökonomischen Bereich als das Private dem Politischen als dem Öffentlichen gegenüber (Arendt 1967). Beachtung fand das Private erst mit der Akzeptanz feministischer Theorien in der Politikwissenschaft. Der Feminismus warf in den 1970er Jahren einen neuen Blick auf öffentliche und private Orte der Gesellschaft. Die Theorien analysieren die unterschiedlichen Handlungslogiken beider Bereiche, die gewollte De-Thematisierung von Konflikten im Bereich des Privaten sowie die Zuweisung von öffentlich und privat zu Männern und Frauen. Die Zuweisung festigt Geschlechtergrenzen als Herrschaftsverhältnisse (Pateman 1989). Der Slogan der Ersten Frauenbewegung „Das Private ist politisch" kritisiert in den 1970er Jahren die patriarchale Grenzziehung.

4 Vorerfahrungen und Fehlverständnisse

Vorerfahrungen in den genannten Bereichen sind vorhanden. Kinder benutzen die Begriffe „privat" und auch „Privatsphäre", sie kennen die Bedeutung von Geheimnissen. Jedoch kann nicht davon ausgegangen werden, dass das Begriffspaar öffentlich und privat umfassend bekannt ist und dass Kinder die gesellschaftlichen Bereiche entsprechend charakterisieren können. Empirische Untersuchungen zu den Vorerfahrungen fehlen jedoch.

Forschungen zu Fehlverständnissen bei Grundschülerinnen und -schülern existieren nicht. Allgemein lässt sich feststellen, dass Fehlverständnisse durch unklare Definitionen entstehen, insbesondere beim Begriff ‚privat'. Dann wird „privat" zum einen als „nicht-öffentlich", zum anderen als „nicht-staatlich" charakterisiert. Fehlverständnisse werden zudem dadurch gefördert, dass Angelegenheiten wie die Kindererziehung als ‚privat' bezeichnet und damit indirekt abgewertet werden sollen. Die Bedeutung des Privaten wird nicht erkannt. „Fehlkonzepte, die auf der Unkenntnis von Mechanismen des Öffentlichen basieren, drücken sich des Weiteren in der Haltung aus, dass der staatliche Datenzugriff die Privatsphäre erfassen könne, wenn man „nichts zu verbergen habe" (Weißeno et al. 2010, 131). In Unterrichtsmaterialien fehlt meist der Bezug von Öffentlichkeit zu Privatheit; Öffentlichkeit wird häufig darauf reduziert, sich an ihr beteiligen zu sollen.

5 Mögliche Schwerpunkte und Unterrichtsideen

Im Perspektivrahmen Sachunterricht steht zu diesem Bereich:
„Die Schülerinnen und Schüler können
– private und öffentliche Bereiche des gesellschaftlichen Zusammenlebens unterscheiden und in ihrer Bedeutung mit den Begriffen wie Zugang und Partizipation erklären;
– zwischen Person und Amt trennen" (GDSU 2013, 35).

5.1 Was sollte privat sein, was öffentlich?

Für einen Einstieg in den Unterschied zwischen privat und öffentlich eignen sich für Klassenstufen 1 und 2 beispielsweise Geheimnisse, die Kinder haben, oder auch „Themen für den Klassenrat". Es finden sich zahlreiche alltagsnahe Beispiele, bei denen darüber nachgedacht werden kann, was warum privat bleiben und was öffentlich gemacht, also vielen Anderen mitgeteilt werden sollte. Dabei sind die Perspektiven der genannten Personen einzunehmen und ihre Interessen und Bedürfnisse zu benennen (DAH SOWI 2). Ziel ist eine Vertiefung der beiden Konzepte:

- „Gute Geheimnisse – schlechte Geheimnisse" mit Beispielen wie:
  – Sophie erzählt Josi im Vertrauen, dass ihr Vater bald arbeitslos sein wird.
  – Mesut verrät Felix, der Geld aus dem Rucksack von Finn gestohlen hat.
  – Der Kaufhausdetektiv durchsucht die Tasche von Helena.
- Ein Thema für alle oder nur für wenige?
  – Die Lehrerin will die Zeugnisnoten gemeinsam mit der Klasse diskutieren.
  – Sara hat gelogen. Einige Schülerinnen sagen, dass dies ein Thema für den Klassenrat ist.
  – Die Mutter von Maxi muss operiert werden. Die Lehrerin fragt nach der Krankheit.
- Geheime Abstimmungen oder nicht?
  – Ein Klassensprecher soll gewählt werden, aber es steht nur ein Schüler zur Wahl.
  – Der Klassenausflug soll entweder zum Meer oder in den Wald gehen. Die Mehrheit soll entscheiden.
  – Einen Geheimbund gründen: wer darf mitmachen?

(siehe weitere Beispiele in Richter 2007, 21ff.).

Daran anknüpfend oder weiterführend in Klassenstufe 3 und 4 können Beispiele diskutiert werden, die den eigenen Alltag nicht mehr unmittelbar betreffen, zu denen Grundschülerinnen und Schüler aber meist schon Vorstellungen entwickelt haben: Welche Vor- und Nachteile hat das „öffentliche Privatleben" der Stars für diese Personen? Willst du ein Fernsehstar werden? Wie ist ein Leben ohne Privatsphäre, z.B. in einem Flüchtlingslager oder bei Raummangel? (siehe die Beispiele im Themenheft „Öffentliche Räume – Private Welten" in Weltwissen Sachunterricht 2011, Heft 1). Möglich ist auch ein aktueller Medienbezug, wenn Amt und Person gleichermaßen thematisiert bzw. die Person skandalisiert wird, wie es beispielsweise bei der „Wulff-Affäre" der Fall war.

5.2 Zugang zu privaten und öffentlichen Räumen und die Frage nach dem Partizipieren

Anschließend an die Begriffsklärungen können der Zugang und Möglichkeiten zur Partizipation thematisiert werden. Private und öffentliche Bereiche finden sich auch in der kindlichen Alltagswelt und können schon auf Klassenstufe 1 oder 2 Unterrichtsgegenstand werden. So ist das Kinderzimmer oder auch die elterliche Wohnung privat, d.h. der Zugang ist nur mit einer Zustimmung derer erlaubt, denen das Zimmer oder die Wohnung gehören. „Das Kinderzimmer als Rückzugsmöglichkeit" thematisiert den Wunsch nach Privatsphäre.
Möglich ist zudem ein Bezug zum Grundgesetz, zum Artikel 13 GG: „Die Wohnung ist unverletzlich". Im Schutz vor der Öffentlichkeit kann sich der Einzelne entfalten ohne Rücksicht auf Konventionen oder Zwänge. „Bestünden solche Rückzugsbereiche nicht mehr, könnte der Einzelne psychisch überfordert sein, weil er unausgesetzt darauf achten müsste, wie er auf andere wirkt und ob er sich richtig verhält. Ihm fehlen die Phasen des Alleinseins und Ausgleichs, die für die Persönlichkeitsentfaltung notwendig sind und ohne die sie nachhaltig beeinträchtigt würde" (BVerfGE 101, 361; zit. nach Detjen 2009, 88). Die Begründung lässt sich im Unterricht erarbeiten, da auch Kinder das Bedürfnis des Alleinseins haben. Des Weiteren lassen sich Geschichten erfinden, in denen ein Kind ungestört im eigenen Zimmer telefonieren möchte, ein Fremder unerlaubt in die Wohnung eindringt oder in der die Polizei erlaubterweise eine Wohnung durchsucht.

Ein unbekannter Besucher
Bei Familie Tremo klingelt es an der Wohnungstür. Gerade als Mama im Badezimmer ist. Der siebenjährige Stefano macht die Tür eine Spalt breit auf und guckt hinaus. Draußen steht ein Mann in Uniform, den Stefano nicht kennt. Der Mann sagt freundlich: „Hallo. Holst du mal deine Mama?" Stefano sagt: „Die Mama ist gerade im Badezimmer!" „Ach, da kann ich ja so lange im Wohnzimmer auf sie warten", sagt der Mann. Da antwortet Stefano ...
(zitiert aus Merz 2011, 68).

Im eigenen Kinderzimmer bedeutet Partizipation das Recht auf Mitgestaltung, beispielsweise bei seiner Einrichtung, zu der auch eine „Höhle" oder das Schmücken mit Postern gehören können. Streitfälle zwischen Eltern und Kind lassen sich in Form von Geschichten erfinden.

Anders ist die Situation hingegen im Kindergarten, im Sportverein oder in der Schule. Hier sind viele Personen zu einem Zugang berechtigt und auch zur Partizipation, indem sie über gemeinsame Aktivitäten, Regeln oder Einrichtungen mitentscheiden. Aktuelle Anlässe im Schulleben lassen sich für erste Erfahrungen zur Partizipation nutzen (DAH SOWI 1). Aber der Zugang gilt nicht für alle Menschen. Diese Bereiche stellen Teil-Öffentlichkeiten dar. Schwimmbäder oder Museen sind nach Bezahlung des Eintritts öffentlich zugänglich; ein Recht auf Partizipation besteht nicht. Es gibt also für einige Orte Regeln für den Zugang und Einschränkungen bei der Partizipation. Ein Einkaufszentrum oder ein Marktplatz sind hingegen in der Regel unbeschränkt öffentlich zugänglich. Eine Partizipation ist möglich, wenn die Regeln hierfür eingehalten werden, also wenn beispielsweise Anträge für Feste oder Neugestaltungen an das Stadtparlament gestellt werden; hier wird der Bereich des Politischen berührt. Ähnliche Beispiele für den Zugang sind Bahnhöfe oder Informationszentren, die zwar frei öffentlich zugänglich sind, wo jedoch vom Eigner ein Hausverbot erteilt werden kann. Eine Partizipation ist in der Regel nicht möglich.

Die Schülerinnen und Schüler in der ersten oder zweiten Klassenstufe können zu diesen Bereichen für den Zugang passende Beispiele suchen und beschreiben. Neben dem Zugang zu realen Orten kann der Zugang zur virtuellen Welt thematisiert werden. Auch letztere sind den Grundschüler/-innen bekannt und sie können Beispiele zu Websites mit unbegrenztem Zugang oder zu Websites mit Zugang nur mit Passwörtern suchen und die Gründe dafür diskutieren.

In der Klassenstufe 3 und 4 ist nach diesen Lerneinheiten eine Differenzierung möglich, indem die Bedeutung von Sicherheitseinstellungen beim PC oder Smartphone thematisiert werden, z.B. Cookies oder Firewalls. Was schützen sie und warum kann das wichtig sein? Sind es private Daten, die zu schützen sind, oder dürfen sie nur nicht Kriminellen bekannt werden? Ein Comic zum „Datenklau" aus der Serie Hanisauland (Bundeszentrale für politische Bildung) kann als Einstieg genutzt und weitere, dort zu findende Tipps können diskutiert werden (vgl. http://www.hanisauland.de/spezial/sicherheitstipps-internet/sicherheitstipps-kapitel-13/). (Bezug zu DAH SOWI 2).

In einem jeweils zweiten Schritt können Fragen der Partizipation vertiefend thematisiert werden. Fragen des Zugangs zur Öffentlichkeit sind auch mit Massenmedien verknüpft, die in der kindlichen Alltagswelt einen großen Stellenwert haben. Die Fähigkeit, sich an dieser Öffentlichkeit zu beteiligen, also zu partizipieren, bezieht sich u.a. darauf, Leserbriefe, E-Mails oder in Blogs zu schreiben oder eine Homepage zu erstellen (DAH SOWI 1). Dies sind quasi normale Tätigkeiten für Grundschulkinder, bei denen es im Unterricht darauf ankommt, sie mit den entsprechenden Begriffen zu verknüpfen und somit Reflexionen zu ermöglichen.

5.3 Das Briefgeheimnis

Mit der Thematisierung des Briefgeheimnisses lässt sich ein Bezug zwischen dem Grundgesetz und den Kinderrechten herstellen.

> Artikel 16 der UN-Kinderrechtskonvention:
> „(1) Kein Kind darf willkürlichen oder rechtswidrigen Eingriffen in sein Privatleben, seine Familie, seine Wohnung oder seinen Schriftverkehr oder rechtswidrigen Beeinträchtigungen seiner Ehre uns seines Rufes ausgesetzt werden.
> (2) Das Kind hat Anspruch auf rechtlichen Schutz gegen solche Eingriffe oder Beeinträchtigungen."
> Artikel 10 GG:
> „Das Briefgeheimnis sowie das Post- und Fernmeldegeheimnis sind unverletzlich".

Der Artikel 10 im Grundgesetz betrifft nicht nur den Inhalt der Briefe, sondern auch die „gezielte Beobachtung darüber, wer wann und wie oft Briefe von wem bekommt oder an wen schreibt" (Detjen 2009, 89). Eingeschränkt wird das Grundrecht durch Gesetze aus dem Strafgesetzbuch, dem Zollgesetz oder der Abgabeordnung (ebd.). In der kindlichen Alltagswelt finden sich viele Beispiele zum Geheimnis von Briefen, die im Unterricht aufgegriffen werden können (z.B. zum Schicken von Zetteln im Unterricht, vgl. auch Merz 2001, 58). Ein Bezug zum politischen Urteilen (DAH SOWI 3) lässt sich herstellen, indem über Alternativen zu den bestehenden Regelungen und Gesetzen nachgedacht und abschließend eine Position bezogen wird.

5.4 Spione und Spionage

Geheime Botschaften schreiben, mit unsichtbarer Tinte oder in einer Geheimsprache schreiben, einen Code erfinden oder knacken kann ebenso als Einstieg in diesen Themenbereich genutzt werden wie aktuelle Nachrichten für Kinder. Weiterführend kann Bezug genommen werden auf die Überwachung Krimineller durch die Polizei oder auch auf Spionagetätigkeiten von Geheimdiensten, die den E-Mail-Verkehr pauschal abfangen. Hier ist zwar kein eigener Lebensbezug gegeben, aber Spione haben seit eh und je etwas Faszinierendes für Kinder. Beginnen lässt sich auch hier mit einem Bezug zur Alltagswelt:

> „Stellt euch vor, ihr macht im Team mit einigen Klassenkameraden eine tolle Erfindung für einen Schülerwettbewerb. Ihr habt hart dafür gearbeitet und habt große Chancen auf den ersten Preis. Dann erfahrt ihr, dass ein anderes Team euer streng gehütetes Geheimnis ausgekundschaftet und eure Erfindung einfach übernommen hat, ohne dafür gearbeitet zu haben. Das nennt man „Spionage", die Täter sind Spione..." (Schneider/Toyka-Seid, URL: http://www.hanisauland.de/lexikon/l/landesverrat/spionage.html)

5.5 Überwachungen

Die Speicherung und Auswertung von Metadaten, die durch Angaben im Internet möglich werden, sind ein wichtiges Thema das zeigt, dass es hier um eine Überwachung der Person und ihres gesamten Alltags geht. Sie steht im Spannungsverhältnis mit dem staatlichen Schutz vor Terrorangriffen. Das Spannungsverhältnis zwischen Schutz der Bevölkerung und Schutz des Grundrechts lässt sich beispielsweise in Pro- und Contra-Diskussionen in einer 4. Schulstufe darstellen, evtl . im Anschluss an aktuelle Kindernachrichten. Abzuschließen ist die Diskussion mit einem Urteil darüber, wie umfassend eine Überwachung sein sollte (DAH SOWI 3).

Beispiele für Argumente:

Pro	Contra
Schutz vor Terroranschlägen	Überwachung Unschuldiger
Mehr Sicherheit für alle in der Öffentlichkeit	Verletzung von Grundrechten
Bessere Fahndungserfolge	Zu viele Verdächtigungen
Gesetze verhindern eine unkontrollierte Überwachung	Überwachungen werden zunehmen: keine Privatsphäre mehr
...	...

Möglich geworden ist die Massenspeicherung durch technische Entwicklungen, so dass es einen Bezug zur technischen Perspektive des Sachunterrichts gibt. Auch die technische Frage, wie das Briefgeheimnis früher bewahrt werden konnte (mit Siegellack) und heute bewahrt werden kann, bietet Möglichkeiten für einen perspektivübergreifenden Unterricht.

5.6 Kulturelle Unterschiede

Abschließend soll auf kulturelle Unterschiede und Gemeinsamkeiten beim Verständnis von öffentlich und privat hingewiesen werden (DAH SOWI 5). In einer multikulturellen Gesellschaft gibt es kleinere und größere Differenzen bei diesem Verständnis. An Beispielen wie Bekleidung, aber auch dem Zutritt zur Wohnung

oder zu Festen von Angehörigen verschiedener kultureller Gruppen zeigen die Unterschiede, dass die Bereiche Öffentlichkeit und Privatheit veränderbar sind. Ihre Bedeutung wird zudem unterschiedlich begründet, also beispielsweise mit der Tradition, mit der Religion und der Moral oder dem „guten Leben". Vorhandene Unterrichtsmaterialien zum sog. Interkulturellem Lernen können entsprechend genutzt werden; mit einem analytischen Blick zeigen sich viele Beispiele für öffentlich und privat.
 – Wieso trägt deine Schwester in der Öffentlichkeit ein Kopftuch? Warum nicht zu Hause?
 – Darf ich euer Fest (Weihnachten/Fastenbrechen, Zuckerfest/Yom Kippur …) mitfeiern, in der Kirche/in der Moschee/in der Synagoge … oder bei euch zu Hause?

Literatur

Arendt, H. (1967): Vita activa oder Vom tätigen Leben. München: Piper.
Cohen, J.L. & Arato, A. (1992): Civil Society and Political Theory. Massachusetts: Cambridge University Press.
Detjen, J. (2009): Verfassungswerte. Welche Werte bestimmen das Grundgesetz? Bonn: Bundeszentrale für politische Bildung.
GDSU (Hrsg.) (2013): Perspektivrahmen Sachunterricht. Bad Heilbrunn: Klinkhardt.
Habermas, J. (1982): Strukturwandel der Öffentlichkeit. Untersuchungen zu einer Kategorie der bürgerlichen Gesellschaft. Erstveröffentlichung 1962. Frankfurt a.M.: Suhrkamp.
Händler, E.-W. (2014): Die Intimsphäre des neuen Menschen. In: DIE ZEIT, Nr. 26 vom 18.06.2014
Massing, P. (2007): Politik. In: G. Weißeno, K.-P. Hufer, H.-W. Kuhn, P. Massing & D. Richter (Hrsg.): Wörterbuch Politische Bildung. Schwalbach/Ts: Wochenschau, 281-290.
Merz, C. (2011): Voll in Ordnung – unsere Grundrechte. Grundrechtefibel für Kinder ab 8 Jahren. Freiburg u.a.: Herder (Lehrerhandreichung zu beziehen unter www.lpb-bw.de).
Negt, O. & Kluge, A. (1972): Öffentlichkeit und Erfahrung. Frankfurt a. M.: Suhrkamp.
Pateman, C. (1989): Feminist Critiques of the Public/Private Dichotomy. In dies. (Hrsg.): The Disorder of Women. Democracy, Feminism and Political Theory. Stanford: University Press, 118–140.
Rorty, R. (1989): Kontingenz, Ironie und Solidarität. Frankfurt a. M.: Suhrkamp.
Rössler, B. (2001): Der Wert des Privaten. Frankfurt a. M.: Suhrkamp.
Richter, D. (2007): Privat und öffentlich. Unterschiedliche Bedingungen für die Mitbestimmung. In: Sache – Wort – Zahl, 35, 21-25.
Snowden, E. (2013): „Ein heute geborenes Kind weiß nicht mehr, was privat ist". Spiegel online, 25. Dezember 2013.
Sofsky, W. (2007): Verteidigung des Privaten. Eine Streitschrift. München: Beck.
Weidemann, S. (2014): Freiheit unter Beobachtung? In: Aus Politik und Zeitgeschichte, Heft 18/19, 3-8.
Weißeno, G., Detjen, J., Juchler, I., Massing, P. & Richter, D. (2010): Konzepte der Politik. Ein Kompetenzmodell. Schwalbach/Ts.: Wochenschau.

Eva-Maria Schauenberg

Gerechtigkeit: „Wenn einer mehr hat – ist das fies?"

1 Grundlegung

1.1 Gerechtigkeit als ein Konzept in der sozialwissenschaftlichen Perspektive

Im Perspektivrahmen Sachunterricht ist Gerechtigkeit eingebettet in den Themenbereich Gemeinwohl (vgl. GDSU 2013, 35). Dieser Themenbereich mit den Konzepten Gerechtigkeit, Frieden und Nachhaltigkeit ist beispielhaft im sozialwissenschaftlichen Kontext, da zu einer vertieften Behandlung zwangsläufig Bezüge zu verschiedenen Fachwissenschaften hergestellt werden müssen. Nachhaltigkeit als ein wichtiges Ziel von Politik bezieht sich neben der in diesem Zusammenhang im Alltagsverständnis präsenten Dimension der Ökologie auch auf Ökonomie und soziale Systeme (vgl. z.B. Bauer 2008). Auch für Frieden ist zu konstatieren, dass er zwar nur auf dem Wege politischen Handelns gesichert werden kann, wirtschaftliche Aspekte dabei aber z.B. häufig eine wichtige Rolle spielen. Dabei können diese in gegensätzlicher Weise wirksam sein: Einerseits führen ökonomische Erwägungen zu Entstehung oder Erhalt von Frieden, da gute Geschäfte mit einem Kriegsgegner schlecht zu machen sind. Andererseits führen ökonomische Erwägungen und Zwänge mitunter zu Krieg, z.B. wenn es den Beteiligten im Kampf um wertvolle und lebenswichtige Rohstoffe am Willen zum Ausgleich fehlt (vgl. z.B. Follath & Jung 2006). Auch das Konzept Gerechtigkeit weist unterschiedliche Fachbezüge auf: Gerechtigkeit ist Maßstab für politische Entscheidungen und deren Bewertung, wobei der enge Zusammenhang mit Gütern und deren Zuteilung (Wirtschaft) in der Gesellschaft (Soziologie) auf der Hand liegt. Auch wird die Frage, was denn als gerecht zu bezeichnen ist, seit jeher in der Philosophie thematisiert (vgl. Horn 2011, 933ff.). Im alltäglichen Handeln spielt Gerechtigkeit ebenso eine große Rolle, weshalb das Thema unter Verwendung eines weiten Politikbegriffes auch im Rahmen der Thematisierung von Demokratie als Lebensform aufgegriffen werden kann (vgl. Himmelmann 2001) oder dem sozialen Lernen zuzuordnen ist.

Die Vielfalt der Fachbezüge zeigt für den vielperspektivischen Sachunterricht das Potential der Thematik auf, wenngleich auch hier gilt, dass eine Auswahl für die konkrete unterrichtliche Behandlung notwendig ist (vgl. Thomas 2009, 116).

Welcher Schwerpunkt gewählt wird, hängt mit der Auswahl des zu behandelnden und diskutierenden Fallbeispiels zusammen. In diesem Beitrag soll der Fokus der gewählten Fälle zum Thema Gerechtigkeit im Beispiel für die 3. und 4. Jahrgangsstufen auf dem politischen Lernen im engeren Sinne liegen, während es sich bei dem Beispiel für die Klassen 1 und 2 um einen Fall aus der Lebenswelt der Schülerinnen und Schüler handelt, bei dessen Behandlung im Unterricht eher grundsätzliche und philosophische Facetten bzw. die Demokratie als Lebensform und das soziale Lernen im Vordergrund stehen.

Politisches Lernen wird im Sachunterricht häufig in Form eines interessenorientierten Ansatzes umgesetzt, bei dem individuelle Interessen der Schülerinnen und Schüler im Vordergrund stehen und letztlich durch politisches Handeln der Klasse realisiert werden sollen (vgl. Weißeno 2004, 213f.). Dieses Verfahren stößt einerseits an Grenzen der Legitimität, wenn eine ganze Klasse gemeinsam Position bezieht (schließlich ist die Klasse keine freiwillig und nach gemeinsamen Interessen zusammengesetzte Gruppe wie eine Partei oder Bürgerinitiative); der Beutelsbacher Konsens der politischen Bildung (vgl. Wehling 1977) ist hier latent gefährdet. Andererseits besteht durch Fokussierung allein auf Einzelinteressen die Gefahr, ein einseitig persönlich nutzenorientiertes Verständnis von Politik zu entwickeln: Gerade die Orientierung am Gemeinwohl ist ein mit Individualinteressen häufig in Konflikt stehendes, aber für politische Entscheidungen übergeordnetes Prinzip. Politik trifft Entscheidungen für die gesamte Gesellschaft – unter Berücksichtigung unterschiedlicher Einzelinteressen. Um Entscheidungen der Politik also reflektiert beurteilen zu können und auch die Chancen der Durchsetzung eigener Interessen einschätzen zu können, ist die Auseinandersetzung mit dem Konzept Gemeinwohl essentiell. Andernfalls droht über den heimlichen Lehrplan quasi eine schulisch erzeugte Politikverdrossenheit (vgl. Weißeno 2004, 213f.).

Orientierung am Gemeinwohl als Basis für gelingendes Zusammenleben spielt auch im Sinne des Erziehungsauftrages der Grundschule und somit im Rahmen des sozialen Lernens eine Rolle. Das Erziehungsziel der Stärkung einzelner Persönlichkeiten und der Individualität steht in Konkurrenz zum ebenso bedeutsamen Erziehungsziel der Eingliederung in Gruppen (vgl. zur Entwicklung der Erziehungsziele Petillon 1993). Um beide Ziele miteinander zu verbinden, ist das gemeinsame Nachdenken über Einzel- und Gruppeninteressen sowie daraus entstehende Konflikte und mögliche Lösungswege anhand von Themen aus der Erfahrungswelt der Schülerinnen und Schüler ratsam.

1.2 Fachkonzept Gerechtigkeit

Gerechtigkeit wird oftmals als Schlagwort verwendet, ohne dass das Konzept in seiner Komplexität und Problematik in den Blick genommen wird. Der Perspektivrahmen spricht von „Kriterien der Gerechtigkeit" (GDSU 2013, 35), die anhand von Verteilungsgerechtigkeit z.B. in Form ausgleichender oder verteilender Verfahren und Kriterien wie Bedarf oder Leistung konkretisiert werden.

Bereits auf Platon und Aristoteles sind die Grundzüge unterschiedlicher Gerechtigkeitsvorstellungen zurückzuführen: Das Prinzip „Jedem das Seine" lässt sich bei Platon finden, der unabhängig von Vergleichen zwischen Personen einen individuellen Verdienst zum Maßstab von Verteilung macht (vgl. Horn 2011, 933). Aristoteles hingegen formuliert einen relativen Ansatz, der die Idee von Gleichheit und damit einen interpersonalen Vergleich mit einbezieht. Dabei sind gleiche Fälle gleich, ungleiche ungleich zu behandeln (vgl. ebd., 933).

Im Vergleich der Kontexte, in denen in Geschichte und Gegenwart über Gerechtigkeit gesprochen wird, konstatiert Horn, dass früher der Blick auf Gerechtigkeit als Tugend und damit als Eigenschaft auf einzelne Personen bezogen war, während in der gegenwärtigen Diskussion die institutionellen Dimensionen im Vordergrund stehen (vgl. ebd., 934). Auch hier lässt sich die Differenzierung zwischen Facetten des sozialen Lernens (Gerechtigkeit als individuelle Tugend) und politischem Lernen (Gerechtigkeit als Kriterium der Bewertung institutionellen Handelns) erkennen.

In der Theoriegeschichte lassen sich acht unterschiedliche Formen von Gerechtigkeit als besonders bedeutsam herausstellen (ebd., 935):
„(1) Gerechtigkeit verstanden als strikte Gleichheit (*komparative* oder *egalitäre* Gerechtigkeit),
(2) Gerechtigkeit verstanden als Fairness, Unparteilichkeit, Verfahrens- oder Regelkonformität (*proceduralistische* oder *legalistische* Gerechtigkeit);
(3) Gerechtigkeit verstanden als Ausgleich relevanter (i.d.R. unverschuldeter oder fremdverschuldeter) Nachteile oder Handicaps (*korrektive* oder *rektifizierende* Gerechtigkeit);
(4) Gerechtigkeit verstanden als Gratifikation von Leistung oder Verdienstlichkeit (*meritorische* Gerechtigkeit);
(5) Gerechtigkeit verstanden als Äquivalenz von Gabe und Gegengabe (*reziproke* oder *Tausch*gerechtigkeit);
(6) Gerechtigkeit verstanden als Äquivalenz von krimineller Tat und Strafe (*retributive* oder *Straf*gerechtigkeit);
(7) Gerechtigkeit verstanden als Äquivalenz von Verlauf und Ergebnis, von Tun und Ergehen (*konnektive* Gerechtigkeit);
(8) Gerechtigkeit verstanden als angemessene Verteilung natürlicher Güter und Lasten (*natürliche* Gerechtigkeit)."

Im Rahmen aller auf das relative Verständnis von Gerechtigkeit nach Aristoteles Bezug nehmenden Ansätze zeigt sich eine gemeinsame Grundannahme: Während Gleichheit als Kriterium keiner weiteren Begründung bedarf, müssen Abweichungen von strikter Gleichheit eigens begründet werden – was dann zu dieser Definition führt: „Gerechtigkeit heißt Gleichheit, es sei denn, es gäbe besondere Gründe, von der Gleichheit in einem gegebenen Fall abzuweichen" (ebd., 935). Egalitäre Konzepte können in dreierlei Weise unterschiedlich sein. „Verteilungsegalitarismus" bedeutet, die zu verteilenden Anteile sind gleich groß, „Verfahrensegalitarismus" bezeichnet die gleiche Regelanwendung und „Ergebnisegalitarismus" bedeutet eine ungleiche Verteilung bzw. Umverteilung, bis schließlich eine Gleichverteilung das Resultat ist (vgl. ebd., 941f.).

Gegen solchermaßen egalitäre Vorstellungen von Gerechtigkeit sprechen verschiedene Argumente (vgl. ebd., 944f.): Bei den auf Platon zurückgehenden Theorien wird deutlich, dass es bei egalitären Theorien zur Verteilung immer um quasi ‚zusätzliche' Güter geht. Nimmt man hingegen basale Bedürfnisbefriedigung in den Blick, ist Gleichheit lediglich ein „Nebenprodukt von Gerechtigkeit, welche zu verstehen ist als ein Anspruchsrecht auf eine menschenwürdige Güterausstattung" eines jeden Einzelnen aus sich heraus, nicht bloß im Vergleich zu anderen (ebd., 945). Eine Verteilung nach den Prinzipien Anrecht und Bedarf (vgl. Liebig 2010, 13) basiert auf dieser Vorstellung. Hier wird auch ein Bezug zu Menschenrechten deutlich, die im Sachunterricht in ihrer Ausprägung als Kinderrechte behandelt werden sollen (vgl. GDSU 2013, 34).

Während sich für den TB 4 (Kinder als aktive Konsumenten) eine Fokussierung der Tauschgerechtigkeit zeigt, da die Schülerinnen und Schüler dort „ökologische und soziale Folgen des Konsums analysieren sowie Tauschgeschäfte nach Kriterien der Gerechtigkeit bewerten" (GDSU 2013, 36) sollen, steht bei TB 1 (Die politische Ordnung) und TB 2 (politische Entscheidungen) die prozeduralistische Gerechtigkeit im Vordergrund, indem auch für Verfahren das Prinzip der Gerechtigkeit beschrieben werden kann (z.B. durch Transparenz und Allgemeinverbindlichkeit). Politische Entscheidungen können grundsätzlich begründet und kritisiert, aber nicht in einem absoluten Sinne als „richtig" oder „falsch" bezeichnet werden; schließlich geht es um Entscheidungen zur Gestaltung der Zukunft, und auch für die Politik gilt, dass man hinterher im sprichwörtlichen Sinne oft schlauer ist. Umso wichtiger ist, dass Entscheidungen auf der Basis gerechter Regeln getroffen werden. Hierzu gehört in der Demokratie, dass Transparenz gegeben ist, die Öffentlichkeit also über das zu Entscheidende und die Verfahren unterrichtet ist. Ebenfalls gehört Unabhängigkeit und Unvoreingenommenheit der Entscheidenden dazu, und letztlich auch die Möglichkeit, Fehler aufzudecken und zu korrigieren (vgl. CCE 1997, 78f.).

Zu beachten ist also grundsätzlich, dass die „Kriterien der Gerechtigkeit" unterschiedliche sein können. Es kann daher im Sinne des Beutelsbacher Konsens im Unterricht keine eindeutige, „richtige" Lösung bei Aufgaben geben. Die Schülerinnen und Schülern sollten mit unterschiedlichen Vorstellungen von Gerechtigkeit konfrontiert werden, für die abschließende Bewertung der Fallbeispiele muss ihnen jedoch die Entscheidung für eine von ihnen selbst präferierte Gerechtigkeitsvorstellung offenstehen.

1.3 Gerechtigkeit im Alltag der Kinder – die Lernausgangslage

Kinder sind mit Situationen des Verteilens und Fragen der Gerechtigkeit bestens vertraut. Sei es die Tafel Schokolade, die Geschwister geschenkt bekommen und untereinander teilen sollen, oder die Vergabe unterschiedlich interessanter Arbeitsaufträge, die in der Klasse in arbeitsteiliger Gruppenarbeit zu bearbeiten sind – Fragen nach Maßstäben quantitativ gerechter Verteilung oder gerechter Wege der Aufgabenvergabe sind ihnen vertraut. Somit ist wenig überraschend, dass die Autoren der World-Vision-Kinderstudie 2013, die das Schwerpunktthema Gerechtigkeit behandelte, zu dem Ergebnis kommen: „Schon junge Kinder lassen ein ausgeprägtes Sensorium für Gerechtigkeit erkennen [...]" (Kopf & Bangert 2013, 11). Während die älteren Theorien der Entwicklungspsychologie von Piaget und Kohlberg von einer langsamen Reifung der Kinder und damit einhergehend erst spät einsetzender Fähigkeit zu abstraktem Urteilen ausgingen, zeigen jüngere Studien, dass Kinder sich im Spiel in der konkreten Situation bereits im Alter von drei Jahren durchaus an abstrakten Prinzipien von Gerechtigkeit, wie der Reziprozität, orientieren. Bereits ab einem Alter von sieben Jahren entwickeln Kinder auch altruistische Argumentationen (vgl. Schneekloth & Andresen 2013, 48f.), die auf eine Erweiterung des zunächst auf Gleichheit fokussierenden Konzepts um die Facette der Bedarfsgerechtigkeit verweisen.

Befragt wurden in der World-Vision-Studie in einer repräsentativen Stichprobe deutschlandweit Kinder im Grundschulalter – zwischen 6 und 11 Jahren (vgl. o.A. 2013, 25). Den befragten Kindern wurden in der Studie keine unterschiedlichen Gerechtigkeitskonzepte dargelegt, auf die sie sich beziehen können, sondern es ging den Forschern darum herauszufinden, welche Vorstellung von Gerechtigkeit bei den Kindern vorhanden ist – ganz ohne äußere Einflüsse durch die Befrager (vgl. Andresen, Fegter & Hurrelmann 2013, 41). Bei der Auswertung der offenen Fragen wurden vier unterschiedliche Kategorien von Gerechtigkeit gebildet: „Interaktionsgerechtigkeit (Gleichbehandlung im persönlichen Umgang), Verfahrensgerechtigkeit (gleiches Recht und gleicher Zugang für alle), Bedarfsgerechtigkeit (Ausgleich und Wohlergehen), Egalitäre Gerechtigkeit (Gleichverteilung)" (Schneekloth & Andresen 2013, 58). In der Summe der Aussagen zeigt sich, dass Kinder in diesem Alter ein stark auf das Prinzip Gleichheit bezogenes Konzept von Gerechtigkeit haben: „Kinder favorisieren [...] je nach Situation zunächst einmal das Prinzip der Gleichverteilung (Egalität), allerdings in der Regel nur dann, wenn gleichzeitig das Prinzip der Gegenseitigkeit (Reziprozität) gewahrt bleibt" (o.A. 2013, 14). Hier sehen die Autoren auch das Konzept Leistungsgerechtigkeit in der Vorstellung der Kinder verortet (vgl. Schneekloth & Andresen 2013, 60).

Eine Studie des Instituts für Demoskopie Allensbach aus den Jahren 2012/2013 macht deutlich, dass bei Erwachsenen das Konzept Gerechtigkeit sehr viel breiter angelegt ist: „Die große Mehrheit der Bürger hat einen umfassenden, anspruchsvollen Gerechtigkeitsbegriff, der Chancen- und Leistungsgerechtigkeit genauso umfasst wie Familien- und Generationengerechtigkeit sowie Verteilungsgerechtigkeit" (Institut für Demoskopie Allensbach 2013, 37). Erwachsene sehen Gerechtigkeit nicht v.a. in Gleichheit. Es zeigt sich, dass „das Gerechtigkeitsverständnis der Bürger […] an sozialem Ausgleich, nicht aber an egalitären Zielen orientiert [ist]" (ebd., 6). Gleichzeitig ist der Bezug zur Politik in diesem Zusammenhang sehr deutlich herauszustellen: „[D]ie Politik [ist] mit hohen Erwartungen konfrontiert. Sie ist in den Augen der überwältigenden Mehrheit die Instanz, die am meisten zu mehr Gerechtigkeit beitragen kann und bleibt nach dem Urteil der Mehrheit hinter ihren Möglichkeiten zurück" (ebd., 37).

1.4 Herausforderungen für den Unterricht

Wie der begrifflichen Darlegung zu entnehmen ist, ist das Konzept Gerechtigkeit hochgradig komplex bzw. facettenreich und sehr unterschiedlich deutbar. Die Ergebnisse der World-Vision-Studie zeigen, dass Kinder ohne weitere Anregung Gerechtigkeit zunächst einmal schnell und fast ausschließlich mit Gleichheit erklären. Auch ein Zitat der 6 jährigen Schülerin Selma bringt dies auf den Punkt: „Wenn einer mehr hat, ist das fies" (zitiert nach Schaaf 2013, 59). Hier genau muss Unterricht ansetzen und das Konzept zusätzlich weiten; schließlich ist das egalitäre Prinzip nur eines unter vielen Gerechtigkeitsprinzipien. Andere Facetten, wie die Verteilung nach Bedarf, Anrecht oder Leistung, die mit Ungleichheit einhergehen, müssen gezielt angesprochen und mit den Schülern diskutiert werden. Ziel von Sachunterricht ist neben der Begegnung mit unterschiedlichen Gerechtigkeitsvorstellungen und dem diskursiven Austausch darüber (vgl. DAH SoWi 2, GDSU 2013, 31) auch das Einüben politischen Urteilens (vgl. DAH SoWi 3, GDSU 2013, 32). Das Thema Gerechtigkeit bietet sich hier an, u.a. da das Übertragen von Erfahrungen aus der Alltagswelt in das Feld der Politik im engeren Sinne hier gut möglich ist.

2 Ausarbeitung zweier Fallbeispiele zum Thema Gerechtigkeit

2.1 Das Fallprinzip

Die Arbeit mit Fällen ist im sozialwissenschaftlichen Unterricht eine typische und sehr gewinnbringende Methode. Ein Fall ist „ein Ereignis, in dem Einzelpersonen agieren, Konflikte austragen oder Probleme zu lösen versuchen" (Breit & Eichner 2006, 89). Hinzu kommt, dass ein Fall „zeitlich und zumeist räumlich begrenzt" ist – d.h. auch, dass die Situation so genau wie möglich beschrieben wird – gleichzeitig aber die Möglichkeit zur Inhaltsgeneralisierung besteht (vgl. ebd., 89f.). Zur Arbeit mit dem Fall gehört daher im Unterricht immer die Berücksichtigung einerseits der konkreten Situation, die aus unterschiedlichen Perspektiven heraus zu beschreiben ist (Innenperspektive der handelnden Personen sowie aus der Außenperspektive eines neutralen Beobachters) und die Identifikation des in der Situation enthaltenen Allgemeinen (vgl. ebd., 90). Grundsätzlich werden drei Arten von Fällen unterschieden: 1) Fälle, die für Schülerinnen und Schüler leicht nachvollziehbar sind, da sie ihrer Erfahrungswelt entstammen. 2) Fälle, die in der Politik vorkommen und 3) Fälle, die beide Bereiche berühren (aber sehr selten auftreten) (vgl. ebd., S. 90).

Eine besondere Herausforderung bei der Arbeit mit Fällen im Unterricht besteht darin, den Fall nicht nur als Aufhänger und Eingangsbeispiel zu verwenden, sondern den Fall selbst zum zentralen Gegenstand des Unterrichts zu machen. Auch soll, wenn es um politisches Lernen geht, die Abstraktion tatsächlich so weitreichend sein, dass Strukturen des Politischen deutlich werden, dass das Nachdenken über die Übertragbarkeit von im Einzelfall denkbaren Lösungen auf das ganze Land, alle von einem Problem betroffenen Menschen, stattfindet (vgl. Langner 2007, 41). Mit Gagel gesprochen besteht der Unterschied darin, ob man bei sozialem Lernen und der Reflexion von Betroffenheit stehen bleibt oder durch das Erkennen von Bedeutsamkeit zum politischen Lernen vordringt (vgl. Gagel 1986, 108). Hierin bietet es sich an, im Anspruch zwischen der Schuleingangsphase und der 3./4. Klasse zu unterscheiden.

2.2 Schwerpunkt in Klasse 1/2

Der Fall:

> Lea feiert ihren 7. Geburtstag. Wie in jedem Jahr bekommt sie eine Schokoladentorte von ihrer Tante geschenkt. Beim Aufschneiden der Torte entstehen viele gleiche Stücke am Rand. Ein besonderes Stück bleibt aber in der Mitte übrig: Kreisrund ist es, größer als die anderen Stücke und ein Schild mit der Zahl 7 steckt darin. Dieses Stück will Lea unbedingt haben. Sie findet das gerecht, schließlich ist es ihr Geburtstag! Aber auch Tom, ihr älterer Bruder, möchte das Stück essen und findet das gerecht. Er ist älter als Lea und braucht immer mehr Essen, um satt zu werden. Und Mats, der bei der Schnitzeljagd vorhin den Schatz gefunden hat? Auch er möchte das größte Stück bekommen und findet das gerecht. Wenn er nicht dabei gewesen wäre, würden die anderen Kinder den Schatz jetzt noch suchen, die Belohnung hat er sich also verdient! Weil die drei sich streiten und nicht einig werden, verteilt Leas Mutter an alle Kinder ein kleines Stück vom Rand der Torte. Das große, aus der Mitte, nimmt sie mit in die Küche.

Arbeit mit dem Fall:
Der Fall mit Leas Geburtstagstorte ist zweifelsfrei der Erfahrungswelt der Schülerinnen und Schüler entnommen. In einem ersten Schritt, der Erschließung (vgl. Langner 2007, 38), setzen sich die Schülerinnen und Schüler mit dem Fall an sich intensiv auseinander. Dies geschieht durch die Reflexion von Innen- und Außenperspektiven. Das Sich-Hineinversetzen in Lea, Tom und Mats stellt für die Kinder keine große Herausforderung dar. Die Perspektivübernahme kann durch diese Fragen angeleitet werden:
Wie sieht Lea/Tom/Mats die Situation?
Wie begründet Lea/Tom/Mats, dass es gerecht wäre, wenn sie/er das große Tortenstück bekäme?
Wie würdest Du an Stelle von Lea/Tom/Mats begründen, dass Du das größte Stück Torte bekommen sollst?
Würdest Du Dich an Leas/Toms/Mats Stelle anders verhalten?
Wie sieht Leas Mutter die Situation?
Wie würdest Du an Stelle von Leas Mutter entscheiden?

Zur Reflexion ist aber auch die Sicht von außen auf das Geschehen wichtig. Die genaue Nacherzählung der Geschichte ist dabei ein wichtiger Schritt. Angeleitet werden kann sie durch diese Fragen:
Worum geht es in dem Konflikt?
Wer ist beteiligt?
Was ist das Ziel von Lea/Tom/Mats?
Wie geht die Geschichte aus?

Zunächst einmal steht die DAH 2 (vgl. GDSU 2013, 31) ‚argumentieren' im Zentrum der Auseinandersetzung. Positionen werden sachlich dargestellt, Perspektivübernahme wird vollzogen und z.B. in einem Rollenspiel werben die Schülerinnen und Schüler für „ihre" Position als Lea, Tom oder Mats.

Im zweiten Schritt, der Generalisierung (vgl. Langner 2007, 38), geht es um das Allgemeine, das im Fall zu entdecken ist. Hier sind es Kriterien von Gerechtigkeit: Verdienst (Mats), Bedarf (Tom) und Anrecht aufgrund der herausgehobenen Stellung als Geburtstagskind (Lea). In der Abstraktion vom spezifischen Fall können die Schülerinnen und Schüler nach eigenen Beispielen suchen, in denen sie mit Gerechtigkeitsproblemen in Berührung gekommen sind. Diese werden in Kleingruppen besprochen und die Lösungen der Gerechtigkeitskonflikte notiert. Beispiel könnte hier die Erzählung über den Streit auf dem Spielplatz darüber sein, dass einige Kinder immer die Schaukeln belegen und andere nicht auch mal schaukeln lassen. Lösung könnte hier das Absprechen von Nutzungsdauern bzw. das Abwechseln sein. Es wird deutlich, dass es ganz unterschiedliche Situationen gibt, in denen Gerechtigkeit eine Rolle spielt – und ein und dasselbe Gerechtigkeitskonzept nicht immer trägt.

Im letzten Schritt, der Rekonkretisierung (vgl. Langner 2007, 38), werden diese aus anderen Beispielen bekannten Lösungen versuchsweise auch auf den Fall ‚Geburtstagstorte' angewendet. Dabei zeigt sich, dass je nach Situation andere Lösungen nötig sind, das Kuchenstück könnte z.B. geteilt werden (nach dem Prinzip der Gleichheit), aber nicht abwechselnd gegessen werden. Je nach Situation werden die Schülerinnen und Schüler auch andere Kriterien als gerecht empfinden – Leistung z.B. bei der Bewertung schulischer Arbeiten, Bedarf bei der Grundversorgung mit Nahrungsmitteln. Hierbei wird DAH SoWi 3 (vgl. GDSU 2013, 31f.) geübt, indem problemhaltige Situationen beurteilt, alternative Urteile diskutiert und Konfliktlösungen nach Kriterien der Gerechtigkeit bewertet werden.

2.3 Schwerpunkt in Klasse 3/4

Der Fall:

> Im Sommer 2014 gab es in Dortmund einen starken Regen. So viel Wasser konnte die Erde nicht schnell genug aufnehmen, so dass sehr viele Häuser und Wohnungen voll Wasser gelaufen sind. Alle Möbel und Elektrogeräte, die bei diesem Hochwasser kaputt gegangen sind, müssen die Menschen neu kaufen – das kostet viel Geld.
> Bei Familie Schmidt ist es so: Die Erwachsenen haben gut bezahlte Jobs und keine Geldsorgen. Sie haben erst vor einem Jahr einen neuen Schrank für das Wohnzimmer gekauft und wollten im nächsten Jahr eine große Urlaubsreise machen. Dafür sparen sie im Moment. Die Kinder haben ihre Zimmer in der ersten Etage, deren Spielsachen und Betten sind zum Glück vom Wasser verschont geblieben.
> Bei Familie Müller ist das anders. Herr Müller hat neulich seinen Arbeitsplatz verloren, seitdem muss die Familie sehr sparsam mit Geld umgehen und hat keine Ersparnisse mehr. Ihre Möbel sind schon alt gewesen, aber sie haben den Müllers noch immer gefallen. Zudem wohnen sie in einer Wohnung im Erdgeschoss, und in allen Zimmern hat Wasser gestanden.
> Die Stadt Dortmund hat zusammen mit anderen Einrichtungen dafür gesorgt, dass es Hilfe für die Menschen gibt. In einem sogenannten Nothilfe-Fonds stehen 90.000 Euro zur Verfügung. Aber nicht jeder, bei dem Wasser im Haus oder in der Wohnung gestanden hat, bekommt Geld aus diesem Nothilfe-Fonds. Nur wer nachweisen kann, dass er sich nicht selbst helfen kann, kann Geld von der Stadt bekommen. Für Familie Schmidt heißt das, dass sie sich von eigenem Geld neue Möbel und einen Kühlschrank kaufen muss. Familie Müller bekommt Geld aus dem Nothilfe-Fonds – für einen Kühlschrank, ein Sofa für das Wohnzimmer und ein neues Kinderbett für den 8jährigen Sohn Moritz.

> Während Familie Müller sich über die Nothilfe freut, ärgert sich Familie Schmidt. Der große Urlaub im nächsten Jahr muss nun ausfallen – das Geld wird für die neue Einrichtung gebraucht. Gerecht wäre es gewesen, wenn auch sie etwas Geld von der Stadt bekommen hätte, findet Familie Schmidt. Schließlich bezahlen sie jedes Jahr viele Steuern an den Staat. Der Mitarbeiter im Sozialamt, das das Geld verwaltet und Vorschriften dafür hat, wem er Geld auszahlen darf, sagt: „Wenn jeder Geld bekommen würde, bei dem etwas durch das Hochwasser kaputt gegangen ist, könnte sich niemand davon auch nur ein neues Möbelstück kaufen. So viel Geld ist einfach nicht da."

Arbeit mit dem Fall:
Dieser Fall zeigt zwar ein lebensweltliches Beispiel; Überschwemmungen gibt es immer wieder an unterschiedlichen Orten und in den Medien wird viel darüber berichtet. Die Grundsituation zu erfassen, fällt daher vermutlich leicht. In der Phase der Erschließung erarbeiten die Schülerinnen und Schüler den Fall in Außen- und Innenperspektive. Die Innenperspektiven beziehen sich hierbei auf Mitglieder der Familie Schmidt, Mitglieder der Familie Müller und Vertreter der Stadt. Die Perspektivübernahme kann durch diese Fragen angeleitet werden:
Wie sehen Familie Schmidt/Familie Müller/die Mitarbeiter im Sozialamt die Situation?
Wie fühlen die Familien, denen das Wasser ins Haus gelaufen ist?
Wie empfinden die Familien die Hilfe der Stadt, warum halten sie die Verteilung des Geldes für gerecht oder ungerecht?
Wie würdest Du entscheiden, wenn Du Regeln für die Verteilung des Geldes aufstellen dürftest?

Die Reflexion der Außenperspektive kann durch diese Fragen angeleitet werden:
Was ist passiert?
Wer ist betroffen?
In welcher Lage befinden sich die Familien?
Welche Hilfe wird angeboten?

Während zunächst das Argumentieren innerhalb des Falls zum vertieften Verständnis und zur Erzeugung von Empathie wichtig ist, geht es bei der Generalisierung nun darum, das faktische knappe Gut ‚Geld' zur Nothilfe in den Blick zu nehmen. Die Schülerinnen und Schüler überlegen in Kleingruppen, welche Möglichkeiten zur Hilfe für die vom Hochwasser betroffenen Menschen es insgesamt geben könnte. Bei der Reflexion der Aufgabe der Stadt werden erste Einsichten in das Prinzip des Sozialstaates gewonnen. Die Vergabe der Nothilfe orientiert sich an der Bedürftigkeit. Als gerecht wird hier die Vermeidung von Notlagen angesehen, nicht die Gleichverteilung der verfügbaren Mittel. Durch die in der Schilderung des Falls präsentierte Aussage des Mitarbeiters, dass das Geld ungleich verteilt werden muss, damit diejenigen, die es bekommen, auch etwas davon kaufen können, führt die Schülerinnen und Schüler in der Diskussion auf die Unterscheidung von Einzelfallbetrachtung und Blick auf die Allgemeinheit: Die 90.000 Euro wären für Familie Schmidt und Familie Müller ausreichend. Die Stadt könnte beiden helfen. Da aber nicht nur diese beiden Familien betroffen sind, ist die Lösung, die Kosten für alle betroffenen Menschen von der Allgemeinheit übernehmen zu lassen, nicht umsetzbar. Auch andere Lösungen, die die Schülerinnen und Schüler erarbeiten (z.B. nachbarschaftliche Hilfe, Möbelspenden von Kaufhäusern o.ä.), werden unter den Bedingungen des Einzelfalls und der Möglichkeit ihrer generellen Übertragbarkeit diskutiert.

Indem abschließend in der Rekonkretisierung noch einmal unterschiedliche Lösungsmöglichkeiten für den speziellen Fall unter dem Gesichtspunkt der Gerechtigkeit durchgesprochen werden, werden die Kriterien Bedarf, erbrachte Leistung (hohe Steuern), und Gleichheit miteinander vergleichen. Im Kontext sozialstaatlicher Gerechtigkeit lernen die Schülerinnen und Schüler die Notwendigkeit der Orientierung am Bedarf kennen und können hierzu unter Hinzuziehung eigener Wünsche und Vorstellungen politische Urteile bilden.

3 Fazit

Durch die Alltagsnähe des Konzepts Gerechtigkeit, fällt den Schülerinnen und Schülern der Zugang zur Thematik leicht. Dennoch ist darauf zu achten, das Sachunterricht auch im Kontext der Behandlung dieser dargestellten Fälle Sprachunterricht sein muss, und eine tatsächliche Konzepterweiterung stattfinden soll. Hierfür ist es zielführend, wenn Begriffe wie Gerechtigkeit, Gleichheit, Leistung, Bedarf oder Anrecht einerseits von der Lehrkraft gezielt und reflektiert im Unterrichtsgespräch verwendet werden, aber andererseits auch zu Lernwörtern im Sinne des Deutschunterrichts werden, damit sie auch in den aktiven Wortschatz der Schülerinnen und Schüler übergehen können.

Die Methode der Fallanalyse kann und soll auch in anderen thematischen Kontexten eingeübt und wiederholt werden. Mit der Zeit können Schülerinnen und Schüler eigenständig mit Fällen umgehen. Insbesondere der Schritt der Erschließung wird selbstständig möglich und die hier angeführten Leitfragen müssen nicht mehr durch die Lehrkraft vorgegeben werden. Je nach Fall und Ziel des Unterrichts sind Hilfestellung und Steuerung bei den Schritten der Generalisierung und Rekonkretisierung bei jeder Fallanalyse nötig.

Literatur

Andresen, S., Fegter, S. & Hurrelmann, K. (2013): Wohlbefinden, Armut und Gerechtigkeit aus Sicht der Kinder. In: World Vision Deutschland e.V. (Hrsg.): Kinder in Deutschland 2013 – 3. World Vision Kinderstudie, Weinheim und Basel: Beltz Verlag, 26-47.
Bauer, S. (2008): Leitbild der Nachhaltigen Entwicklung. Im Internet unter: http://www.bpb.de/izpb/8983/leitbild-der-nachhaltigen-entwicklung?p=0 (25.07.2014).
Breit, G. & Eichner, D. (2006): Die Fallanalyse im Politikunterricht. In: Bundeszentrale für politische Bildung (BpB) (Hrsg.): Methodentraining I für den Politikunterricht, 2. Auflage, Bonn: Bundeszentrale für politische Bildung, 98-116.
CCE (Center for Civic Education) (1997): Foundations of Democracy – Justice. Calabasas CA.
Follath, E. & Jung, A. (Hrsg.) (2006): Der neue Kalte Krieg – Kampf um die Rohstoffe, München: Deutsche Verlags-Anstalt.
Gagel, W. (1986): Unterrichtsplanung: Politik/Sozialkunde, Opladen: Leske und Budrich.
Gesellschaft für Didaktik des Sachunterrichts (GDSU) (2013): Perspektivrahmen Sachunterricht, Bad Heilbrunn: Verlag Julius Klinkhardt.
Himmelmann, G. (2001): Demokratie Lernen als Lebens-, Gesellschafts- und Herrschaftsform, Schwalbach/Ts: Wochenschauverlag.
Horn, Ch. (2011): Gerechtigkeit. In: P. Kolmer & A.G. Wildfeuer (Hrsg.): Neues Handbuch philosophischer Grundbegriffe (Band 2), Freiburg im Breisgau: Verlag Karl Alber, 933-947.
Institut für Demoskopie Allensbach (2013): Was ist gerecht? Gerechtigkeitsbegriff und -wahrnehmung der Bürger. Im Internet unter: http://www.insm.de/insm/kampagne/gerechtigkeit/was-denkt-deutschland-ueber-gerechtigkeit.html (25.07.2014).
Kopf, H. & Bangert, K. (2013): Geleitwort von World Vision Deutschland e.V. In: World Vision Deutschland e.V. (Hrsg.): Kinder in Deutschland 2013 – 3. World Vision Kinderstudie, Weinheim und Basel: Beltz Verlag, 11-13.
Langner, F. (2007): Fallanalyse. In: S. Reinhard & D. Richter (Hrsg.): Politik Methodik, Berlin: Cornelsen Scriptor, 37-42.
Liebig, S. (2010): Warum ist Gerechtigkeit wichtig? Empirische Befunde aus den Sozial- und Verhaltenswissenschaften. In: D. Fechtenhauer, N. Goldschmidt, S. Hradil & S. Liebig, S. (Hrsg.): Warum ist Gerechtigkeit wichtig? München: Roman-Herzog-Institut, 10-27.
o.A. (2013): Zusammenfassung. In: World Vision Deutschland e.V. (Hrsg.): Kinder in Deutschland 2013 – 3. World Vision Kinderstudie, Weinheim und Basel: Beltz Verlag, 14-25.
Petillon, H. (1993): Soziales Lernen in der Grundschule – Anspruch und Wirklichkeit, Frankfurt am Main: Diesterweg.
Schaaf, J. (2013): Smarties für alle. In: Frankfurter Allgemeine Sonntagszeitung, 17.11.2013, S. 59.
Schneekloth, U. & Andresen, S. (2013): Was fair und was unfair ist: die verschiedenen Gesichter von Gerechtigkeit. In: World Vision Deutschland e.V. (Hrsg.): Kinder in Deutschland 2013 – 3. World Vision Kinderstudie, Weinheim und Basel: Beltz Verlag, 48-78.
Thomas, B. (2009): Der Sachunterricht und seine Konzeptionen – historische und aktuelle Entwicklungen, 3. Aufl., Bad Heilbrunn: Verlag Julius Klinkhardt.
Wehling, H.-G. (1977): Konsens à la Beutelsbach? Nachlese zu einem Expertengespräch. In: S. Schiele & H. Schneider (Hrsg.): Das Konsensproblem in der politischen Bildung, Stuttgart: Klett, 173-184.
Weißeno, G. (2004): Lernen über politische Institutionen – Kritik und Alternativen – dargestellt an Beispielen in Schulbüchern. In: D. Richter (Hrsg.): Gesellschaftliches und Politisches Lernen im Sachunterricht, Bad Heilbrunn: Verlag Julius Klinkhardt, 211-227.

Bernhard Ohlmeier

Gemeinwohl und gesellschaftliche Partizipation – Service Learning am Beispiel eines Beteiligungsprojektes zur Renaturierung eines Wiesenbaches

1 Das Gemeinwohl und die Partizipation an ausgewählten gesellschaftlichen Gruppen

1.1 Das Gemeinwohl als perspektivenbezogener Themenbereich

Der Begriff bzw. das Basiskonzept des *Gemeinwohls* „kennzeichnet die allgemeinen Zwecke oder die gemeinsam erwünschten Ziele und Werte, um derentwillen Menschen sich in einem politischen Gemeinwesen zusammenschließen bzw. zusammengeschlossen sind" (GDSU 2013, 35 und Weißeno et al. 2010, 151). Es „verweist damit auf den Sinn und den Zweck von Politik überhaupt" und versteht sich als „Gegenbegriff zu egoistischen Partikularinteressen" (ebd.). Diese inhaltliche Akzentuierung geht mit einem grundlegenden politischen Verständnis einher, nach dem Politik die Gesamtheit aller Aktivitäten zur Vorbereitung und Herstellung gesamtgesellschaftlich verbindlicher und/oder am Gemeinwohl orientierter und der ganzen Gesellschaft zugute kommender Entscheidungen darstellt (vgl. Meyer 2010). Charakteristisch für demokratische Gesellschaften ist, dass sich das Gemeinwohl nicht im Vorhinein normativ bestimmen lässt, sondern prinzipiell an die Zustimmung der Gesellschaftsmitglieder gebunden ist. Trotz der damit verbundenen Offenheit und Uneindeutigkeit sind die Inhaber staatlicher Herrschaftsbefugnis im Sinne eines „allgemeinen Rechtsgrundsatzes" stets zur Wahrung des Gemeinwohls verpflichtet (vgl. Weißeno et al. 2010, 152).

In der nachfolgenden Projektskizze liegt der Schwerpunkt des Themenbereichs Gemeinwohl auf dem Fachkonzept der *Nachhaltigkeit*. Die Essenz dieses Konzepts kennzeichnet das Bestreben, „neben der internationalen Gerechtigkeit für heutige und künftige Generationen hohe ökologische, ökonomische und sozialkulturelle Standards in den Grenzen der Tragfähigkeit des Umweltraumes […] zu erreichen" (a.a.O., 179f. in Anlehnung an Rogall 2003). Demzufolge lässt sich das Beteiligungsprojekt als ein Fallbeispiel zur Umweltpolitik im Hinblick auf Nachhaltigkeit verstehen, wobei auch Zusammenhänge zu den perspektivenbezogenen Themenbereichen der politischen Ordnung und der politischen Entscheidungen aufgezeigt werden. Damit sind auch Bezüge zum perspektivenvernetzenden Themenbereich der *Nachhaltigen Entwicklung* gegeben. Des Weiteren werden Aspekte der *naturwissenschaftlichen Perspektive*, insbesondere des Themenbereichs *(5) Lebende Natur – Entwicklungs- und Lebensbedingungen von Lebewesen*, sowie der *geographischen Perspektive*, hier vor allem des Themenbereichs *(4) Entwicklungen und Veränderungen in Räumen*, sichtbar.

Grundsätzlich ist darauf hinzuweisen, dass die Fokussierung auf Nachhaltigkeit lediglich *eine exemplarisch ausgewählte* Möglichkeit darstellt, das Gemeinwohl als perspektivenbezogenen Themenbereich im Rahmen einer kompetenzorientierten Planung des sozialwissenschaftlichen Sachunterrichts in den Vordergrund zu rücken. Demzufolge können Projekte zur Partizipation an gesellschaftlichen Gruppen prinzipiell auch auf gemeinwohlorientierte Perspektiven ausgerichtet sein, unter denen vorrangig Aspekte der sozialen Lebenshilfe, des sozialen Gemeinsinns oder der Erhaltung und Pflege von öffentlichen Gütern im Mittelpunkt stehen (s. Kapitel 2.).

1.2 Die Partizipation an ausgewählten gesellschaftlichen Gruppen als Denk-, Arbeits- und Handlungsweise

Der Kompetenzaufbau zur Teilhabe und Mitwirkung am Leben in der Gesellschaft setzt voraus, dass die Schüler/innen geeignete Möglichkeiten erhalten, *an ausgewählten gesellschaftlichen Gruppen partizipieren* zu können. Der Bezug zu dieser perspektivenbezogenen Denk-, Arbeits- und Handlungsweise wird nachfolgend durch die Orientierung an dem Ansatz des Service Learning eingelöst.

1.3 Gemeinwohlorientierung und Partizipation durch Service Learning

Mit dem ursprünglich aus Kanada und den USA stammenden Begriff des Service Learning wird eine Ausprägung schulisch organisierten Lernens gekennzeichnet, bei der kognitives Lernen (*Learning*) mit der Übernahme von Verantwortung im Schulumfeld bzw. dem Dienst am anderen Menschen und dem Gemeinwohl (*Service*) kombiniert wird. Unter *Service Learning* – gemeinhin übersetzt mit *Lernen durch Engagement* oder *Verantwortung lernen* – wird daher auch eine Unterrichtsmethode verstanden, die gesellschaftliches Engagement von Schüler/innen mit fachlichem Lernen verbindet (vgl. Seifert & Zentner 2010). Dementsprechend setzen sich die Lernenden für das Gemeinwohl ein, engagieren sich aber nicht losgelöst von der Schule, da ihr Engagement im Unterricht geplant, reflektiert und mit den Inhalten der Bildungs- und Lehrpläne verknüpft wird (vgl. www.servicelearning.de). Mit seiner Ausrichtung auf das kommunale Umfeld der Schule erhebt Service Learning den Anspruch, der Erfüllung von Aufgaben und Bedürfnissen der Gemeinde bzw. des Stadtteils zu dienen. Es findet im Kontext authentischer Lernsituationen statt und stellt demzufolge eine verantwortungsvolle wie auch nützliche Aufgabe dar, welche in der Regel die *Kooperation mit zivilgesellschaftlichen und/oder kommunalpolitischen Akteuren bzw. Institutionen* erfordert. Als *kompetenzorientiertes Lernen* (vgl. Sliwka 2004) ermöglicht Service Learning zudem *Bewährungserfahrungen* (vgl. von Hentig 2006), die sozialen Gemeinsinn stärken und im Kontext einer mit Bildungs- und ökonomischen Funktionsleistungserwartungen überfrachteten Schule gegenwärtig nicht mehr in ausreichendem Maße gemacht werden können. Dabei sollten sich Service Learning-Aktivitäten nicht nur auf den Aspekt der sozialen Lebenshilfe im Rahmen gemeinwesenbezogener Dienste beschränken, sondern mit Hilfe von *politischer Bildung* den jeweiligen kommunal- bzw. gesellschaftspolitischen Kontext reflektieren. Hierbei erhalten die Schüler/innen nicht nur einen Einblick in die Strukturen des kommunalpolitischen Handlungsfeldes, zu denen z.B. rechtliche bzw. gesetzliche Rahmenbedingungen, Willensbildungs- und Verfahrensprozeduren sowie wichtige Institutionen und Akteure gehören, sondern sie werden auch zwangsläufig mit dem politikdidaktischen Prinzip der *Kontroversität* (Beutelsbacher Konsens) konfrontiert *(„Was in Wissenschaft und Politik kontrovers ist, muss auch im Unterricht kontrovers erscheinen")*.

2 Service Learning am Beispiel eines Beteiligungsprojektes zur Renaturierung eines Wiesenbaches

Das nachfolgend dargestellte Service Learning-Projekt wurde in einer vierten Jahrgangsstufe realisiert. Einzelne Elemente und Phasen des Projekts lassen sich in didaktisch modifizierter bzw. reduzierter Form auch bereits in der ersten und zweiten Klassenstufe umsetzen. Die Projektplanung hat exemplarischen Charakter und ist prinzipiell auf ähnliche wie auch anderweitig gelagerte kommunalpolitische Problemkonstellationen und Herausforderungen übertragbar. Dementsprechend werden im Folgenden zunächst allgemeine Hinweise zu möglichen Service Learning-Aktivitäten gegeben, die vor dem Hintergrund des jeweils vorgegebenen kommunalpolitischen Kontextes vor Ort spezifisch umzusetzen sind.

Generelle Hinweise zur Service-Dimension bei Beteiligungsprojekten

Entscheidend für die Projektplanung ist zunächst eine geeignete Projektidee, die unmittelbar an einer konkreten sozialen, ökonomischen oder ökologischen Problemsituation im unmittelbaren Umfeld der Schule ansetzt und im Zuge ihrer Umsetzung einen positiven Beitrag zur Gestaltung des Gemeinwesens zu leisten vermag. Dabei kann es sich beispielsweise im Sinne eines *direkten Engagements* um die Einrichtung einer Hausaufgabenbetreuung für Schüler/innen mit und ohne

Migrationshintergrund oder um regelmäßige Spielnachmittage mit Senioren des nächst gelegenen Altenheims handeln. Prinzipiell sind aber auch Initiativen geeignet, die sich durch ein *indirektes Engagement* auszeichnen, wie beispielsweise die Erstellung einer kinder- und jugendgerechten Broschüre zu den Möglichkeiten der Freizeitgestaltung vor Ort oder die Gestaltung eines Naturlehrpfades. Darüber hinaus können sich auch Projekte zur Energieeinsparung an der Schule oder zur Verbesserung der Sicherheit der Schulwege als gewinnbringend für die Kommune erweisen.

Für die Umsetzung einer Projektidee in die Praxis ist generell zu beachten, dass es der Lehrkraft zunächst gelingen sollte, das Interesse der Schülerinnen und Schüler an der Sache zu gewinnen und die Motivation zu einer längerfristigen Aktivität aufrecht zu erhalten. Des Weiteren ist es die Aufgabe der Lehrkraft, mit den bürger- bzw. zivilgesellschaftlichen und kommunalpolitischen Akteuren und Institutionen, die mit dem jeweiligen Aufgabenfeld in Verbindung stehen oder für dieses Verantwortung tragen, Kontakte aufzunehmen und Kooperationen zu vereinbaren. Hierbei können soziale Bürgerinitiativen (z.B. Nachbarschaftshilfe) oder im lokalen Raum engagierte Aktionen, Vereine und Verbände (z.B. Lokale Agenda 21-Gruppe) sowie Repräsentanten der Gemeindeverwaltung oder der Wirtschaft in Betracht kommen. Darüber hinaus sind auch integrative Institutionen der sozialen Infrastrukturförderung als Ansprech- und Kooperationspartner geeignet, wie beispielsweise die im Bundesland Bayern sich etablierenden Koordinierungszentren für bürgerschaftliches Engagement (Beispiel: Freiwilligen Zentrum Augsburg). Bei den gemeinsam mit diesen Akteuren zu vereinbarenden Projektzielen und -maßnahmen ist allerdings insoweit auch Vorsicht geboten, als dass ein Service Learning-Projekt nicht dazu ausgenutzt werden sollte, Missstände zu beheben, die offensichtlich den kommunalpolitischen Entscheidungsträgern anzulasten sind (Beispiel: Aufräumen des Mülls auf Spiel- und Sportplätzen, wenn die Gemeinde keine oder zu wenige Mülleimer aufstellt und entleert). Es muss also klar sein, dass die Schüler/innen einen realen, dem Gemeinwesen zugute kommenden Beitrag leisten, aber nicht zu Dienstleistungen herangezogen werden, für die die Kommune selbst Verantwortung zu tragen hat.

Zur Service-Dimension des Renaturierungsprojektes

Im vorliegenden Projektbeispiel haben es sich Schülerinnen und Schüler der vierten Jahrgangsstufe der Grundschule am Pilsensee in der Gemeinde Seefeld im Landkreis Starnberg (Oberbayern) gemeinsam mit ihrer Lehrerin zur Aufgabe gemacht, die Renaturierung des so genannten Aubachtales und die damit verbundenen Veränderungen der Landschaft sowie der Fauna und Flora im Hinblick auf Chancen und Grenzen des Naturschutzes für eine breitere Gemeindeöffentlichkeit zu dokumentieren. Die Projektidee ergab sich aus der Beobachtung der ortsansässigen Lehrerin, dass die Bevölkerung des etwa 7000 Einwohner umfassenden Dorfes angesichts eines bereits länger andauernden Renaturierungsprozesses entlang des Aubaches nicht ausreichend informiert ist und dass konträre Meinungen und Interessen hinsichtlich des lokalen Naturschutzes vorhanden sind, die einer solideren Wissensgrundlage bedürfen. Im Zuge seiner seit 1994 angestoßenen Renaturierung sind zudem der Aubach selbst und die Biber, die seit 2003 den renaturierten Bachverlauf besiedelt haben, stellvertretend für die seitdem einsetzenden Veränderungen zum Politikum geworden. Pläne zur weiteren Bebauung des Aubachtals stehen den Bemühungen und Interessen der Naturschützer gegenüber. Die daraus hervorgegangene politische Öffentlichkeit ist über Gespräche der Eltern, die örtlichen Printmedien, lokale Veranstaltungen zum Thema etc. hinlänglich in die Lebenswelt und den Erfahrungshorizont der Grundschulkinder vorgedrungen. Insbesondere die Wiedereinwanderung des Bibers übt bisweilen große Faszination auf die Schüler/innen aus. So hat sich das große Nagetier zur Identifikationsfigur für die Renaturierung entwickelt und wurde sogar schon im Rahmen von musikalischen Aufführungen, bei denen Kinder und Jugendliche aus den Spielkreisen der Gemeinde unter dem Programmtitel „Anton Biber – Wie der Biber in den Aubach kam" mitwirkten, kulturell vereinnahmt.

Konkretes Ziel des Service Learning-Projektes ist die Erstellung einer Broschüre, welche die Renaturierung und deren Folgen inhaltlich aufarbeitet und einer kritischen Würdigung unterzieht. Dabei werden zunächst die einzelnen Maßnahmen und Entwicklungen reflektiert (Auflösung des begradigten Flussbettes, Anpflanzung von Bäumen und Sträuchern, Veränderungen der Auenlandschaft durch die Aktivitäten der Biber etc.). Anschließend werden die Bachstruktur sowie die Wasserqualität des Baches anhand ausgewählter Kriterien der gesetzlich vorgesehenen ökologischen Gewässergütebewertung (Gewässerstruktur, Gewässerumfeld, Wasserqualität etc.) analysiert. Die sachlich fundierte Beschreibung und Erläuterung der naturkundlichen und umweltpolitischen Aspekte erfordert dabei neben einer fachlichen Recherche in Büchern und im Internet auch zahlreiche Kooperationen mit politischen Akteuren der Gemeinde sowie Repräsentanten örtlicher und überörtlicher Vereine und Verbände. Nach ihrer Fertigstellung wird die Broschüre den Kooperationspartnern vorgestellt und über die Schule sowie weitere kommunale Multiplikatoren, wie z.B. Rathaus und Bürgerhaus, Arztpraxen und Kirchengemeinden, unter den Gemeindemitgliedern verbreitet. Diese spezifische Form des Engagements kann als *indirektes Engagement durch Anwaltschaft* bezeichnet werden, da ein regelmäßiger Kontakt mit den Adressaten des Dienstes, in diesem Falle die Bevölkerung der Gemeinde, nicht stattfindet, jedoch eine kommunalpolitische Aufgabe, nämlich die des Natur- und Umweltschutzes, öffentlichkeitswirksam begleitet werden soll.

Bernhard Ohlmeier

Generelle Hinweise zur Learning-Dimension bei Beteiligungsprojekten

Service Learning-Projekte fokussieren in der Regel schwerpunktmäßig den perspektivenbezogenen Themenbereich des Gemeinwohls durch Eingrenzung der Aktivitäten auf ausgewählte gemeinwohlbezogene Aspekte wie beispielsweise soziale Lebenshilfe, sozialen Gemeinsinn, Erhaltung und Pflege von öffentlichen Gütern, Nachhaltigkeit, Sicherheit, Gerechtigkeit etc. Jedoch ergeben sich darüber hinaus zwangsläufig auch Zusammenhänge mit den Themenbereichen der politischen Ordnung und der politischen Entscheidungen. Je nach Projektidee und Umsetzungsstrategie können diese Vernetzungen zu verschiedenen didaktischen Auswahlentscheidungen führen. So ergeben sich z.B. im Rahmen eines Beteiligungsprojektes zur Gestaltung eines nahe der Grundschule gelegenen Stadtparks verschiedene Partizipationsniveaus der Schüler/innen, die von einfachen Pflegearbeiten bis hin zur Beteiligung an der Umgestaltung des Parks in Kooperation mit Repräsentanten der Stadtverwaltung reichen. Hierbei wären ggf. auch die verschiedenen im Stadtrat vorhandenen (partei-)politischen Positionen zur Innenstadtplanung vor dem Hintergrund der jeweils geltenden kommunalpolitischen Rechtslage aufzuarbeiten. Letztlich bleibt es der Lehrkraft überlassen, welche politikdidaktischen Zugänge bei der inhaltlichen Gestaltung eines Beteiligungsprojektes in den Vordergrund gerückt werden und an welchen Stellen weitergehende Vertiefungen der Sachverhalte möglich und sinnvoll erscheinen.

In der nachfolgenden Skizze werden anhand des durchgeführten Beteiligungsprojektes zur Renaturierung eines Wiesenbaches der perspektivenbezogene Themenbereich des Gemeinwohls sowie seine Verbindungen zu den Themenbereichen der politischen Ordnung und der politischen Entscheidungen exemplarisch aufgezeigt. Dabei werden wiederum auch generalisierende Hinweise für Lehrende gegeben, die auf anderweitig ausgerichtete und andernorts realisierbare Projekte bezogen werden können.

Zur Learning-Dimension des Renaturierungsprojektes: Aspekte des Gemeinwohls

Im Falle des geplanten Beteiligungsprojektes werden unter dem Blickwinkel des Gemeinwohls Aspekte des Umwelt- und Naturschutzes thematisiert. Aus politikdidaktischer Perspektive ist insbesondere darüber aufzuklären, worum es bei der Renaturierung des Wiesenbaches geht und was die kurz- und/oder langfristigen Ziele der Renaturierungsmaßnahmen im Hinblick auf das Gemeinwohl bzw. im Sinne des Nachhaltigkeitsprinzips sind bzw. sein können. Dabei kommen zwangsläufig Fragen zum Naturverständnis bzw. zur Wahrnehmung und Deutung von Naturphänomenen ins Spiel.

So wird unter *Renaturierung* im Allgemeinen die Wiederherstellung von naturnahen Lebensräumen verstanden. Während Naturschutz und Renaturierung prinzipiell als am Gemeinwohl orientierte Aufgaben der Umweltpolitik anerkannt sind, werden die speziellen Maßnahmen in diesem Bereich jedoch je nach vorherrschendem Naturverständnis durchaus unterschiedlich wahrgenommen und bewertet. So wird *Natur* unter einer zweckrationalen Perspektive vorrangig unter dem Aspekt ihrer Nutzbarkeit für den Menschen im Sinne einer *Ressource* betrachtet. Naturausschnitte erscheinen hierbei als *Ökosysteme*, d.h. als Wirkungsgefüge aus verschiedenen Organismen und deren unbelebter Umwelt, die durch natürliche Produktions- und Regulationsprozesse wichtige Dienstleistungen für den Menschen erbringen (vgl. Kirchhoff 2012). Eine alltagsweltliche Perspektive auf Natur basiert dagegen vor allem auf subjektiven emotionalen Naturerfahrungen, die sich im Rahmen kulturell geprägter Wahrnehmungs- und Deutungsmuster bewegen. So symbolisiert z.B. in unserer Kultur das Naturphänomen *Landschaft*, insbesondere eine kleinteilige vorindustrielle Kulturlandschaft mit ihren charakteristischen Biotopen sowie heimischen Tier- und Pflanzenarten, die „Utopie einer harmonischen, nachhaltigen Mensch-Natur-Einheit, die es gegen Globalisierung und Industrialisierung zu schützen gilt" (ebd.). Kann sich demgegenüber die Natur frei von menschlichen Einflüssen entfalten, erscheint sie vorrangig als *Wildnis*. Wie die angeführten Beispiele andeuten, lassen sich Naturphänomene sehr verschieden wahrnehmen und deuten. Das liegt vor allem darin begründet, dass intersubjektive kulturgeschichtliche Ideale oder Ideen auf die Natur projiziert werden, wobei auch unterschiedliche Vorstellungen über Individualität und Gesellschaft zum Tragen kommen (vgl. Kirchhoff & Trepl 2009). Die Bestimmungsweisen der Natur als *Ökosystem*, als *Landschaft* und als *Wildnis* bilden in ihrer Vieldeutigkeit daher das Zentrum des Umwelt- und Naturschutzes und sind im Rahmen von kommunalpolitischen Kontroversen, welche durch die in Gang gesetzte Renaturierung eines Wiesenbaches ausgelöst werden, zu reflektieren.

Im Rahmen der Gewässerrenaturierung kommt vor allem der *Wiederansiedlung des Bibers* eine besondere Bedeutung zu. Die nach der europäischen *Fauna-Flora-Habitat-Richtlinie* und dem *Bundesnaturschutzgesetz* besonders bzw. streng geschützte Tierart spielt in der Gewässerökologie eine bedeutende Rolle. Als aktiver Gestalter seines Lebensraumes durch das Anstauen von Wasserläufen mithilfe von Dämmen, dem Bau von Burgen und ausgeklügelten Kanalsystemen, dem Fällen von Bäumen, deren Äste dann wieder ausschlagen etc., vermag der Biber ein Mosaik unterschiedlicher Biotope anzulegen. Biberseen und -teiche sowie Biberwiesen und -lichtungen führen zu einer deutlichen Zunahme der Artenvielfalt von Tieren (Fische, Vögel, Amphibien, Reptilien, Insekten) und Pflanzen (Wassergehölze, Wasserpflanzen, Sträucher, Röhrichte, Flechten, Moose, Farne, Gräser) (vgl. LfU 2009a und LfU/BN 2009). Die Aktivitäten des Bibers kommen den Menschen vielfach zugute. So tragen Biberreviere zur Kappung der Hochwasserspitzen bei. Da sich das Wasser nunmehr über eine größere Fläche verteilen kann, läuft es bei Starkregen langsamer ab. Damit verbunden steigt der Grundwasserspiegel, was vor allem für Trockenzeiten von Vorteil ist. Zudem wird durch den Abbau von Nährstoffen und die Zurückhaltung von Sedimenten die Selbstreinigungskraft der Gewässer deutlich gestärkt (vgl. LfU 2009a und LfU/BN 2009). Ökonomisch betrachtet arbeitet der Biber daher „kostenlos" für den Naturschutz, wohingegen die technische Gewässerrenaturierung in der Regel aufwändig und teuer ist (vgl. LfU/BN 2009). Dabei dient das große Nagetier dem Menschen als „Wasserbau-Ingenieur", „Lebensraumgestalter", „Gärtner" und „Fischzüchter" (vgl. LfU 2009a, 24-31). Mit Ausnahme der Uferrandstreifen dringt es zudem kaum in den eigentlichen Lebensraum des Menschen ein. Darüber hinaus verhindert die natürliche Selbstregulation durch das Reviersystem ein unbegrenztes Wachstum der Biberpopulation (vgl. LfU 2009a).

In der von Menschen genutzten Kulturlandschaft kann es jedoch zu verschiedenartigen Konflikten mit Bibern kommen, die vor allem dort entstehen, wo die menschliche Nutzung dem Gewässer nahe kommt. So sind z.B. landwirtschaftlich angebaute Feldfrüchte eine attraktive, energiereiche Nahrung für Biber. Darüber hinaus fällen Biber nicht nur die wirtschaftlich weniger interessanten Baumarten wie Weiden oder Pappeln, sondern auch wertvolles Nutzholz, Obstbäume und Ziergehölze. Auch können beim Untergraben und Vernässen von Nutzflächen durch den Biber in der Land- und Teichwirtschaft beträchtliche Gefahren und Schäden entstehen (vgl. LfU 2009a). Um einen Interessensausgleich zwischen den Ansprüchen von Mensch und Biber herzustellen, wurde in Bayern ein flexibles, einzelfallorientiertes *Bibermanagement* eingeführt, für das die unteren Naturschutzbehörden der Kreisverwaltung, also Landratsämter und kreisfreie Städte, zuständig sind. Neben den ca. 200 ehrenamtlich tätigen örtlichen *Biberberatern* werden sie von zwei hauptamtlichen *Bibermanagern* in Bayern unterstützt (vgl. LfU 2009a). Die Aktivitäten des Bibermanagements reichen von der fachkundigen Beratung, über die Prävention (Einzelbaumschutz, Errichten von Draht- oder Elektrozäunen, Ausweisung von Pufferstreifen entlang der Gewässer etc.) und den Schadensausgleich bis hin zum „Zugriff" (Beseitigung von Biberbauten, Gefangennahme und Umsiedlung oder Tötung des Bibers in sicherheitsrelevanten Bereichen wie z.B. Kläranlagen) (vgl. a.a.O., 38f. sowie LfU 2009b).

Generelle Hinweise zu den Aspekten der politischen Ordnung

Die politische Ordnung als strukturelle, formelle und institutionelle Dimension der Politik kommt vor allem in den rechtlichen bzw. gesetzlichen Rahmenbedingungen des ausgewählten politischen Aufgabenfeldes zur Geltung, innerhalb dessen ein Service Learning-Projekt umgesetzt wird. Dabei können unter Umständen sämtliche politische Ebenen (internationale, regionale und nationale sowie Bundes-, Landes- und kommunale Ebene) von Bedeutung sein. In der Regel geben jedoch die geltenden Beschlüsse des örtlichen Gemeinde- bzw. Stadtrats in Form von Satzungen und Verordnungen den rechtlichen Rahmen für das gesellschaftliche Handlungsfeld vor, zu dem Beteiligungsprojekte einen das Gemeinwesen stärkenden Beitrag zu leisten vermögen.

Gemeinwohl und gesellschaftliche Partizipation

Aspekte der politischen Ordnung im Rahmen des Renaturierungsprojektes

Auf der Ebene des internationalen Naturschutzrechts ist zunächst die *Biodiversitäts-Konvention (Übereinkommen über die biologische Vielfalt)* aus dem Jahre 1992 von grundsätzlicher Bedeutung. Des Weiteren ist der Schutz der natürlichen Lebensgrundlagen und der Tiere in Verantwortung für die künftigen Generationen ein hochrangiges Verfassungsziel des Grundgesetzes (vgl. Artikel 20a GG). Mit dem Inkrafttreten des neuen *Bundesnaturschutzgesetzes (Gesetz über Naturschutz und Landschaftspflege)* im Jahre 2010 wurde in Deutschland im Zuge der Föderalismusreform im Jahr 2006 das Naturschutzrecht erstmals von der Rahmengesetzgebung in die konkurrierende Gesetzgebung nach Artikel 74 überführt. Allerdings wurde den Bundesländern nach Artikel 72 Absatz 3 GG im Gegenzug das Recht eingeräumt, bei der Anpassung der jeweiligen *Landesnaturschutzgesetze* vom Bundesrecht abweichende Regelungen zu treffen (vgl. BfN 2013). Direkte Pflichten für die unteren Naturschutzbehörden in Kommunen und Landkreisen ergeben sich erst, wenn der Landesgesetzgeber diese überträgt, wobei die Pflicht zur Öffentlichkeitsbeteiligung umfassender als bisher gewährleistet sein muss (vgl. § 3 BNatSchG). Dessen ungeachtet ist der Landschaftsschutz auf kommunaler Ebene den Vorgaben des überörtlichen *Landschaftsrahmenplans* sowie des örtlichen *Landschaftsplans* verpflichtet (vgl. BMU 2010).

Generelle Hinweise zu den Aspekten der politischen Entscheidungen

Im Themenbereich der politischen Entscheidungen kommen unter dem Blickwinkel der Partizipation an ausgewählten gesellschaftlichen Gruppen in erster Linie die beteiligten Akteure mit ihren Zielen, Gestaltungs- und Handlungsmöglichkeiten vor dem Hintergrund ihrer Wertmaßstäbe und/oder sonstigen Präferenzen ins Spiel. Neben den unmittelbar verantwortlichen politischen Akteuren (Gemeinderat und Gemeindeverwaltung, Landratsamt etc.) nehmen vor allem örtliche und überörtliche gesellschaftliche Akteure des zivil- bzw. bürgergesellschaftlichen Sektors, wie z.B. Vereine, Verbände, Interessengemeinschaften und andere Non-Profit-Organisationen, Einfluss auf die kommunalpolitischen Willensbildungs- und Entscheidungsprozesse. Für die öffentliche Wahrnehmung und erfolgreiche Durchführung von Service Learning-Projekten im lokalpolitischen Handlungsfeld ist die enge Kooperation mit diesen Akteuren unverzichtbar.

Aspekte der politischen Entscheidungen im Rahmen des Renaturierungsprojektes

Als unmittelbar verantwortliche politische Akteure hinsichtlich der Renaturierung des Aubachtals sind zunächst der kontroverse parteipolitische Positionierungen repräsentierende Gemeinderat sowie die Verwaltung zu nennen. Dessen ungeachtet liegt die konkrete technische Umsetzung sowie die kontinuierliche

Begleitung und Kontrolle der Renaturierung in der Verantwortung der unteren Naturschutzbehörde der Kreisverwaltung, im vorliegenden Fall des Landratsamtes Starnberg, Bereich Naturschutzrecht und Landschaftspflege. Seitens des zivilgesellschaftlichen Sektors ist vor allem die „Schutzgemeinschaft Aubachtal", die mit zahlreichen konkreten Maßnahmen die Renaturierung des Wiesenbach-Biotops vorantreibt, in die öffentlichen Auseinandersetzungen involviert (vgl. Schutzgemeinschaft Aubachtal e.V.). Aber auch der örtliche Fischereiverband unterstützt die Renaturierung, insofern er sich dadurch eine langfristige Erhöhung der aquatischen und terrestrischen Lebensraumvielfalt erhofft (vgl. Leuner 2011). Darüber hinaus begrüßt die Kreisgruppe des Landesbundes für Vogelschutz in Bayern e. V. die Wiederansiedlung der Spezies des Bibers und hat aktive Vorkehrungen zur Vermeidung und Behebung von Schäden getroffen, welche die Biber durch Vernässung der landwirtschaftlichen Nutzflächen und Fischteichanlagen anrichten (vgl. Werner 2009). Von diesen bisher und in Zukunft jedoch nicht gänzlich vermeidbaren Schäden sind in erster Linie die privatwirtschaftlichen Akteure der Landwirtschaft und Fischereiwirtschaft betroffen, die sich für strengere öffentliche Maßnahmen zum Schutz ihrer Flächen und Anlagen einsetzen.

Zu den hier genannten Akteuren wurden von Seiten der Lehrkraft gemeinsam mit den Schüler/innen Kontakte aufgenommen. Im Verlaufe des Projekts ergaben sich dann vielfältige Kooperationen, so z.B. in Form von Experteninterviews (mit Vertretern des Landratsamtes Starnberg aus dem Bereich Naturschutzrecht und Landschaftspflege), durch die Mitwirkung an Erkundungen in das Aubachtal-Biotop (mit Mitgliedern der „Schutzgemeinschaft Aubachtal" sowie mit Vertretern der Land- und Fischereiwirtschaft) und durch die Bereitstellung von Materialien zur Überprüfung der ökologischen Gewässergüte des Wiesenbaches seitens des örtlichen Fischereiverbandes).

3 Projektverlauf

Projektphase	Aktivitäten der Schülerinnen und Schüler
Sammlung von Informationen und Gestaltungsideen	• Unterrichtsgänge zum Aubachtal • Kontaktaufnahme und Kooperationen mit politischen, gesellschaftlichen und privatwirtschaftlichen Akteuren • Experteninterviews (Video- oder Audioaufnahmen) • Recherche in Fachbüchern und im Internet
Skizzierung von Inhalten	• Strukturierung der Informationsergebnisse • Kritische Reflexion der akteursspezifischen Interessen, Standpunkte und Meinungen
Planung	• Aufteilung der Klasse in Arbeitsgruppen • Formulierung von Arbeitsplänen

Gemeinwohl und gesellschaftliche Partizipation

Projektphase	Aktivitäten der Schülerinnen und Schüler
Durchführung	• Erstellung der Broschüre: Entwurf und Ausgestaltung von Texten, Bildern, Grafiken, Fotos etc. zur Renaturierung des Aubachtals vom Beginn bis zum aktuellen Entwicklungsstand • Inhaltliche Aspekte: Veränderungen des Bachverlaufs und der Auenlandschaft, Merkmale von Fauna und Flora, Beobachtung der Aktivitäten der Spezies der Biber, Dokumentation von eventuellen Problemlagen und Schäden sowie von Lösungsmaßnahmen • Darstellung der unterschiedlichen Interessen und Standpunkte der beteiligten Akteure • Druck und Verbreitung einer Broschüre
Präsentation	• Präsentation der Ergebnisse vor anderen Schulklassen sowie im Rahmen eines gemeinsamen Schüler-Eltern-Abends • Präsentation der Informationsbroschüre vor den beteiligten Akteuren und Kooperationspartnern
Verbreitung der Ergebnisse	• Auslage der Broschüre in Schulen, im Rathaus und Bürgerhaus, in Arztpraxen und Kirchengemeinden etc.
Reflexion	• Metakommunikative Gesamtreflexion im Klassenplenum

4 Die Broschüre

Abb. 1: Die ersten Seiten

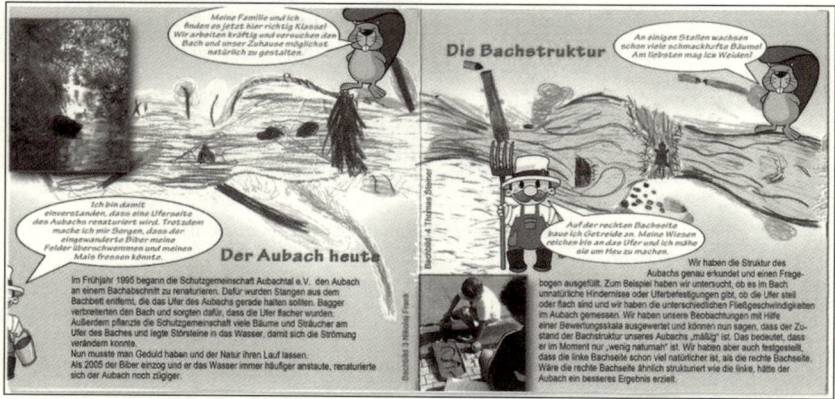

Abb. 2: Beispiel für Seiten in der Broschüre

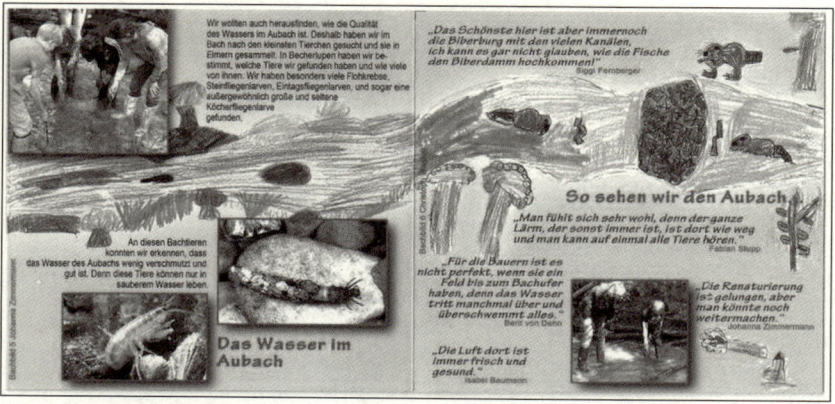

Abb. 3: Die letzten Seiten

5 Kompetenzbeschreibungen

Die Schülerinnen und Schüler können:

- sich im Internet und in Fachbüchern über die rechtlichen und gesetzlichen Bestimmungen zum Natur- und Landschaftsschutz informieren.
- wichtige Aufgaben des Naturschutzes benennen.

- zwischen der Natur als Ökosystem, als Kulturlandschaft und als nicht von Menschenhand geformte Natur unterscheiden.
- den Renaturierungsprozess im Aubachtal und die damit verbundenen Veränderungen der Landschaft sowie der Fauna und Flora beschreiben.
- die Vor- und Nachteile der Einwanderung des Bibers im Aubachtal erläutern.
- die verschiedenen Interessen der an der Renaturierung beteiligten Akteure benennen.
- anhand von zwei exemplarisch ausgewählten Positionen erläutern, welche Maßnahmen die jeweiligen Akteure befürworten, um ihre Interessen und Ziele zu verfolgen.
- sich selbst ein begründetes Urteil zu den verschiedenen Aspekten der Renaturierung des Aubachtales bilden und dieses vor anderen Kindern, Jugendlichen und Erwachsenen vertreten.

Literatur

Bayerisches Landesamt für Umwelt (LfU) (2009a): Biber in Bayern – Biologie und Management. www.bibermanagement.de/Biber_in_Bayern_Biologie_und_Management.pdf [9.7.2015].

Bayerisches Landesamt für Umwelt (LfU) (2009b): Das Bayerische Bibermanagement – Konflikte vermeiden – Konflikte lösen. http://www.wwf.hu/media/file/1413815505_Biber_management_Bavaria.pdf [9.7.2015].

Bayerisches Landesamt für Umwelt (LfU)/Bund Naturschutz in Bayern e.V. (BN) (2009): Artenvielfalt im Biberrevier – Wildnis in Bayern. www.planegg.de/export/download.php?id=1638 [9.7.2015].

Bundesministerium für Umwelt, Naturschutz und Reaktorsicherheit (BMU) (2010): Das neue Bundesnaturschutzgesetz – Einheitlich und bürgernah. http://www.duisburg.de/micro2/duisburg_gruen/medien/img/broschuere_bnatschg.pdf [9.7.2015].

Bundesamt für Naturschutz (BfN): Rechtliche Rahmenbedingungen. http://www.bfn.de/0320_recht.html [9.7.2015].

Gesellschaft für Didaktik des Sachunterrichts (GDSU) (Hrsg.) (2013): Perspektivrahmen Sachunterricht. Vollst. überarb. und erweit. Ausgabe. Bad Heilbrunn: Klinkhardt.

Kirchhoff, T. (2012): Natur – Landschaft – Wildnis. www.bpb.de/gesellschaft/umwelt/dossier-umwelt/76052/natur-landschaft-wildnis?p=0 [20.12.2013].

Kirchhoff, T. & Trepl, L. (2009): Landschaft, Wildnis, Ökosystem: Zur kulturbedingten Vieldeutigkeit ästhetischer, moralischer und theoretischer Naturauffassungen. Einleitender Überblick. In: T. Kirchhoff & L. Trepl (Hrsg.): Vieldeutige Natur – Landschaft, Wildnis und Ökosystem als kulturgeschichtliche Phänomene. Bielefeld: transcript Verlag, 13-68.

Leuner, E. (2011): Renaturierung eines Wiesenbaches durch strukturelle Veränderungen sowie die Auswirkungen auf den Fischbestand. In: Bayerns Fischerei+Gewässer, 2, 8-9.

Meyer, T. (2010): Was ist Politik? 3., aktual. und ergänzte Auflage. Wiesbaden: VS Verlag für Sozialwissenschaften.

Richter, D. (2009): Service learning – ein Weg zur Zivilgesellschaft? In: P. Massing & Yoo Im-Soo (Hrsg.): Zivilgesellschaft: eine Ressource der Demokratie. Politische Bildung in Deutschland und Südkorea. Schwalbach/Ts.: Wochenschau Verlag, 156-163.

Rogall, K. (2003): Akteure der nachhaltigen Entwicklung. Der ökologische Reformstau und seine Gründe. München: ökom Verlag.
Schutzgemeinschaft Aubachtal e.V.(o.J.): Flyer
Seifert, A. & Zentner, S. (2010): Service-Learning – Lernen durch Engagement: Methode, Qualität, Beispiele und ausgewählte Schwerpunkte. Weinheim: Beltz Verlag.
Sliwka, A. (2004): Etwas für andere tun und selber etwas dabei lernen: Verantwortung übernehmen in Schule und Gemeinde. In: Pädagogik, 5, 6-9.
von Hentig (2006): Bewährung. Von der nützlichen Erfahrung, nützlich zu sein. München: Carl Hanser Verlag.
Weißeno, G., Detjen, J., Juchler, I., Massing, P. & Richter, D. (2010): Konzepte der Politik. Ein Kompetenzmodell. Schwalbach/Ts: Wochenschau Verlag.
Werner, S. (2009): Der Biber im Landkreis Starnberg. In: Landesbund für Vogelschutz in Bayern e.V. – Kreisgruppe Starnberg.
www.servicelearning.de [20.12.2013].

Birgit Weber

Kinder als aktive Konsumenten

1 Bedeutung der Konsumentenbildung in der Grundschule

Schon Grundschülerinnen und Grundschüler sind aktive Konsumenten: Sie treffen eigene Konsumentscheidungen, beeinflussen Konsumentscheidungen anderer und werden gleichzeitig selbst beeinflusst durch Eltern, Freunde, Unternehmen, Politik sowie auch die sozioökonomischen Rahmenbedingungen, wie das Einkommen der Eltern, Güterangebot und -vielfalt sowie die Preisentwicklung. Gleichzeitig haben ihre Konsumentscheidungen individuelle, soziale und ökologische Auswirkungen. Während noch ihren Großeltern bei vorherrschenden Sparsamkeitsidealen nur eine begrenzte Auswahl an Gütern zur Verfügung stand, die ihnen weder durch das Internet, noch durch die damaligen öffentlichen Fernsehkanäle präsentiert wurden, wird die heutige Kindheit auch als „Konsumkindheit" charakterisiert und ist gleichzeitig die von relativer Armut am häufigsten betroffene Altersgruppe. Insofern erlaubt die Auseinandersetzung mit der scheinbar so individuellen Konsumentscheidung ein differenziertes Lernen über das Verhältnis von Individuum und Gesellschaft.

2 Befähigung zur eigenen Entscheidung und zur Mitgestaltung von Schlüsselproblemen

Die didaktische Begründung für die Auswahl von Konsum als Entscheidungs- und Handlungsfeld in der Grundschule ergibt sich dadurch, dass Konsum
- eine *relevante Lebenssituation* darstellt, die die Bedürfnisbefriedigung durch Konsumgüter ermöglicht, aber auch behindern (z.B. durch Einkommensmangel) oder gefährden kann (z.B. durch Folgekosten, Verschuldung), während die Handlungsspielräume unter- oder überschätzt werden (z.B. Knappheiten durch Einkommensbeschränkungen),
- *Schlüsselprobleme* beeinflusst, allen voran die nachhaltige Entwicklung, indem er zu Umweltnutzung und -belastung beiträgt und die Ungleichheit zwischen ärmeren und reicheren Ländern tangiert.

So zielt die Konsumentenbildung auf die Befähigung zu tüchtiger und selbstbestimmter Entscheidungsfähigkeit in einer Lebenssituation, die für alle Kinder relevant ist, und auf die Befähigung zur kritischen und verantwortlichen Urteils-, Handlungs- und Mitgestaltungsfähigkeit zu einem gesellschaftlichen Schlüsselproblem, das alle betrifft.

2.1 Curriculare Bedeutung der Konsumentenbildung

Die Kultusministerkonferenz (KMK 2013) hat 2013 die Behandlung verbraucherrelevanter Themen während der gesamten Schulzeit gefordert und die Handlungsfelder Finanzen, Marktgeschehen und Verbraucherrecht, Ernährung und Gesundheit, Medien und Information sowie Nachhaltigen Konsum benannt. Hinsichtlich der *curricularen Verankerung* haben die Wirtschaftsdidaktiker Arndt und Jung (2013, 238) in einer Inhaltsanalyse der Grundschullehrpläne der 16 Bundesländer festgestellt, dass konsumrelevante Aspekte nicht gleichermaßen bedeutsam sind. Während in fast allen Umweltschutz (16), Werbung (15) und Bedürfnisse (13) thematisiert werden, wird die Kaufentscheidung selbst in drei Viertel der Lehrpläne (12) behandelt. In weniger als der Hälfte der Lehrpläne werden Geld (7), Handel/Märkte (6), Güter (6), Budget bzw. Taschengeld (4) thematisiert. Verbraucherinformationen werden völlig vernachlässigt. So ist Konsumentenbildung in der Grundschule zwar curricular bedeutsam, überlässt den Lehrkräften aber erheblichen Interpretationsspielraum. Inhaltsbeschreibungen wie Umgang mit Geld oder Erwartungen, die sich auf die Beschreibung des eigenen Konsums zur Werbung beziehen, ermöglichen „alles oder nichts".

2.2 Aktivität oder Erkenntnis

Die dominante Orientierung an der Beeinflussung durch Werbung und den ökologischen Folgen wird den Herausforderungen eines mündigen, verantwortlichen und reflektierten Konsumverhaltens nur begrenzt gerecht. Mit der Überbetonung der Werbung werden Kinder vor allem als unmündige beeinflussbare Wesen betrachtet, während die oft geforderte damit zusammenhängende Beschäftigung des selbst Werbens zwar kreativ erscheint, das eigentlich sinnvolle Ziel, sich der Einflüsse auf das Kaufverhalten bewusst zu werden, aber verfehlt. Auch die Appelle an umweltfreundliches Verhalten könnten leicht als Überwältigung gedeutet werden, wenn allein umweltfreundliches Verhalten trainiert, die eigenständige Erkenntnisgewinnung aber vorenthalten wird. Dass Kinder aktive Konsumenten sind, die im gesellschaftlichen Rahmen mit Menschen bzw. Institutionen interagieren, die andere Interessen verfolgen, und dass eine rationale Konsumentscheidungen nur begrenzt möglich ist, und auch politischer Regeln bedarf, wird dabei unterschätzt und unterschlagen. So kritisieren auch Rank & Seeber (2014, 365ff.) in ihrer Analyse zu Internetmaterialien zur ökonomischen Bildung für die Grundschule, dass diese auf halbem Weg stehen bleiben, wenn sie etwa nur die Objekte der

Konsumwünsche, nicht aber die Restriktionen, wenn sie nur die Perspektiven der Käufer, nicht aber die der Verkäufer und schon gar nicht den systemischen Rahmen – etwa die Einbettung in Märkte oder die Gestaltung durch Politik – berücksichtigen. Rank & Seeber (2014, 369) konstatieren zudem aktivistische Selbsttätigkeit in den Lernaufgaben, die erkenntnisfördernde kognitive Aktivierung vermissen lassen.

3 Mündiger und verantwortlicher Konsum als Herausforderung nicht nur für Kinder

3.1 Konsum in der Kritik

Konsum als Versorgung über Märkte ist für alle Menschen in modernen Gesellschaften zwingend erforderlich, da kaum jemand die Mittel, die er oder sie zum Leben benötigt, selbst herzustellen in der Lage ist. Dennoch wird Konsum oft ganz allgemein kritisiert, da

- die Menschen immer mehr, immer neues und immer billigeres haben wollen,
- die Menschen durch Werbung beeinflusst und manipuliert werden,
- die einen weniger, die anderen mehr zum Leben haben als sie brauchen,
- über den Besitz von Konsumgütern soziale Anerkennung oder Ausgrenzung erfolgt,
- Konsum sowohl individuelle, aber auch soziale und ökologische Folgekosten hat.

Die Befähigung zu selbstbestimmten, verantwortlichen und auch reflektierten Konsum erfordert einen Blick in die Komplexität von Kaufentscheidungen in marktwirtschaftlichen Ordnungen, wenn sie nicht trivial sein will und die Lernenden dabei stehen lässt, was sie eh schon können, wenn sie nicht einseitig zu einem gewünschten gesellschaftlichen Verhalten ohne Einsicht trainieren will und wenn sie nicht den Lernenden überfordernde Ansprüche auferlegen will, die auch Erwachsene nicht einhalten könnten.

3.2 Herausforderungen von Kaufentscheidungen

Obwohl die meisten Menschen regelmäßig einkaufen, sind Konsumentscheidungen eine Herausforderung. So lassen sich Entscheidungsprozesse im Allgemeinen in Phasen einteilen: (1) Ein Problem wird erkannt (2) Informationen gesucht, (3) Alternativen bewertet (4) die Entscheidung wird durchgeführt und (5) nachträglich bewertet. Für die Kaufentscheidung gelten weitere Herausforderungen:

- Erstens sind unterschiedliche Bedürfnisse mit unterschiedlichen Mitteln zu befriedigen, während das dafür verfügbare Einkommen als auch die Zeit, sich mit den Gütern zu beschäftigen, knapp ist.

- Zweitens sind angesichts eines unübersichtlichen und vielfältigen Warenangebots selbst einfache Güter in ihrer Qualität nur schwierig zu beurteilen.
- Drittens werden Kaufentscheidungen für den eigenen Bedarf angesichts des vielfältigen Informationsbedarfs und der einseitigen Anbieterinformationen oft wenig überlegt getroffen.
- Viertens ist es noch schwieriger, sich umwelt- und sozialverträglich zu verhalten, da die Belastungen über den Lebensweg eines Produkts von der Rohstoffgewinnung bis zur Entsorgung angesichts der Lieferketten oft noch nicht mal den Produzenten bekannt sind.

Konsumenten stehen also vor der Herausforderung, mit ihrem in der Regel begrenzten Einkommen eine Vielzahl unterschiedlicher Bedürfnisse zu befriedigen. Bedürfnisse als Gefühle des Mangels bzw. als positive Handlungsmotivation können mit unterschiedlichen Mitteln befriedigt werden, wie etwa

- Durst mit Leitungswasser oder Limonade,
- Wärme durch höhere Temperatur, Bewegung oder das Tragen einer Weste,
- Unterhaltung durch Spiele mit Freunden oder durch Fernsehen.

Schon für die Mittel zur Befriedigung der Bedürfnisse muss eine Auswahl getroffen werden, die die Reflexion des eigenen Nutzens erfordert. Richtet sich die Wahl dann auf ein bestimmtes Konsumgut, sind Preis und Qualität auch bei unterschiedlichen Anbietern von Bedeutung. Dabei steht der Preis nicht allein im Verhältnis zum verfügbaren Budget, sondern auch zu anderen Bedarfen, die mit dem Einkommen erfüllt werden sollen. Zur Beurteilung der Qualität des Produktes – oder gar über die umwelt- und sozialverträgliche Produktionsweise bedarf es vielfältiger Informationen. Da Konsumenten täglich eine Vielzahl von Kaufentscheidungen treffen müssen, entlasten sie sich vom Entscheidungsaufwand durch die Bildung von Gewohnheiten.

Ob bewusst geplant oder unbewusst eingekauft wird, jede Kaufentscheidung belohnt die Produzenten bzw. Händler, deren Ware gekauft wird bzw. bestraft die anderen durch Nichtkauf. Durch diese Konsumentensouveränität, wonach Produktionsentscheidungen durch die Menge der Kaufentscheidungen gelenkt werden, wird die Marktwirtschaft überhaupt erst legitimiert. Dies setzt aber eine reflektierte und rationale, kriteriengeleitete Auswahl der Konsumenten voraus und ist vom Wettbewerb unterschiedlicher Anbieter abhängig. Dieser Wettbewerb ist für die Anbieter unbequem, da er ein ständiges Streben um die Kundengunst herausfordert, dem sie versuchen gerecht zu werden, indem sie über Kostensenkungen günstiger anbieten, über neue oder veränderte Produkte Kunden gewinnen und gleichzeitig auch ihre absatzfördernden Maßnahmen verbessern. Da auf den meisten Konsumgütermärkten das Angebot weit höher ist als die Nachfrage, versuchen Unternehmen die Kaufkraft der Konsumenten auf ihre eigenen Produkte zu lenken und die Konsumenten nicht zuletzt auch über oft teurere, Qualität versprechende Markenprodukte dauerhaft an sich zu binden.

3.3 Konsumfreiheit oder Schutz der Konsumenten

So erhöht der für die Auswahl nötige Wettbewerb das Entscheidungsproblem. Entsprechend fallen die Konsumentscheidungen oft weit weniger informiert und rational aus als es das Leitbild der Konsumentensouveränität erfordert. Gemäß des Leitbildes der Konsumfreiheit ist eine Sensibilisierung für die äußeren Einflüsse erforderlich, um selbstbestimmter Entscheidungen treffen zu können, die aber auch angemessene Informationen erfordern, um eine angemessene Entscheidung treffen zu können.

Angesichts der Informationsbewältigung durch die Vielzahl notwendiger Kaufentscheidungen und der Komplexität der Abwägung geht das Leitbild des Konsumentenschutzes davon aus, dass das einzelne Individuum den organisierten Anbietern eher schutzbedürftig gegenübersteht. Doch auch Verbraucherrechte werden nur wirksam, wenn sie bekannt, genutzt und eingefordert werden. Auch sind zusätzliche Informationen und Schutz nicht kostenlos. Im Blick auf die ökologischen und sozialen Folgekosten befinden sich die Konsumenten zudem neben den Informationsdefiziten im Konflikt zwischen ökonomischen, ökologischen und sozialen Zielen, da ein eigenes umweltfreundlicheres Verhalten oft höhere Kosten erfordert, während der individuelle Beitrag zur Linderung der Umweltprobleme klein erscheint, vor allem wenn viele andere sich weiterhin umweltschädlich verhalten. Dieses Entscheidungsdilemma bedingt die Notwendigkeit gemeinsamer politischer Regeln. Diesen unterschiedlichen Herausforderungen der Konsumentscheidung tragen vielfältige politische Regeln Rechnung:

- So soll die Auswahl im Interesse der Konsumentensouveränität erhöht werden durch die Förderung des Wettbewerbs (z.B. Gesetz gegen Wettbewerbsbeschränkung).
- Die Auswahl soll im Interesse der Konsumfreiheit durch bessere Informationen unterstützt (z.B. Preiskennzeichnung, Kennzeichnungspflichten, Stiftung Warentest) und irreführender Wettbewerb gemindert werden (z.B. Gesetz gegen unlauteren Wettbewerb).
- Die Schwächeren sollen gegenüber den Stärkeren geschützt werden (z.B. beschränkte Geschäftsfähigkeit von Kindern, besondere Werberichtlinien für Kinderwerbung, altersabhängige Verkaufsverbote für bestimmte Produkte, aber auch die Förderung von Verbraucherschutzorganisationen).
- Die umweltschädlichen Folgen des Konsums (und der vorgelagerten Produktion) sollen durch Gebote, Verbote, Steuern und Verbraucherinformation gemindert werden.
- Die soziale Ungleichheit wird durch eine Umverteilung über Steuern und Transfers, niedrigere Konsumsteuern für Lebensmittel sowie auch die Bereitstellung öffentlicher Güter gemindert.

3.4 Grenzen rationaler, selbstbestimmter und informierter Entscheidungen

Sich solche Herausforderungen bewusst zu machen, soll übersteigerte Ansprüche an rationale Entscheidungen mindern: Konsumentinnen und Konsumenten können
- ihr Entscheidungsverhalten verbessern, sie können aber nicht ständig vergleichen;
- selbstbestimmter entscheiden, sie können aber kaum gegen Werbung immun werden;
- ökologische und soziale Folgen reflektieren, sie können die Folgen aber nicht dauernd einbeziehen.

Aber: Auch wenn politische Maßnahmen Herausforderungen mindern können, sie können keinen vollständigen Schutz gewähren und den Konsumenten weder Entscheidungen noch Verantwortung abnehmen (weitere Information zum Thema in Weber 2010).

4 Konsum in der Lebenswelt von Kindern

4.1 Kinder als aktive Konsumentinnen und Konsumenten

Konsum und Sparen hat in der Lebenswelt von Kindern eine hohe Bedeutung. Die kommerzielle KidsVerbraucherAnalyse untersucht seit Jahren das Medien- und Konsumverhalten von Kindern und versteht sich mit ca. 2000 Interviews als repräsentative Studie für ca. 7 Mio. deutschsprachige Kinder zwischen 4 und 13 Jahren. Danach stehen den Kindern monatlich durchschnittlich 27,56 Euro zur Verfügung (KVA 2013), dazu kommen jährliche Geldgeschenke in Höhe von 210 Euro (KVA 2012). Schon die 4-5-Jährigen verfügen monatlich über ca. 14 Euro und erhalten jährlich bis zu 167 Euro an Geldgeschenken (vgl. KVA 2011). In der Gesamtheit betrug die Kaufkraft der Kinder über Taschengeld und Geldgeschenke jährlich 2,6 Mrd. Euro bei einem Sparguthaben von 2,5 Mrd. Euro (KVA 2011).

Die 6- bis 9-Jährigen verwendeten ihr Geld vor allem für (1) Nahrungsmittel: süße und salzige Knabbereien, Getränke und Eis, Fast Food, (2) Zeitschriften/Comics sowie (3) Spielzeug, Spiele, Sticker und Sammelkarten. Bei den 10-13-Jährigen gewinnen Kino, Bekleidung, Accessoires, Musik-CDs, Kosten fürs Handy, Kosmetik und Körperpflege, Bücher und Schulbedarf an Bedeutung (KVA 2011, 39). Von den untersuchten Kindern hatten schon 78 % Zugang zu Computern und 73 % zum Internet, 30 % verwendeten Tablets und Smartphones (vgl. KVA 2013).

4.2 Kinder beeinflussen Kaufentscheidungen anderer

Kinder sind aber nicht nur selbst aktive Konsumenten, sie beeinflussen in hohem Maße auch die Kaufentscheidungen anderer, nicht zuletzt als Folge zunehmend partnerschaftlicher Erziehungsstile und Mitspracherechte von Kindern. *„Kinder sind in den Familien in allen wichtigen Entscheidungen, die ihre Freizeit- und Konsumwelt betreffen, stark eingebunden. Zusätzlich besitzen sie ein hohes Maß an Autonomie und weiterhin eine hohe finanzielle Ausstattung. Zu diesen Faktoren kommt hinzu, dass bei den Kindern das Markenbewusstsein steigt sowie die Bereitschaft der Eltern, deren Wünsche weitgehend zu erfüllen."* (KVA 2013, vgl. auch Geise 2014). Laut Statistischem Bundesamt gaben Eltern 2008 zwischen 425 und 593 Euro monatlich je Kind aus, wobei die Ausgaben mit dem Alter ansteigen von 519 Euro über 604 bis zu 700 Euro in Sechs-Jahres-Schritten (vgl. StBA 2014). So summieren sich die Konsumausgaben je Kind durchschnittlich bis zum 18. Lebensjahr auf ca. 130.000 Euro. Davon entfallen neben ca. einem Drittel für Wohnen und Verkehr auf von Kindern durchaus mit beeinflussbare Konsumbereiche, etwa 21 % auf Nahrung und Getränke, 16 % für Freizeitaktivitäten, 8 % auf Bekleidung und je 4 % auf Nachrichtenübermittlung und Gesundheitspflege. Der Einfluss reicht über den täglichen Familienbedarf, Unterhaltungselektronik, Computer hin zu Freizeitgestaltung und die Wahl des Urlaubsortes, z.T. sogar den Kauf eines neuen Autos (vgl. Kirig et al. 2010, Geise 2014). Entsprechend sind nicht nur Kinderprodukte, sondern auch Erwachsenenprodukte bedeutsam.

4.3 Kinder als Zielgruppe des Marketing

Da Kinder selbst aktive Konsumenten sind, aber auch den Konsum anderer beeinflussen, sind sie eine interessante Zielgruppe für die Anbieter, wovon auch schon Spezialagenturen für das Kinder- und Jugendmarketing zeugen. So legen vor allem ältere Kinder erheblichen Wert auf ein hohes Markenimage – etwa bei Sportschuhen, Bekleidung, Taschen, Handy und Nahrungsmitteln, dem die Eltern oft auch folgen (vgl. KVA 2011, Geise 2014). Da Kinder gemeinhin als spontaner, impulsiver, aber auch verführbarer gelten, haben viele Länder Gesetze gegen unlauteren Wettbewerb (UWG) erlassen, die direkte und unmittelbare Kaufappelle an Kinder bzw. über diese an Dritte verbieten, als Information getarnte Werbung sowie Verlockungen mit Prämien oder anderen Vorteilen gegenüber leichtgläubigen und unerfahrenen Personen für unzulässig erklären. Dennoch empfehlen Kinder-Marketing-Experten (z.B. Kirig et al. 2010) den Herstellern, Kindern Kaufargumente für ihre Eltern zu liefern. Vor allem durch den Zugang zum Internet über Smartphone oder Computer existieren neue Möglichkeiten Kinder zu erreichen. Auf der Suche nach Spielen, Bastelanleitungen oder sonstigen Wünschen dient das Internet den Kindern als Quelle für Produktinformationen, den Anbietern der Erkundung der Kinderwünsche durch Einbeziehung in die Produktentwicklung. Gleichzeitig lauern neue Gefahren, etwa kostenfreie Computerspiele, die auf kostenpflichtiges Zubehör lenken, Abofallen durch zunächst kostenlose Downloads, Schadsoftware, die Preisgabe persönlicher Daten oder auch die Umlenkung auf problematische Inhalte (vgl. ÖIAT 2013, mfps 2013). Werbung verstärkt aber auch geschlechtsspezifische Stereotypen, wenn etwa Jungenprodukte in blau mit Action, Abenteuer, Wettbewerb und Erfolg, Mädchenprodukte in rosa mit Attraktivität, Schönheit, Liebe und Kümmern um andere beworben werden (vgl. Gaschke 2011, mpfs 2013, Sander 2007). Befürchtet wird aber auch, dass sich schädliche Gewohnheiten, z.B. beim Nahrungsmittel- und Medienkonsum, leicht verfestigen könnten (vgl. Effertz 2008).

4.4 Konsumkindheit versus Kinderarmut

Den aktiven Kinderkonsumenten stehen aber auch viele Kinder gegenüber, die sich wenig leisten können. So wies das Statistische Bundesamt 2012 18,4 % der unter 18-Jährigen als von Armut oder sozialer Ausgrenzung Betroffene aus. Dazu werden Menschen gerechnet, wenn bei unterdurchschnittlichem Einkommen Armutsgefährdung, erhebliche materielle Entbehrungen und / oder geringe Erwerbsbeteiligung vorliegen (vgl. Deckl 2013). Einkommensschwachen Haushalten stehen für die Konsumausgaben ihrer Kinder nur die Hälfte bis zwei Drittel der durchschnittlichen Konsummöglichkeiten zur Verfügung, darunter kaum mehr als 7 Euro für Bücher und Schreibwaren monatlich (vgl. StBA 2014). Dies ist auch schon den Kindern bewusst. So lehnten 13 % der in der Kinderstudie 2013 befragten Kinder die Aussage ab, genügend Geld für alles zu haben, was sie brauchen, 10 % äußerten sich hierzu nicht. 21 % stimmten der Aussage zu, dass Geld bei ihnen häufiger knapp sei. Als finanzielle Einschränkungen werden Urlaubsreisen, Kino/Freibadbesuche bzw. Geburtstagsfeiern genannt, 2 % nennen weit existenziellere Einschränkungen (vgl. Schneekloth & Pupeter 2013, 97). Zudem hängt auch die Regelmäßigkeit des Taschengelds von der Herkunftsschicht und deren finanziellen Ressourcen ab (vgl. Schneekloth & Leven 2013, Rosendorfer 2000). Es erscheint plausibel, dass eine unregelmäßige Vergabe von Taschengeld sich nicht positiv auf die Fähigkeit, Mittel planvoll einzuteilen, auswirkt.

5 Präkonzepte und Stolpersteine

Kinder gelten als impulsgetriebener, begeisterungsfähiger und spontaner als Erwachsene. Sie sind aber keine unbeschriebenen Blätter, sondern sie bilden sich eigene Erklärungsmuster auf der Basis dessen, was für sie erfahrbar ist.

5.1 Knappheit, Bedürfnisbefriedigung und Wahlentscheidungen

So mag die Spontanität impulsgetriebenen Haben Wollens auch damit einhergehen, dass es einerseits eines gewissen Zahlenverständnisses bedarf, Kindern aber zudem die Entscheidungsnotwendigkeit, die vor allem durch die Grenzen des verfügbaren Einkommens, aber auch die Preise der zum Leben erforderlichen Güter nicht offensichtlich sein kann. Angesichts des zunehmend bargeldlosen Zahlungsverkehrs, der scheinbare unbegrenzten Verfügbarkeit von Geld über Automaten und Kreditkarten sowie langfristiger Verträge müsste es Kindern eigentlich als Willkür erscheinen, wenn eigene Wünsche am Geld scheitern sollen, zumal ihnen weder die Höhe des Einkommens bekannt sein dürfte, noch welche Ausgaben davon zu bestreiten sind. Das mangelnde Wissen von Kindern über solche Restriktionen wird noch verstärkt, wenn der Eindruck unbegrenzter und auch kostenloser Verfügbarkeit von Waren durch Werbung vermittelt wird.

5.2 Wert von Produkten und Folgekosten der Produktion

Wenn schon diese Grenzen wenig bewusst sind, ist noch weniger offensichtlich, wodurch sich der Wert eines Produktes bemisst. So gehen Kinder zum Teil davon aus, dass die Größe, die Teile oder die Funktion bzw. der Nutzen des Produktes den Wert eines Gutes bestimmen, manche gehen auch von der Willkür des Händlers aus, der den Preis danach bestimmt, was er selbst braucht (vgl. Claar 1996). Dass der Preis eines Produktes neben den für sie kaum ersichtlichen Produktionskosten sich letztlich im Verhältnis von Angebot und Nachfrage einpendelt, kann dabei über Wahrnehmung ebenso wenig erschlossen werden, wie ausbeuterische Arbeitsbedingungen, das Ausmaß der Umweltbelastung oder die Gefährdung durch problematische Stoffe, die zum Nachweis wissenschaftlicher Methoden bedürfen.

5.3 Werbung und Anbieterinteressen

Vielen Kindern sind die Absichten der Werbung durchaus bekannt, sie erfassen die Intention etwas verkaufen zu wollen und glauben auch mit zunehmendem Alter weniger ihren Versprechen. Ihnen bleibt auch nicht verborgen, dass Werbung auf Produkte aufmerksam und zum Kaufen anregen will, dabei aber nicht alle Informationen preisgibt. Dennoch nutzen sie Werbung einerseits gerne, um angesichts der Uninformiertheit der Erwachsenen auf ihre Wünsche aufmerksam zu machen, andererseits führen die Werbebotschaften auch dazu, dass sie Produkte besser bewerten (vgl. Aufenanger 2005). Sie lassen sich durchaus von Werbung faszinieren und beeindrucken, beziehen aber auch die Werbebotschaften wenig auf sich selbst (vgl. Sander 2007). Sie nehmen den Interessenkonflikt nicht wahr. So wird Kindern beispielsweise das Sparen auch damit schmackhaft gemacht, dass das Geld auf der Bank sicherer sei. Entsprechend glauben viele, dass Banken das Geld vor Räubern und ihren eigenen Bedürfnissen schützen, so dass sie ihnen allein als gemeinnützige Einrichtungen, nicht aber als Institutionen mit Eigeninteressen erscheinen. Gleichwohl sind auch die Anbieter besorgt, dass ihre Kampagnen wirkungslos bleiben, wenn der witzige Spot, nicht aber die Produkte wahrgenommen werden, während der versprochene Nutzen überschätzt (vgl. KJMK 2010) und sich bei Nichteinlösung des Versprechens kritisch auf die Kundenloyalität auswirkt (vgl. Kirig et al. 2010).

6 Exemplarische Aufgabenbeispiele

Zur Förderung eines vernünftigeren/rationaleren, selbstbestimmteren und verantwortlicheren Konsumentenverhaltens sollte der Sachunterricht Grundschülerinnen und Grundschüler vor allem befähigen,
1. Vernünftige, selbstbestimmte und verantwortliche preis- und qualitätsbewusste Entscheidungen zur Bedürfnisbefriedigung zu treffen *(Entscheidungskompetenz)*, dies erfordert auch
2. die Beeinflussung von Konsumentscheidungen sowie unterschiedliche Interessen von Käufern und Verkäufern zu erkennen und zu beurteilen (*Urteilskompetenz*),
3. soziale, ökologische und ökonomische Folgen von Konsumentscheidungen zu erkennen *(Urteilskompetenz)* und individuell und politisch Lösungen zu entwickeln und zu prüfen *(Handlungs- und Gestaltungskompetenz).*

Auf diese Bildungsziele eines vernünftigeren, selbstbestimmteren und verantwortlicherem Konsumentenverhalten lassen sich die nachweisbaren Kompetenzen des Themenfeldes *Kinder als aktive Konsumenten* und die *sozialwissenschaftlich relevanten Denk-, Arbeits- und Handlungsweisen*[1] sowie die *Konzepte* konkretisiert zuordnen. Letztere sind weniger explizit begrifflich, sondern eher als kindorientiertes Orientierungswissen zu entwickeln. Im Folgenden werden exemplarische Aufgaben zur Förderung der drei Zielsetzung konkretisiert, in denen sich das Können zeigen kann. Dabei wird auf das Material mit beispielhaften Anregungen (A-E) ebenso verwiesen wie auf weitere Beispiele (Weber 2007/2010; 2012, 2013).

---

1 1) An ausgewählten Gruppen partizipieren, 2) Argumentieren sowie zwischen Einzelnen oder zwischen Gruppen mit unterschiedlichen Interessen und Bedürfnissen verhandeln 3) Politisch urteilen 4) Ökonomische Entscheidungen begründen 5) Kulturelle Deutungen und Werte respektieren und tolerieren sowie 6) Gesellschaftliche Handlungen planen und vertiefen

	Sozialwissenschaftliche Denk-, Arbeits-, Handlungsweisen	Was „Kinder als aktive Konsumenten" können sollten
1	• eigene Bedürfnisse ermitteln sowie die Bedürfnisse Einzelner oder Gruppen bestimmen, unterschiedliche Möglichkeiten der Bedürfnisbefriedigung identifizieren, bei ökonomischen Entscheidungen die verfügbaren Mittel benennen (4) • Nutzen und Kosten von Entscheidungen vergleichen und bewerten (z.B. Kaufen, Sparen, Ausleihen) (4)	• Bedürfnisse beschreiben und von Wünschen unterscheiden • Die Bedeutung von Gütern und Dienstleistungen zur Bedürfnisbefriedigung erklären • Kaufentscheidungen unter Berücksichtigung der verfügbaren Mittel interpretieren • Verbraucherinformationen nutzen und Bedeutung von Verbraucherorganisationen erklären
2	• für eigene Position werben, verhandeln, Mehrheitsentscheidungen, Konfliktlösungsmöglichkeiten suchen, eigene Sichtweise entwickeln, Perspektivenwechsel vornehmen, Perspektiven beschreiben (2) • In Pro- und Kontra-Diskussionen ... begründet Stellung nehmen, Alternativen abwägen, ausgewählte Konfliktlösungen beurteilen, unterlegene Positionen respektieren (3)	• Den Handel (Kaufen, Verkaufen) als Tauschgeschäft analysieren • Den Verkauf von Gütern planen, durchführen und beurteilen • Maßnahmen zur Beeinflussung von Kaufentscheidungen (z.B. Werbung) untersuchen
3	• Eigene Interessen vertreten in Meinungsäußerungen (1), Gemeinschaftlich Ideen gestalten (3), Öffentlichkeit herstellen (1/3), Solidarität mit anderen zeigen (5) • problemhaltige Situationen etc. beurteilen, eigenen Standpunkt entwickeln, (3), Rahmenbedingungen von Handlungssituationen untersuchen (6) • Handlungspläne in reale Handlungen umsetzen (nachhaltiger Konsum) (6), Konfliktlösungen finden, vertreten, Folgen antizipieren (3)	• Produktionsabläufe an ausgewählten Konsumgütern beschreiben • Ökologische und soziale Folgen des Konsums analysieren sowie Tauschgeschäfte nach Kriterien der Gerechtigkeit bewerten (z.B. Umwelt- und Sozialsiegel)
Konzepte	Konsum, Bedürfnisse, Güter, Knappheit, Geld, Haushalt, Wettbewerb, Nachfrage und Angebot, Preis und Qualität eines Konsumgutes, Verbraucherinformation und -organisation	

Zusammenstellung aus GDSU 2013, 30ff, 35f.

6.1 Selbstbestimmte, vernünftige und verantwortliche preis- und qualitätsbewusste Entscheidungen zur Bedürfnisbefriedigung treffen (Entscheidungskompetenz)

Die Förderung der vernünftigen bzw. rationalen Entscheidungskompetenz erfordert eine subjektorientierte Herangehensweise.

- Um die Lernenden zu befähigen, (a) ihre Bedürfnisse zu reflektieren und (b) zu prüfen, mit welchen unterschiedlichen Mitteln diese befriedigt werden können und (c) abzuwägen, ob sie sich diese leisten können oder wollen im Bewusstsein weiterer Bedürfnisse, protokollieren sie über einen bestimmten Zeitraum die eigenen Konsumausgaben und reflektieren über deren Notwendigkeit und mögliche Alternativen. Indem sie frühere dringliche Wünsche einschließlich deren Kosten prüfen, das eigene Nutzungsverhalten überdenken, entwickeln sie ggf. auch Alternativen zum Neukauf z.B. durch eine Tauschbörse oder einen Flohmarkt (A).
- Da vor allem über vergleichsweise teurere Markenprodukte versucht wird, Vertrauen zu schaffen und Gewohnheitsverhalten zu fördern, können die Lernenden ihre eigenen Konsumgewohnheiten hinterfragen, wenn sie beispielsweise für ein gemeinsames Schulfrühstück Preise, Qualität und Produktangaben von Marken- und NoNameProdukten vergleichen, dazu in Internetportalen (z.B. Lebensmittelklarheit, goldener Windbeutel) nach weiteren Informationen über die Produkte suchen, um generalisierend die Bedeutung von Verbraucherorganisationen bewerten zu können (B).
- Da nicht für alle Konsumentscheidungen gleichermaßen Informationen herangezogen werden, ist es vor allem bei höherwertigen Gebrauchsgütern sinnvoll, Verbraucherinformationen zu vergleichen und kriteriengeleitet abzuwägen, um eine Entscheidung zu treffen, die unterschiedliche Preise, Qualitätskriterien und Folgekosten angemessen berücksichtigt. Dies kann beispielhaft an einem Spielgerät (z.B. Fahrrad, Inline Skater) oder auch technischen Geräten erfolgen (D).
- Diese Produktentscheidungen lassen die Knappheiten, mit denen Familien in privaten Haushalten umgehen müssen, aber noch kaum erkennen. Wie eine Familie mit ihrem Budget die unterschiedlichen Bedürfnisse berücksichtigen muss, können die Kinder entdecken, wenn sie in einem Regelspiel simulieren, wie sie mit einem durchschnittlichen Haushaltseinkommen und notwendigen Verwendungsbereichen den Bedürfnissen der unterschiedlichen Familienmitglieder gerecht werden können (vgl. Weber 2007). Dies könnte auch dazu führen, im Anschluss in einem Projekt die Nutzung öffentlicher Güter (z.B. Bibliotheken) und kostenlose Freizeitmöglichkeiten zu ermitteln.

6.2 Die Beeinflussung von Konsumentscheidungen sowie unterschiedliche Interessen von Käufern und Verkäufern erkennen und beurteilen (Urteilskompetenz)

Diesem Ziel wird vor allem forschend entdeckendes Lernen gerecht, indem Lernende unterschiedliche Formen verkaufsfördernder Maßnahmen vor allem im Blick auf ihre Wirkung untersuchen:
- Indem sie Werbespots analysieren, können sie erkennen, wie Massenwerbung über die Weckung von Aufmerksamkeit und Interesse versucht, den Wunsch auf das eigene Gut zu lenken und Kaufhandlungen anzuregen, welche Informationen gegeben und welche verschwiegen werden (vgl. Weber 2012, 2007).

Indem sie besonders bedeutsame Markenprodukte für Kinder ermitteln, könnten sie durch eine Umfrage zu Bewertung und Kauf von Markenprodukten die Wirkung von Markenprodukten beispielhaft erschließen.
- Die Analyse von verkaufsfördernden Maßnahmen am Verkaufsort – etwa im Supermarkt – ermöglicht ihnen zu erkennen, wie spontane Mehrkäufe angeregt werden. Dies können sie durch eine begleitende Kundenbefragung bestätigen. So werden sie angeregt, nach Gründen für diese Maßnahmen zu suchen und über Möglichkeiten der (eigenen) Vermeidung von Mehrkäufen nachzudenken (vgl. Weber 2012) (B);
- Die Untersuchung von kostenpflichtigen Fallen ermöglicht die Entdeckung von Gefährdungen und die Entwicklung von Vermeidungsstrategien (vgl. Weber 2013);
- Sie können zudem durch eine Debatte über politische Maßnahmen zum Verbot von Werbung oder verkaufsfördernder Maßnahmen erkennen, dass der Wettbewerb, der die Auswahl fördert, für die Unternehmen stärkere Absatzbemühungen bedeutet, so dass sie einen Perspektivenwechsel vornehmen und den Interessenkonflikt zwischen Käufern und Verkäufern identifizieren (F).

6.3 Soziale, ökologische und ökonomische Folgen von Konsumentscheidungen erkennen und beurteilen (Orientierungs- und Urteilskompetenz), Lösungen entwickeln und prüfen (Handlungs- und Gestaltungskompetenz)

Zu diesem Ziel tragen vor allem gestaltungsorientierte Lernwege bei, die forschendes Lernen einbeziehen:
- Eine Vorstellung vom Ausmaß des Ressourcenverbrauch und der Umweltbelastungen über Konsum und der vorausgehenden Produktion zu erhalten, ist nur schwierig zu erlangen. Die Kinder könnten über das Ausmaß informiert werden (E) und an Bereichen ausgewählten Konsums die Umweltbelastung im Produktlebenslauf ermitteln (vgl. Weber 2012, 2007).
- Indem sie Hindernisse sozial- und umweltverträglichen Konsumierens identifizieren, lernen sie das Entscheidungsdilemma und Informationsproblem kennen

und können Umwelt- und Sozialsiegel als Hilfe zur Minderung des Informationsproblems prüfen (B/E).
- Die Alternativen zur Vermeidung bzw. Verringerung umweltbelastenden Konsums sollten ihnen nicht oktroiert werden, vielmehr sollten sie an relevanten Belastungsbereichen eigene Lösungsvorschläge abwägen wie etwa Verzicht, Reduktion, umwelt- und sozialverträgliche Alternativen, Wieder- bzw. Weiterverwendung, Tausch, Schenken, umweltfreundliche Entsorgung (A/E).
- Indem sie darüber debattieren, ob sie für bestimmte Bereiche umweltbelastenden Konsums und umweltfreundliche Alternativen Öffentlichkeit herstellen wollen, können sie auch diskutieren, ob es allgemeine Regeln für alle bedarf, etwa indem umweltfreundliche Produkte besser gekennzeichnet werden, umweltbelastende Produkte (über Steuern) teurer oder gar verboten werden sollten. Indem sie das Pro und Contra abwägen, gewinnen sie einen Einblick in politische Steuerungsmöglichkeiten und Grenzen (E).

7 Materialien

A Warum reicht eigentlich das Taschengeld nie aus?

Vielleicht geht es Dir so wie Sarah oder Bastian. Sie bekommen am Wochenende Taschengeld.
Wenn Oma und Opa zu Besuch kommen, erhalten sie zusätzlich ein paar Euro.
Aber schon nach wenigen Tagen hat sich das ganze Geld in Luft aufgelöst.
Die beiden glauben aber nicht an Zauberei.
Sie beschließen, eine Woche lang aufzuschreiben, für welche Güter sie wieviel Geld ausgeben.
Sarah schlägt vor, darüber nachzudenken, wofür das Gut wirklich nötig war.
Bastian regt an, auch über Alternativen nachzudenken.

Einnahme	Ausgabe	Gut	Wofür war das nötig?	Alternativen

Nach einer Woche vergleichen sie die Ergebnisse:
- Wer hat wieviel ausgegeben?
- Für welche Güter haben sie am meisten ausgegeben?
- Wofür waren sie nötig?
- Welche Alternativen hätte es gegeben?

Anschließend diskutieren sie, wie sie besser mit ihrem Geld auskommen oder sich auch etwas anderes gönnen können. Dazu wollen sie prüfen, welche Spielsachen sie schon lange nicht mehr benutzt haben und worauf sie verzichten könnten, um sie mit anderen zu tauschen oder auf dem Flohmarkt zu verkaufen.

B Lecker, gesund, günstig und umweltfreundlich – geht das überhaupt?

Könnte sich ein solches Gespräch wirklich auf dem Schulhof abspielen?
Lisa: „Gib mir doch ein Brot mit diesem coolen Schokoladenaufstrich, ich liebe das."
Alex: „Ich möchte viel lieber einen Schluck von deinem schwarzen Erfrischungsgetränk."
Sami: „Ich hätte gerne eine von deinen Orangensafttüten, das soll doch gesund sein!"
Jana: „Ohne meine Frühstücksflocken könnte ich keinen klugen Gedanken fassen."
Dilara: „Ihr wisst gar nicht, wie uncool ihr seid: Ihr schadet euch selbst und der Umwelt. Und dazu sollen eure Eltern mehr Geld ausgeben als nötig. Dabei wäre alles so einfach ..."

Ist das Gespräch realistisch? Was würden die Kinder wohl wirklich sagen? Denkt nach: Warum kritisiert Dilara ihre Freunde?

Die Mädchen und Jungen vereinbaren, ein gemeinsames Schulfrühstück zu organisieren. Es soll allen gut schmecken, aber auch gesund sein. Es darf aber auch nicht zu teuer sein, die Umwelt sollte aber auch nicht belastet werden. Einige Kinder sammeln von jedem der 24 Kinder 50 Cent ein. Anna kauft 24 Brötchen zu je 20 Cent, Hannah kauft 3 Packen Milchschnitten, immerhin gibt es 5 Stück für 99 Cent. Benjamin kauft von den 4 Joghurts für 99 Cent 2 Packen, es wird ja nicht jeder Joghurt mögen. Da bleibt nicht mehr viel für die Brötchenauflage. Das Trio entscheidet sich für günstigen Erdbeergelee.

Ihre Mitschüler sind mäßig begeistert. Warum nur?

- Hat es allen geschmeckt und sind sie satt geworden? Wurde ein gesundes Frühstück bereitgestellt?
- Ist die Einkaufsgruppe auf Angebote hereingefallen? Hätte es Alternativen gegeben?
- Waren die Produkte umweltfreundlich? Woran erkennt man das überhaupt?

Für das nächste Frühstück beschließen sie, sich als Konsumforscher zu betätigen:
- Sie stellen zunächst einen Einkaufszettel zusammen, in den die Kinder eintragen, was sie sich zum Frühstück wünschen. Sie diskutieren gemeinsam, wie man diesen Wünschen sowohl preiswert als auch gut gerecht werden kann. Dazu entwickeln sie weitere Ideen:
- Sie wollen eine Liste mit umweltverträglichen und gesunden Lebensmitteln aufstellen, die auf jeden Fall das Frühstück ergänzen sollten. Dazu wollen sie auch vergleichen, ob diese Lebensmittel immer teurer sein müssen als andere Lebensmittel.
- Sie wollen die Preise und Produktangaben von Markenprodukten und No-Name-Produkten vergleichen, die Versprechen der Markenprodukte erkunden und eine Blindverkostung durchführen. Dazu wollen sie im Internet Information über die Marken recherchieren (z.B. bei Lebensmittelklarheit oder Goldener Windbeutel).
- Sie wollen schließlich untersuchen, wie im Supermarkt dazu angeregt wird, mehr oder auch teureres zu kaufen als man eigentlich will.

Für diese Forschungsaufträge teilen sie sich in Gruppen auf.

C Sollte Werbung verboten werden?

Oft richtet sich Werbung an Kinder. Kritisiert wird, dass Werbung Lebensmittel als gesund beschreibt, die eigentlich eher ungesund sind und so Kinder dazu verleitet, mehr zu essen. Nach einer amerikanischen Studie sollen Kinder, die im Fernsehen viel Werbung sehen, deutlich zunehmen.

In Schweden wurde schon vor mehr als 20 Jahren Werbung verboten, die sich an Kinder richtet. In England wurde an Kinder gerichtete Werbung mit ungesunden Nahrungsmitteln verboten. Die Unternehmen sind dagegen, wie sollen sie sonst auf ihre Produkte aufmerksam machen. Auch seien die Kinder schlauer und werden von der Werbung gar nicht so stark beeinflusst.

Teilt euch auf in (1) Unternehmen, die Produkte für Kinder anbieten, (2) Politiker, die entscheiden sollen, ob Werbung verboten wird, (3) Eltern, die sich um ihre Kinder sorgen und (4) eine Interessenvertretung der Kinder. Sammelt Argumente, ob an Kinder gerichtete Werbung in Deutschland verboten werden sollte.

D Ein Produkt deiner Wahl …

Stell dir vor, du möchtest ein neues, teureres Spielgerät haben. Deine Eltern kennen sich aber gar nicht aus und haben auch keine Zeit sich zu kümmern. Du sollst selbst mal nach einer günstigen Möglichkeit gucken, die aber auch von dauerhaft guter Qualität ist.
Recherchiere im Internet für das Produkt deiner Wahl:
– Welche Anbieter gibt es und wie teuer sind die Produkte?
– Welche Eigenschaften halten Verbraucherorganisationen für wichtig? Wie wichtig sind sie dir?
– Wird weiteres Zubehör benötigt und wie teuer ist es?
– Was sagen andere Konsumenten über dieses Produkt?
– Für welches Produkt entscheidest du dich und warum?

E Wieviel Planeten braucht unser Konsum?

Vor 40 Jahren besaßen die Menschen im Durchschnitt in Deutschland noch 6000 Güter, heute sind es 10.000. In jedem Jahr landen pro Einwohner 450 kg Abfall an Lebensmitteln, Kleidung und Elektrogeräten im Abfall. Wir brauchen Energie für Heizen, Warmwasser, Kochen, Kühlen und elektrische Geräte, aber auch für die Herstellung der Konsumgüter. Wir brauchen zwar für die Körperpflege, Kochen, Trinken, Wäschewaschen und Putzen täglich 121 Liter Trinkwasser, aber für die Produktion von Lebensmitteln und Kleidung bedarf es weitere 3.900 Liter.
– Informiere dich bei Youtube über besondere Umweltbelastungen bei der Produktion z.B. von Jeans, Schokolade oder Orangensaft.
– Geschützte Kennzeichen sollen Produkte, die umweltfreundlicher als andere hergestellt sind, besonders hervorheben, manche wollen Produkte aber auch nur „grün" aussehen lassen.
Welche geschützten Kennzeichen von unabhängigen Organisationen gibt es? Wie kann man sie von anderen unterscheiden?
– Wie kann umweltbelastender Konsum besser vermieden werden?
Was hindert die Menschen? Sollten sie besser aufgeklärt werden?
– Diskutiert: Sollte man alle Produkte kennzeichnen, umweltschädliche teurer machen oder sollte man sie gar ganz verbieten?

Literatur

Arndt, H. & Jung, E. (2013): Ökonomische Bildung in der Primarstufe. Expertise zu den fachdidaktischen Konzepten, nationalen Bildungsstandards und curricularen Ländervorgaben. Hamburg: Joachim Herz Stiftung Verlag.

Aufenanger, S. (2005): Medienpädagogische Überlegungen zur ökonomischen Sozialisation von Kindern. In: merz. medien + erziehung, 49, H.1, 11-16. http://schulnetzbw.de/fileadmin/user_upload/Medienbildung_MCO/fileadmin/bibliothek/aufenanger_sozialisation/aufenanger_sozialisation.pdf

Claar, A. (1996): Was kostet die Welt? Wie Kinder lernen, mit Geld umzugehen, Heidelberg: Springer.

Deckl, S. (2013): Armut und soziale Ausgrenzung in Deutschland und der Europäischen Union. Ergebnisse aus LEBEN IN EUROPA (EU_SILC) 2012. In: Statistisches Bundesamt, Wirtschaft und Statistik, Dezember 2013, 893-906. https://www.destatis.de/DE/Publikationen/Wirtschaft-Statistik/WirtschaftsrZeitbudget/ArmutSozialeAusgrenzung_122013.pdf

Deutsches Jugendinstitut (DJI) (2011): „Was tust du auf Suchmaschinen im Internet?" Online-Befragung von Kindern auf den Suchmaschinen Blinde Kuh, FragFINN, Helles Köpfchen. Tabellarische Grundauszählung, im März 2011. http://www.intern.dji.de/www-kinderseiten/898/Online-Befragung_GA_Tabellen_03_2011.pdf

Effertz, T. (2008): Kindermarketing: Analyse und rechtliche Empfehlungen. Frankfurt: Peter Lang Verlag.

Ekström, K. E. (2009): Auf dem „Catwalk des Konsums". Kinder und Eltern in der Konsumkultur. In: Televizion 22H. 2, 18-22. http://www.br-online.de/jugend/izi/deutsch/publikation/televizion/22_2009_2/ekstroem.pdf

Elbrecht, C. & Zinke, M. (2011): Kinderspielportale im Internet. (Im Auftrag des Verbraucherzentrale Bundesverbands). http://www.vzbv.de/mediapics/kinderspielportale_hintergrundpapier_vzbv_2011.pdf

Gaschke, S. (2011a): Die verkaufte Kindheit, Wie Kinderwünsche vermarktet werden und was Eltern dagegen tun können. 2. Auflage. München: Pantheon Verlag.

Gaschke, S. (2011b): Die Verkürzung der Kindheit. In: Die Zeit, Nr. 37, http://www.zeit.de/2011/37/Kindheit

Gesellschaft für Didaktik des Sachunterrichts (GDSU) (Hrsg.) (2013): Perspektivrahmen Sachunterricht. Vollst. überarbeitete und erweiterte Aufl.. Bad Heilbrunn: Klinkhardt.

Geise, W. (2014): Der Einfluss von Kindern und Jugendlichen auf das Kaufentscheidungsverhalten der Eltern. In: Retzmann, T. (Hrsg.): Ökonomische Allgemeinbildung in der Sekundarstufe I und Primarstufe. Konzepte, Analysen, Studien und empirische Befunde, Schwalbach/Ts.: Wochenschau-Verlag, 278-293.

Hasebrink, U. & Lampert, C. (2012): Onlinenutzung von Kindern und Jugendlichen im europäischen Vergleich. In: Media Perspektiven 12, 635-647. http://www.media-perspektiven.de/uploads/tx_mppublications/12-2012_Hasebrink_Lampert.pdf

Kirig, A., Friedemann, C. & Langwieser, C. (2010): Future Kids. Die geheimen Wünsche und wa(h)ren Bedürfnisse der Konsumenten von morgen. Kelkheim: Zukunftsinstitut GmbH.

[KMK 2013] Kultusministerkonferenz (2013): Verbraucherbildung an Schulen. Beschluss der Kultusministerkonferenz vom 12.09.2013. http://www.kmk.org/fileadmin/veroeffentlichungen_beschluesse/2013/2013_09_12-Verbraucherbildung.pdf

[KVA 2011] KidsVerbraucherAnalyse 2011: KidsVA 6-13; KidsVA Preschool 4-13. Berichtsband. Egmont Ehapa Verlag, Berlin. http://epub.sub.uni-hamburg.de/epub/volltexte/2012/14227/pdf/Ehapa_Kidsverbraucheranalyse2011.pdf

[KVA 2012] KidsVerbraucherAnalyse: Pressemitteilung. Egmont Ehapa Verlag. Berlin, 7.8.2012. http://www.egmont-mediasolutions.de/pdf/services/studien/KVA%202012_PM.pdf

[KVA 2013]: KidsVerbraucherAnalyse 2013. Pressemitteilung. Berlin, 6.8.2013. http://www.egmont-mediasolutions.de/pdf/services/studien/KVA%202013_PM.pdf

[mfps 2013] Medienpädagogischer Forschungsverbund Südwest (2013): Werbung. Infoset Medienkompetenz. 10 Fragen – 10 Antworten. Stuttgart. http://www.mpfs.de/fileadmin/Infoset_neu/Infoset_Werbung.pdf

[ÖIAT 2013] Österreichisches Institut für angewandte Telekommunikation (2013): Kinder und Onlinewerbung. Wien. http://www.arbeiterkammer.at/bilder/d186/Kinder_Onlinewerbung.pdf

Rank, A. & Seeber, G. (2014): Welche ökonomische Bildung bieten Unterrichtsmaterialien aus dem Internet für die Grundschule?. In: Retzmann, T. (Hrsg.), Ökonomische Allgemeinbildung in der Sekundarstufe I und Primarstufe. Konzepte, Analysen, Studien und empirische Befunde. Schwalbach/Ts: Wochenschau Verlag. 358-372.

Rosendorfer, T. (2000): Kinder und Geld. Gelderziehung in der Familie. Frankfurt/Main: Campus Verlag.

Sander, U. (2007): Werbung und ihre Wirkung bei Kindern. In tv diskurs, H. 3, 11, 16-19. http://fsf.de/data/hefte/ausgabe/41/sander016_tvd41.pdf

Sander, U. (2007): Medienkompetenz – eine Alternative zum Medienschutz. In: tv diskurs 40, H. 2, 11, 56-57. http://fsf.de/data/hefte/ausgabe/40/sander056_tvd40.pdf

Schneekloth, U. & Leven, I. (2007): Familie als Zentrum: nicht für alle gleich verlässlich. In: Andresen, S., Hurrelmann, K. & TNS Infratest Sozialforschung (2007): Kinder in Deutschland 2007. Weinheim und Basel: Beltz Verlag, 65-110.

Schneekloth; U. & Pupeter, M. (2013): Familiäre Hintergründe: bunte Vielfalt, aber auch deutliche Unterschiede in den Lebenslagen. In: Andresen, S., Hurrelmann, K. & TNS Infratest Sozialforschung (2013): Kinder in Deutschland 2013. Weinheim und Basel: Beltz Verlag, 79-110.

[StBA 2014] Statistisches Bundesamt (2014): Konsumausgaben von Familien für Kinder. Berechnungen auf der Grundlage der Einkommens- und Verbrauchsstichprobe 2008. Wiesbaden. https://www.destatis.de/DE/Publikationen/Thematisch/EinkommenKonsumLebensbedingungen/EinkommenVerbrauch/KonsumausgabenFamilienKinder.html

[UWG] Gesetz gegen den unlauteren Wettbewerb in der Fassung der Bekanntmachung vom 3.März 2010 (UWG), http://www.gesetze-im-internet.de/bundesrecht/uwg_2004/gesamt.pdf

Weber, B. (2007/2010): Kids, Knete und Co. Ökonomische Grundbildung für Kinder. Der Finanzpass für die Grundschule. (akt. Auflage des Schülerhefts 2010). Stuttgart: Sparkassen-Verlag.

Weber, B. (2010): Haushalt – Markt – Konsum. In: Informationen zur politischen Bildung, Heft 308, http://www.bpb.de/system/files/pdf/67QA73.pdf

Weber, B. (2012): Vernünftig, selbstbestimmt und verantwortlich konsumieren?! Kompetenzorientiertes ökonomisches Lernen und Lehren. In: Grundschulunterricht 4, Kompetenzorientiert unterrichten – Politik, 15-18

Weber, B. (2013): Vorsicht Fallen: Erst prüfen, dann vergleichen und vielleicht kaufen. In: Sache-Wort-Zahl, 41, 15-24.

Michael-Burkhard Piorkowsky

Arbeit als grundlegendes Mittel der Alltags- und Lebensgestaltung

1 Arbeit gehört zum Leben

1.1 Die Welt ist kein Schlaraffenland

Das Wort „Arbeit" wird im Alltag überwiegend im Sinne von Mühsal verwendet, auf Erwerbsarbeit bezogen und als Gegensatz zur Freizeit begriffen. Diese Eingrenzung findet sich häufig auch in den Wirtschafts- und Sozialwissenschaften. Tatsächlich muss sich der Mensch die meisten Güter der Natur durch Tätigkeit aneignen und so umformen, dass sie den Wünschen für die Bedarfsdeckung entsprechen. Das Verständnis von Arbeit als Mühsal, bezahlte Tätigkeit und Gegensatz zur Freizeit ist allerdings viel zu eng.

In den Wirtschaftswissenschaften wird Arbeit als ein Produktionsfaktor betrachtet, und zwar als körperliche und geistige Tätigkeit zur Hervorbringung von Gütern höheren Werts, gemessen an der eingesetzten Arbeit und den anderen in das Produkt eingehenden Gütern. Arbeit wird im eigenen Haushalt für die Haushaltsproduktion (*Haushaltsarbeit*), in anderen Betrieben für die Beschaffung von Geld (*Erwerbsarbeit*), zur Gestaltung sozialer Beziehungen und Erlangung von sozialer Anerkennung (*Ehrenamt/Bürgerarbeit*) und zum Erwerb von Wissen und Können (*Bildung/Ausbildung*) eingesetzt. In der Soziologie wird der gesellschaftliche Charakter von Arbeit betont: Arbeitsaufgaben und -prozesse sowie die Nutzung der Arbeitsergebnisse sind durch Beziehungen in kleinen und großen Gruppen geregelt, z.B. Familie, Schule, Kommune; und die Tätigkeiten und Positionen finden unterschiedliche soziale Anerkennung. Die ökonomische und soziale Bedeutung von Arbeit unterscheidet den sozialwissenschaftlichen vom naturwissenschaftlich-technischen Arbeitsbegriff. In der Politikwissenschaft gibt es keinen eigenständigen Arbeitsbegriff. Die politische Praxis ist vor allem an der ökonomischen Sichtweise orientiert, bei der die Erwerbsarbeit im Zentrum steht, während Freiwilligenarbeit und Haushaltsarbeit faktisch eine randständige Bedeutung haben.

Dass auch die meisten Hobbys und Sportarten mit (Eigen- und Gemeinschafts-) Arbeit einhergehen, um einen persönlichen Nutzen zu produzieren, zeigt, dass Arbeit und Freizeit keine Gegensätze sind. Vielmehr dient Arbeit in einem weit verstandenen sozialwissenschaftlichen Sinn der Lebensgestaltung, der Persönlichkeitsentfaltung und der Gestaltung einer Kultur des Zusammenlebens im Alltag. Ein aufgeklärtes Verständnis von Arbeit ist also eine Grundvoraussetzung für den Kompetenzerwerb nicht nur in der sozialwissenschaftlichen Perspektive. Dieses Verständnis hat sich in der ökonomischen Bildung noch nicht durchgesetzt. Zwar wird in den von der *Deutschen Gesellschaft für ökonomische Bildung (DEGÖB)* formulierten Standards der ökonomischen Bildung die Unterscheidung von Erwerbsarbeit, Haushaltsarbeit und Ehrenamt genannt; aber in den Arbeiten der Mitglieder dieser Fachgemeinschaft und auch in den Lehrplänen der Bundesländer wird fast ausschließlich Erwerbsarbeit umfangreich thematisiert (vgl. Himmelmann 2012, Arndt & Jung 2013). Eine Diskussion über diese Verengung entwickelt sich möglicherweise erst noch (vgl. Piorkowsky 2014).

1.2 Arbeit als Chance zur Teilhabe und Gestaltung

Arbeit ist die grundlegende Ressource des Menschen für die Alltags- und Lebensgestaltung jedes/jeder Einzelnen und damit auch des gesellschaftlichen Ganzen in allen Dimensionen des sozialen Lebens und somit auch ein zentrales Element in allen DAHs und TBs der sozialwissenschaftlichen Perspektive: an gesellschaftlichen Gruppen partizipieren, argumentieren und verhandeln, politisch urteilen, ökonomisch und politisch entscheiden, konsumieren, begründen, kulturelle Deutungen und Werte respektieren und tolerieren, gesellschaftsbezogene und das Gemeinwohl betreffende Handlungen planen und umsetzen – dies alles erfordert vor allem Kopfarbeit. Zwar macht den meisten Menschen Arbeit, insbesondere Erwerbs- und Haushaltsarbeit sowie Lernen, nicht immer Freude, aber keine Arbeit zu haben, ebenso wenig. Die Empfehlung, eine „Work-Life-Balance" anzustreben, geht folglich am Leben vorbei. Arbeit und Leben sind keine Gegensätze, sondern Arbeit gehört zum Leben, d.h. ermöglicht in freiheitlichen Gesellschaften und ebensolchen kleinen Gemeinschaften eine sozial verortete und weitgehend selbst bestimmte Lebensgestaltung.

Arbeit als Chance zur gesellschaftlichen Teilhabe und Gestaltung beginnt im eigenen Haushalt durch *Haushaltsarbeit*. Hier kann das Leben ganz weitgehend nach den eigenen Vorstellungen mit den verfügbar gemachten Mitteln gestaltet werden. Das, was herkömmlich Konsum genannt wird, kann treffender als ein arteigener Produktionsprozess betrachtet werden: Haushaltsziele formulieren, Maßnahmen planen, private Marktgüter, sog. Konsumgüter, beschaffen, öffentliche Infrastruktur nutzen und diese Vorleistungen zu unmittelbar konsumierbaren Gütern zusammenfügen – das ist Haushaltsproduktion. So entsteht z.B. aus einer leeren Wohnung mit gekauften Möbeln eine individuelle Behausung und aus den einzelnen Nahrungsmitteln und deren Verarbeitung in der Küche eine verzehrfertige Mahlzeit. Haushaltsarbeit ist qualitativ und quantitativ von erheblicher Bedeutung. Rund 50 Prozent der Arbeitszeit der deutschen Bevölkerung ab 10 Jahren entfiel 2001/2002 auf Haushaltsarbeit (Statistisches Bundesamt 2003). In keiner anderen Institution kann die personale Versorgung kostengünstiger und passgenauer nach den Bedürfnissen der Mitglieder organisiert werden. Für einige Haushaltsleistungen gibt es keine vollwertigen Marktalternativen, z.B. nicht für elterliche Fürsorge. Die Nutzung der Wohnung und der Verzehr der Nahrung dienen der Regeneration und Leistungsstärkung, also der Erhaltung der Vitalfunktionen, der Bildung von Humanvermögen und der Gewinnung von Lebenszufriedenheit – auch das ist genau genommen ein Produktionsprozess.

Erwerbsarbeit dient vor allem der Beschaffung von Geld, aber auch von Gelegenheiten zu sinnstiftender Betätigung und zur Knüpfung sozialer Beziehungen bis hin zu Freundschaften und Partnerschaften sowie zur Persönlichkeitsentwicklung und Bestätigung der Leistungsfähigkeit durch Anerkennung im Kreis der Kolleginnen und Kollegen. Rund 40 Prozent der Arbeitszeit der deutschen Bevölkerung ab 10 Jahren entfiel 2001/2002 auf Erwerbsarbeit (Statistisches Bundesamt 2003). Nicht nur abhängige, sondern auch selbstständige Erwerbstätigkeit bietet die oben genannten Möglichkeiten. Die Zahl der erwerbswirtschaftlich Selbstständigen ist in den letzten 20 Jahren von 3,7 Mio. auf 5,2 Mio. im Jahr 2012 gestiegen. Hauptgründe für diesen Anstieg sind der Strukturwandel von der Industrie- zur Dienstleistungsgesellschaft, der Einstellungswandel zugunsten eines selbst gestalteten Erwerbslebens, die Auslagerung von Leistungen aus Unternehmen und staatlichen Einrichtungen sowie die Förderung von Unternehmensgründungen, u.a. auch, um Erwerbsarbeitslosen eine Alternative zu eröffnen. Von den über 5 Mio. Selbstständigen in Deutschland haben weit über 50 Prozent keine weiteren Beschäftigten. Sie führen Miniunternehmen in Vollzeit oder in Teilzeit, und zwar neben einer Haupterwerbstätigkeit oder neben einer nicht auf Erwerb gerichteten Haupttätigkeit, z.B. Haushaltsführung oder Studium (vgl. Professur für Haushalts- und Konsumökonomik 2013). Auch abhängige Erwerbsarbeit wird überwiegend in kleinen Betrieben geleistet. Über 91 Prozent der 3,6 Mio. im Unternehmensregister nachgewiesenen Unternehmen mit sozialversicherungspflichtig Beschäftigten und/oder steuerbarem Umsatz hatten 2011 weniger als 9 sozialversicherungspflichtig Beschäftigte.

Ehrenamtliche Arbeit sowie *Bürgerarbeit* in Organisationen ohne Erwerbszweck und *informelle Hilfeleistungen* für andere Haushalte bieten die Möglichkeit zur gesellschaftlichen Teilhabe und Gestaltung durch soziales Engagement, z.B. zur Verwirklichung ethischer oder politischer Überzeugungen. Rund 10 Prozent der Arbeitszeit der deutschen Bevölkerung ab 10 Jahren entfiel 2001/2002 auf ehrenamtliche Arbeit und informelle Hilfeleistungen (vgl. Statistisches Bundesamt 2003). Ehrenamtlich und freiwillig gearbeitet wird vor allem in den Bereichen Bürger- und Verbraucherinteressen, Gesundheitswesen und Sport, Kultur und Erholung, Umwelt- und Naturschutz, Soziale Dienste und Stiftungswesen (vgl. Priller & Zimmer 2000). Bei den Einrichtungen handelt es sich nicht nur um große formell organisierte private Non-Profit-Organisationen und Körperschaften des öffentlichen Rechts, sondern auch um kleine informelle Einheiten wie lokale Bürgerinitiativen, Selbsthilfegruppen und Eltern-Kinder-Gruppen. Vor allem die kleineren selbstorganisierten Gruppen sind ein wichtiges Element der Zivilgesellschaft. Neben den unentgeltlichen Leistungen in den eigenen Haushalten und den Organisationen ohne Erwerbszweck spielen Hilfeleistungen für andere Haushalte, insbesondere von Familienmitgliedern, eine wichtige Rolle für die Bedarfsdeckung und den sozialen Zusammenhalt in der Gesellschaft. 70 Prozent der Pflegebedürftigen wurden 2013 zu Hause versorgt, davon über zwei Drittel ausschließlich oder ganz weitgehend von Angehörigen und fast immer von Töchtern oder Schwiegertöchtern (vgl. Statistisches Bundesamt 2013).

Bildung in Schule und Hochschule sowie zu Hause und *Ausbildung* in sonstigen betrieblichen Einrichtungen ist ebenfalls als Arbeit zu verstehen. Bildung und Ausbildung dienen dem Aufbau und der Pflege von Humanvermögen und Humankapital, also dem Erwerb von Wissen, Können und Wollen für die Anwendung im Allgemeinen (Humanvermögen) und in der Erwerbswelt im Besonderen (Humankapital). Genau genommen ist die Trennung künstlich, beide Vermögensbereiche sind ineinander verwoben (vgl. Becker 1965; ders. 1993).

1.3 Arbeit ist überall

Der hier vertretene weite Arbeitsbegriff erschließt vielfältige *Verknüpfungen* innerhalb der sozialwissenschaftlichen Perspektive hinsichtlich der Denk-, Arbeits- und Handlungsweisen und der Themenbereiche, aber auch mit anderen Perspektiven und den perspektivübergreifenden Themenbereichen. Zu letzteren sei lediglich stichwortartig festgestellt, dass Mobilität, Nachhaltige Entwicklung, Gesundheitsprophylaxe und Mediennutzung Aktivitäten erfordern, die Arbeitscharakter haben: Entscheidungen in den genannten Bereichen treffen, Maßnahmen der Raumdurchquerung ergreifen, „Ökoarbeit" im privaten Bereich leisten und im öffentlichen Raum fördern, Maßnahmen der Gesunderhaltung organisieren, Medien aktiv-reflektierend nutzen. Auch die einzelnen nicht sozialwissenschaftlichen Perspektiven seien nur kurz angesprochen, um Beispiele für interessante Verknüpfungen zu nennen: In technischer Perspektive sollte Arbeit nicht auf mechanische Tätigkeiten verengt, sondern gerade auch die Unterstützung von Kopfarbeit durch Technik deutlich gemacht werden, z.B. durch Taschenrechner und Computer. In historischer Perspektive kann Arbeit und Arbeitsteilung im Wandel der Gesellschaftsformen angesprochen werden, insbesondere auch Sklaverei, Feudalismus, Kinderarbeit im Frühkapitalismus. In geographischer Perspektive können regionale und klimatische Gegebenheiten zur Erklärung von wirtschaftlichen Strukturen und Formen der Arbeitsorganisation thematisiert werden, z.B. Agrar- und Industrieregionen, frühe und späte Arbeitstage, kurze und lange Mittagspausen. In naturwissenschaftlicher Perspektive kann der materielle Wirtschaftsprozess als ein durch Arbeit vermittelter Prozess der Stoffumwandlung von Naturgütern in

Investitions-, Konsum- und Haushaltsgüter sowie Rest- und Schadstoffe, also als ein metabolischer und entropischer Prozess erklärt werden.

Hinsichtlich der Verknüpfungen innerhalb der sozialwissenschaftlichen Perspektive und den perspektivbezogenen Themenbereichen ist bereits angesprochen worden, dass partizipieren, argumentieren und verhandeln, urteilen, entscheiden, konsumieren, begründen, respektieren und tolerieren sowie planen und umsetzen Tätigkeiten sind, die Arbeitscharakter haben bzw. mentale Aktivitäten mit Arbeitscharakter voraussetzen. An zwei Beispielen soll dies näher dargelegt werden: entscheiden (DAH SOWI 4) und konsumieren (TB SOWI 4).

Entscheiden ist ein Prozess, der in der ökonomischen Theorie idealtypisch als Abfolge von fünf bzw. sechs Phasen modelliert wird: (1) Feststellung des Entscheidungsbedarfs zur Lösung eines Versorgungsproblems, (2) Informationssuche, (3) Zusammenstellung der Alternativen zur Problemlösung, (4) Bewertung der Alternativen hinsichtlich der Vorzugswürdigkeit, (5) Entschluss und (6) Bewertung nach der Umsetzung. Es handelt sich offensichtlich um einen Prozess der mentalen Transformation einer mehr oder weniger konkreten Bedürfnisfeststellung in konkretere Wünsche und schließlich in eine noch konkretere Zielsetzung durch zunehmende kognitive Anreicherung mit Informationen, die gesucht, gefunden und ausgewertet werden. Solche Prozesse können mehr oder weniger lange dauern, z.B. eine Stunde oder drei Jahre. Dass dies alles Arbeit, also Produktion ist, erscheint völlig klar und steht auch außer Zweifel, wenn ein solcher Entscheidungsprozess z.B. von einer Mitarbeiterin eines Unternehmens vollzogen wird. Dagegen wird herkömmlich ein strukturell identischer Entscheidungsprozess *nicht* als Produktion, sondern als *Konsum* begriffen, wenn es um die Beschaffung von Gütern für die private Haushaltsführung geht (vgl. Hicks 1971; Wiswede 1972; Weber 2010; vgl. dagegen Kahneman & Tversky 2000).

Konsum kann aus einer nicht der herkömmlichen ökonomischen, soziologischen bzw. sozioökonomischen Denktradition folgenden Sicht als untrennbar verwoben mit Produktion verstanden werden. Es ist bereits angesprochen worden, dass der materielle Wirtschaftsprozess ein durch Arbeit vermittelter Transformationsprozess von Naturgütern in Investitions-, Konsum- und Haushaltsgüter sowie Rest- und Schadstoffe ist. Er beruht auf der Zufuhr niedriger und der Abfuhr hoher Entropie. Bei der Berücksichtigung der Naturgüter in der ökonomischen Analyse und der Betrachtung des Wirtschaftsprozesses in seiner Einbettung in die ökologischen Prozesse der Geosphäre sowie der Beachtung der Gesetze der modernen Physik wird klar, dass Produktion und Konsum „zwei Seiten einer Medaille" sind (Boulding 1970; Ayres & Simonis 1994). Unternehmen, private und öffentliche Verbände und private Haushalte sind Produzenten und Konsumenten zugleich. Der Produktionsprozess endet nicht an der Wohnungstür. Und der Haushaltsprozess endet nicht im Nichts. Er dient, wie bereits gesagt, der Erhaltung der Vitalfunktionen, der Bildung von Humanvermögen und der Gewinnung von Lebenszufriedenheit.

1.4 Präkonzepte von Arbeit

Zur elementaren Vermittlung eines grundlegenden Verständnisses von Arbeit können Bezüge zum kindlichen Alltag als Unterrichtsanlässe in vielfältiger Weise hergestellt werden. Kinder erleben tagtäglich, wie Versorgungsprozesse im Herkunftshaushalt und gelegentlich im Haushalt von Großeltern und Altersgenossen durch Arbeit organisiert werden. Sie helfen bereits mehr oder weniger mit beim Decken und Abdecken des Tisches, beim Einkaufen und in anderen Zusammenhängen außerhalb der Wohnung. Vermutlich haben sie bereits erfahren, dass es nicht immer harmonisch bei der Verteilung und Erledigung der Haushaltsaufgaben zugeht; möglicherweise auch, dass es sich um eine zwar notwendige, aber wenig prestigeträchtige Arbeit handelt. Dass die Anfertigung ihrer Hausaufgaben mit Arbeit verbunden ist, wird ihnen ebenfalls klar geworden sein, wohl auch, dass hier der Arbeitscharakter eher nicht anerkannt wird. Dass dagegen Erwerbstätigkeit als Arbeit gilt, auch wenn darüber gelegentlich geschimpft wird, ist sicherlich wahrgenommen worden. Auch eine Vorstellung von ehrenamtlicher und bürgerschaftlicher Arbeit dürfte bereits gewonnen worden sein, wenn die eigenen Eltern oder die Eltern von Freunden z.B. als Betreuer im Sportverein oder bei der freiwilligen Feuerwehr aktiv sind.

Als Einstieg in das Thema Arbeit sollte Haushaltsarbeit gewählt werden, weil damit auf ganz ursprüngliche Erfahrungen im Familienhaushalt Bezug genommen werden kann und weil Haushaltsarbeit für die Alltags- und Lebensgestaltung von überragender Bedeutung ist. Die weiteren Felder und Formen von Arbeit lassen sich davon „sozioökonomisch-genetisch" ableiten (vgl. dazu Hufnagel 2009): Erwerbsarbeit für die Beschaffung von Geld zum Kauf von Vorleistungen, zur Vermögensbildung, zur Bezahlung von Steuern und zum Spenden; und Bürgerarbeit bzw. ehrenamtliche Arbeit für Beiträge zur Gestaltung einer lebenswerten Gemeinschaft im kommunalen Nahbereich.

2 Bewährte Aufgaben für die Unterrichtsgestaltung (3./4. Klassenstufe)

2.1 Möglichkeiten der Bedarfsdeckung erkennen und unterscheiden

In den Klassenstufen 1 und 2 können bereits elementare Fragen im Zusammenhang mit der Bedarfsdeckung angesprochen werden, insbesondere zur häuslichen Versorgung durch die Eltern, zum Einkauf in Geschäften und zum Umgang mit Taschengeld. Dabei lassen sich auch die Präkonzepte der Kinder zu Wirtschaft, Arbeit und Geld ermitteln und thematisieren. In den Klassenstufen 3 und 4 kann dann hier angeknüpft und systematischer vermittelt werden, worum es beim

Wirtschaften geht, welche Bedürfnisse bzw. Wünsche von welchen Institutionen bzw. konkreten Organisationen erfüllt werden können, welche Kombinations- und Substitutionsmöglichkeiten bestehen und wie dies alles mit Arbeit in unterschiedlichen Formen zusammenhängt (vgl. Piorkowsky 2011). Begonnen werden kann in der Klassenstufe 3 mit einem Unterricht über verschiedene Arten von Versorgungseinrichtungen, die sich durch ihre Angebote und Abgabebedingungen unterscheiden, z.B. Waren im Einzelhandel, gemeinschaftliche Bedarfsdeckung im Verein, öffentliche Daseinsvorsorge (kommunale Dienste) und personale Bedarfsdeckung im Familienhaushalt. Die Kinder sammeln beispielsweise Angebote und Abgabebedingungen jeweils einer Institution auf einer Wandzeitung und vergleichen sie miteinander. Sie erkennen vier Hauptinstitutionen der Güterversorgung: Haushalte, Vereine, staatliche Einrichtungen und Unternehmen (vgl. Abb. 1).

IGA-Schema: Institutionen-Güter-Arbeitsformen

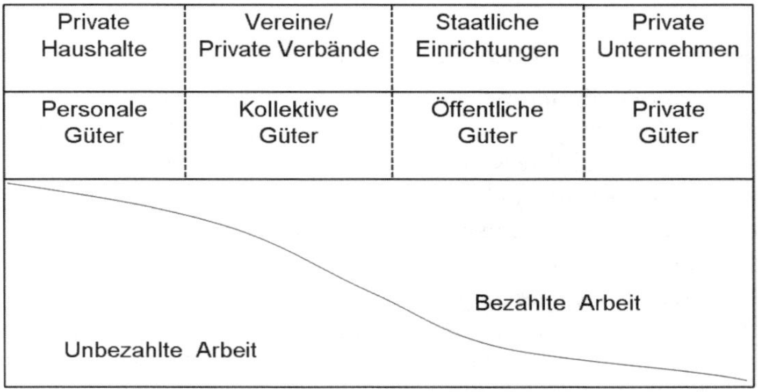

Private Haushalte	Vereine/ Private Verbände	Staatliche Einrichtungen	Private Unternehmen
Personale Güter	Kollektive Güter	Öffentliche Güter	Private Güter

Unbezahlte Arbeit — Bezahlte Arbeit

Abb. 1: Produktive Institutionen, produzierte Güter und Anteile der eingesetzten bezahlten und unbezahlten Arbeit (IG-Schema: Zapf 1984)

Im nächsten Schritt werden die Kinder ermutigt, ihre Bedürfnisse bzw. Wünsche zu nennen und auf Zettel zu schreiben und diese den Institutionen an einer Tafel zuzuordnen. Sie werden erkennen, dass nicht alle Institutionen alle Wünsche erfüllen können, dass es teilweise Versorgungsalternativen gibt und dass etliche Güter besonders vorteilhaft von einer bestimmten Institution bereitgestellt werden können: elterliche Zuwendung (Liebe, Geborgenheit) und dauerhaft persönliche Versorgung gibt es nur zu Hause; manche Sportarten können im kommerziellen Fitnessstudio oder im Verein ausgeführt werden, aber viele Sportarten, insbesondere organisierter Mannschaftssport wie Fußball, wird fast nur in Vereinen organisiert; manche Leistungen für die Gemeinschaft können kommunale Dienste oder

– in kleinen Gemeinden – freiwillig erbrachte Leistungen sein, z.B. die Feuerwehr; und Handelswaren müssen in Handelsbetrieben gekauft werden. Mit diesen Einsichten wird nicht nur ein Verständnis für die Vielfalt von Institutionen und den Aufbau des Wirtschaftssystems, sondern auch eine Grundlage für die Begründung ökonomischer Entscheidungen zur Versorgung gelegt (DAH SOWI 4).

Anschließend kann der Zusammenhang zwischen der Art der Institution und den bereitgestellten Gütern sowie dem Charakter der überwiegend eingesetzten Arbeit erarbeitet werden: Private Haushalte stellen personale Güter durch unbezahlte Arbeit bereit. Vereine stellen kollektive Güter bereit, die durch einen erheblichen Anteil ehrenamtlicher Arbeit produziert werden. Unternehmen bieten private Güter an, die durch bezahlte Arbeit erstellt werden. Und auch der Staat (Bund, Länder, Gemeinden) stützt sich für die Versorgung mit öffentlichen Gütern ganz überwiegend auf die Beschäftigten im öffentlichen Dienst. Nur der Staat kann öffentliche Güter, von deren Nutzung niemand ausgeschlossen werden kann oder soll, durch legale Zwangsabgaben finanzieren und damit die Versorgung sichern.

2.2 Infrastruktur für ein Dorf oder städtisches Quartier planen

In der Klassenstufe 3 kann weitergehend das Gelernte produktiv angewandt werden. Die Kinder haben gelernt, dass es zum einen vielfältige Bedürfnisse und Wünsche gibt, die individuell teils übereinstimmend, teils unterschiedlich ausgeprägt sind, und zum anderen unterschiedliche Institutionen für die Bedarfsdeckung mehr oder weniger gut in Frage kommen. Nun soll es darum gehen, ein Dorf oder städtisches Wohnquartier zu planen, in dem sich alle Bewohner wohlfühlen können. Die Materialien für das *Planspiel Dorf* können auf der Homepage *www.ich-bin-meine-zukunft.de* nach einer Registrierung kostenfrei heruntergeladen werden (siehe dazu ausführlich Buddensiek 2013; Piorkowsky & Buddensiek 2014).

Begonnen werden kann mit einem Klassengespräch zur Auffrischung der Erkenntnisse über die Möglichkeiten der Bedarfsdeckung. Die Kinder erhalten dann zunächst die Aufgabe, in Einzel- oder Gruppenarbeit im häuslichen Umfeld die Bedürfnisse und Wünsche ihrer Geschwister, Eltern und Großeltern zu erheben und schriftlich festzuhalten. In einer weiteren Unterrichtsstunde findet im Klassenraum eine „Dorfversammlung" bzw. „Stadtteilversammlung" statt. Die Kinder sitzen im Stuhlkreis um einen stilisierten Dorf- bzw. Stadtplan und bringen Vorschläge ein, welche Betriebe für die Versorgung der Bewohner berücksichtigt werden sollen. Sie müssen ihre Vorschläge begründen und dafür werben. Durch Mehrheitsentscheid wird über jeden Vorschlag abgestimmt, ob der in Frage stehende Betrieb angesiedelt, d.h. in Form einer Schablone auf dem Plan abgelegt werden kann. Die Kinder erfahren, dass der begrenzte Raum nicht für alle möglichen Betriebe Platz bietet, um ihre Wünsche und auch die der jüngeren und älteren Generation zu erfüllen. Schließlich wird anhand von Ereigniskarten geprüft, ob alle notwendigen Einrichtungen vorhanden sind, z.B. Altersheim, Kindergarten, Feuerwehr und Schule. Dann müssen Prioritäten diskursiv entwickelt und manche bereits gesetzten Betriebe ausgetauscht werden. Methodisch lässt sich diese Phase alternativ auch im Planspiel umsetzen oder es kann als Produkt ein „Arbeitsbuch" erstellt werden. Die Infrastrukturplanung für das fiktive Gemeinwesen fördert insbesondere die Denk- Arbeits- und Handlungsweisen SOWI 2,4 und 6.

2.3 Berufe und Betriebe verschiedener Wirtschaftsbereiche erkunden

In der Klassenstufe 4 besichtigen die Kinder in Kleingruppen Betriebe verschiedener Wirtschaftsbereiche von Unternehmen sowie Vereine und staatliche Einrichtungen in der näheren Umgebung. Anhand eines Fragebogens, den sie zuvor ausgearbeitet haben, befragen sie Mitarbeiter und Mitarbeiterinnen der Betriebe über die Arbeitsabläufe, die Organisation und die Entstehung des Betriebes. Die Kinder stellen dabei u.a. fest, dass die meisten Unternehmen durch private Haushalte gegründet wurden und es sich überwiegend um Familienunternehmen handelt, die genau genommen Mischsysteme von Privathaushalt und Unternehmen sind, oft sogar unter einem Dach. Die Ergebnisse stellen die Kinder ihren Mitschülerinnen und Mitschülern in Form von Plakaten und Collagen vor. Nach den Vorstellungsrunden werden die Unterschiede und Gemeinsamkeiten der besichtigten Betriebe im Klassengespräch herausgearbeitet.

Die Kinder wissen bereits, dass Arbeit in Betrieben teils mit, teils ohne Entlohnung eingesetzt wird. Sie erfahren nun genauer, dass Erwerbsarbeit in Unternehmen sowie in privaten und öffentlichen Verbänden bezahlt wird und die dort produzierten Güter für Geld erworben oder durch Steuern und Abgaben finanziert werden müssen. In Vereinen, wie dem Turn- und Sportverein, aber auch bei der freiwilligen Feuerwehr wird auch ehrenamtlich gearbeitet. Die Leistungserstellung wird hier ergänzend durch Mitgliedsbeiträge und Spenden finanziert. Das Ehrenamt wird als wichtiger Beitrag zur Leistungssicherung von Organisationen ohne Erwerbszweck erkannt.

2.4 Haushaltsführung ökonomisch klug gestalten

In der Klassenstufe 4 können die Kinder in einem – zum *Planspiel Dorf* gehörenden – strategischen Spiel in Kleingruppen, die sich hinsichtlich einer vorgegebenen Haushaltsstruktur unterscheiden, ihre Versorgung organisieren. Dazu werden sie mit Geldvorrat (Geldsteine) und verfügbarer Zeit (Zeitsteine) ausgestattet und erhalten im Spielverlauf Aufgaben. Um unterschiedliche Versorgungssituationen deutlich werden zu lassen, sind typische Haushaltsformen nach dem mehr oder weniger einheitlichen Lebensverlauf vieler Menschen konstruiert. Die Haushaltsstrukturen des Dorfes oder Stadtquartiers werden durch Alleinlebende sowie Paar-, Familien- und Senioren-Haushalte repräsentiert. Für die erfolgreiche Bewältigung der Aufgaben gilt es, über Versorgungsalternativen mit Blick auf die erforderlichen Ressourcen zu entscheiden, z.B. für das Abendessen im Restaurant oder zu Hause. Damit werden die Möglichkeiten und Grenzen der Kombination und Substitution von Einsatzgütern und Versorgungsstrukturen erfahrbar.

Die Kinder verteilen sich auf die Haushaltsgruppen. Jede Gruppe der Haushalte erhält eine bestimmte Anzahl an Zeitsteinen, die das Aktivitätspotential der Haushaltsmitglieder darstellt. Bis auf die Senioren-Gruppe bestimmen die Haushaltsgruppen den Anteil an Zeitsteinen, der zum Geld verdienen verwendet werden soll. Diese Steine werden gegen Geldsteine, also gegen Lohn für Erwerbsarbeit (Zeitverwendung), in den Betrieben im Dorf oder Quartier eingetauscht. Senioren und Familien erhalten außerdem Transferzahlungen in Form von Renten und Kindergeld. Die Hälfte der Zeitsteine der Kinder in den Familienhaushalten wird an die Schule abgeführt, denn die dort verbrachte Zeit für die Ausbildung nimmt einen Teil ihrer verfügbaren Zeit ein. Außerdem ordnen die Kinder je nach Aufgabenstellung und Empfinden ihre Zeitsteine entweder der Haushaltsarbeit oder der verbrachten Freizeit zu. Ein überlegter Umgang mit den Ressourcensteinen ermöglicht jeder Gruppe grundsätzlich die Erfüllung der Aufgaben. Je nach Tätigkeit ist diese Einteilung nicht ganz überschneidungsfrei und wird individuell sehr unterschiedlich empfunden. So kann z.B. Kochen oder Handwerken als notwendige Arbeit verstanden werden, aber auch als Freizeitbeschäftigung, wenn diese Tätigkeit große Freude bereitet.

Jede Haushalts-Gruppe bekommt Ereigniskarten mit Aufgaben, die typische Tätigkeiten und Verpflichtungen der unterschiedlichen Haushaltsformen in ihrer Alltagsgestaltung widerspiegeln. Auf einer Ereigniskarte heißt es zum Beispiel: „Ihr kommt müde und hungrig von der Arbeit, aber der Kühlschrank ist leer. Entscheidet, ob ihr etwas zu Essen im Restaurant bestellt und es euch bringen lasst oder noch einkaufen geht, um selber etwas zu kochen. Restaurant kostet 2 Geldsteine, selber zubereitete Speise kostet 1 Geldstein für den Supermarkt und 2 Zeitsteine." Die Kinder müssen innerhalb ihrer Gruppe entscheiden, wie sie ihre begrenzten Ressourcen Geld und Zeit einsetzen, um auch für weitere Aufgaben und für unvorhergesehene Ereignisse Ressourcensteine zur Verfügung zu haben.

Abschließend wird der Spielverlauf im Klassengespräch reflektiert. Die Kinder stellen fest, dass die verfügbaren Ressourcen Arbeit und Geld knapp sind. Wirtschaften im Sinne von Haushalten bedeutet somit, klug mit den Ressourcen umzugehen. Wirtschaften bedeutet auch, verfügbare Zeit (Aktivität) und Geld in Kombination einzusetzen und nur begrenzt substituieren zu können. Für Haushaltsarbeit wird ein relativ großer Anteil der verfügbaren Zeit eingesetzt; dies kann auch den Verzicht auf Freizeit bedeuten. Es wird klar, dass Haushaltsarbeit grundlegend für die Funktionsfähigkeit des Haushalts sowie für die Bedürfnisbefriedigung der Haushaltsmitglieder ist. Ansatzweise wird auch klar, dass Freizeit der Regeneration dienen soll. Dazu zählen vor allem aktive Freizeitaktivitäten, aber auch Schlaf und Entspannung, um sich vom Alltag, Stress oder einer Krankheit zu erholen und neue Energie zu schöpfen.

Literatur

Arndt, H. & Jung, E. (2013): Ökonomische Bildung in der Primarstufe. Expertise zu fachdidaktischen Konzepten, nationalen Bildungsstandards und curricularen Ländervorgaben. Hamburg: Joachim Herz Stiftung.

Ayres, R. U. & Simonis, U. (eds.) (1994): Industrial Metabolism: Restructuring for Sustainable Development. Tokyo: United Nations University Press.

Becker, G. S. (1965): A Theory of the Allocation of Time. In: The Economic Journal, 75, 493-517.

Becker, G. S. (1993): Human Capital: A Theoretical and Empirical Analysis, with Special Reference to Education. 3rd ed., Chicago: The University of Chicago Press.

Boulding, K. E. (1970): The Economics of the Coming Spaceship Earth. In: Boulding, K. E.: Beyond Economics. Essays on Society, Religion, and Ethics. Ann Arbor: The University of Michigan Press, 275-287.

Hicks, J. R. (1971): The Social Framework. An Introduction to Economics. Oxford: Oxford University Press.

Himmelmann, G. (2012): Arbeit. In: May, H. & Wiepcke, C. (Hrsg.): Lexikon der ökonomischen Bildung. 8. Aufl., München: Oldenbourg, 20-22.

Hufnagel, R. (2009): Vorstellungen von Grundschulkindern von Energie, Energie sparen und Sättigung. In: Ernährung im Fokus, 13, 316-321.

Kahneman, D. & Tversky, A. (eds.) (2000): Choices, Values, and Frames. New York: Cambridge University Press.

Piorkowsky, M.-B. (2011): Alltags- und Lebensökonomie. Erweiterte mikroökonomische Grundlagen für finanzwirtschaftliche und sozioökonomisch-ökologische Basiskompetenzen. Göttingen: Bonn University Press.

Piorkowsky, M.-B. (2014): Produktive Konsumenten sind basale Akteure in der realen Ökonomie. Argumente für einen Paradigmenwechsel in der ökonomischen und sozioökonomischen Analyse und Bildung. In: Fischer, A. & Zurstrassen, B. (Hrsg.): Sozioökonomische Bildung. Bonn: Bundeszentrale für politische Bildung, 222 – 241.

Piorkowsky, M.-B. & Buddensiek, M. (2014): „Planspiel Dorf – Kinder entdecken die lokale Ökonomie". Alltags- und Lebensökonomie in der Primarstufe. In: Retzmann, T. (Hrsg.): Ökonomische Allgemeinbildung in der Sekundarstufe I und Primarstufe. Konzepte, Analysen, Studien und empirische Befunde. Schwalbach/Ts.: Wochenschau Verlag, 373-386.

Priller, E. & Zimmer, A. (2000): Der Dritte Sektor in Deutschland. Seine Perspektiven im neuen Millenium. Münsteraner Diskussionspapier zum Nonprofit-Sektor, Nr. 10, Arbeitsstelle Aktive Bürgerschaft/Institut für Politikwissenschaft, Westfälische Wilhelms-Universität, Münster.

Professur für Haushalts- und Konsumökonomik, Universität Bonn (Hrsg.) (2013): Selbständige in Deutschland 1992 – 2011 mit der Sonderauswertung nach Wirtschaftsbereichen 1996 – 2008 und einem Exkurs über Möglichkeiten der Erfassung von Gründerpersonen im Mikrozensus. Der Selbstständigen-Monitor mit dem vollständigen Datensatz des Mikrozensus des Statistischen Bundesamtes. Internet: http://www.huk.uni-bonn.de/aktuelles/s-monitor-2011-1 (10.02.2014).

Statistisches Bundesamt (2003): Wo bleibt die Zeit? Die Zeitverwendung der Bevölkerung in Deutschland 2001/02. Hrsg. vom Bundesministerium für Familie, Senioren, Frauen und Jugend, Berlin, Wiesbaden.

Statistisches Bundesamt (2013): 70 % der Pflegebedürftigen werden zu Hause versorgt. Internet: https://www.destatis.de/DE/PresseService/Presse/Pressemitteilungen/2013/01/PD13_024_224pdf.pdf;jsessionid=BAAFBE61A316545B87183B0C9C384E96.cae1?__blob=publicationFile (10.02.2014)

Weber, B. (2010): Haushalt, Markt, Konsum. Informationen zur politischen Bildung, Nr. 308. Hrsg. von der Bundeszentrale für politische Bildung, Bonn.

Wiswede, G. (1972): Soziologie des Verbraucherverhaltens. Stuttgart: Enke.

Zapf, W. (1984): Welfare Production: Public versus Private. In: Social Indicators Research, 14, 263-274.

Astrid Rank und Günther Seeber

Vielfältige Zugänge zum Themenbereich Arbeit für das dritte und vierte Schuljahr

1 Einleitung

1.1 Die Bedeutung des Themenbereichs/Konzepts „Arbeit" für den Kompetenzerwerb in der sozialwissenschaftlichen Perspektive

Ein Blick in die Menschheitsgeschichte verdeutlicht, dass Arbeit zu allen Zeiten im Leben von Kindern bedeutsam war. Kindheit als ein von Lohnarbeit befreiter Lebensabschnitt existiert erst seit dem 19. Jahrhundert und auch heute noch längst nicht für alle Kinder auf der Welt.

Arbeit ist ein klassisches Lernfeld der ökonomischen Bildung. Dies wird auch im Perspektivrahmen deutlich (vgl. GDSU 2013, 28): Dort wird formuliert, dass sich die Wirtschaft mit der Aufgabe beschäftigt „Mittel und Güter zur Befriedigung von *Bedürfnissen* der Menschen zur Verfügung zu stellen, ihren *Tausch* sowie die *Arbeit* zu ihrem Erwerb zu organisieren und zu koordinieren" (ebd., 36).

Das Thema Arbeit kann unter verschiedenen Aspekten betrachtet werden. Einige Beispiele mögen das verdeutlichen:

– Am Beispiel „Leistung – Gegenleistung" kann der Tausch Arbeit gegen Geld thematisiert werden. Kinder sind aktive Konsumenten. Das Geld, das sie ausgeben, muss jemand erarbeiten.
– „Verschiedene Möglichkeiten von Arbeit" können als Grundlage von Diskussionen über das Prestige von Berufen, unterschiedliche Einkommensarten oder Arbeitslosigkeit dienen.
– Anhand von „Berufsbildern" können Berufe der Region oder der eigenen Eltern erkundet werden. Damit verbundene Qualifikationen werden deutlich, und auch der Strukturwandel von Regionen oder geschlechtsspezifische Veränderungen können aufgegriffen werden.
– „Kinderarbeit" ist ein bedeutendes Thema, das in Verbindung mit der politischen Bildung und Aspekten des fairen Handels eine Rolle spielt.
– „Ehrenamtliche Arbeiten" zeigen auf, dass es wichtige Arbeit gibt, die nicht entlohnt wird. Hier können die Kinder auch über ihr eigenes Engagement nachdenken.

Mit diesen Themen erwerben die Schülerinnen und Schüler vielfältige Kompetenzen, die für das Zusammenleben in der Demokratie wichtig sind (vgl. ebd., 27): Mit dem Thema Arbeit sind relevante gesellschaftliche Aufgaben und Probleme verknüpft, die die Schülerinnen und Schüler erkennen und reflektieren können. Das über Arbeit verdiente Geld ermöglicht die Teilhabe am Wirtschaftssystem. Doch sind damit auch Probleme verbunden, die zur politischen Aufgabe werden: Der Umgang mit Arbeitslosigkeit etwa ist ein Thema von großer Relevanz. Am Thema „Arbeit" können die Kinder somit Regelungen und Beziehungen des Zusammenlebens in der Gesellschaft entdecken.

Eine wesentliche Kompetenz, zu der die ökonomische Bildung befähigen kann, ist, dass die Kinder feststellen, wie sie selbst zur Lösung gesellschaftlicher Aufgaben und Probleme beitragen können. Das Thema „Kinderarbeit" etwa regt zu Auseinandersetzung und Solidarität an. Kinder sind in der Lage, sowohl Konsumentscheidungen in Familien mit zu beeinflussen, als auch mit Aktionen andere über Missstände aufzuklären.

Auch am Beispiel „Ehrenamt" erfahren Kinder, dass sie selbst zum demokratischen Zusammenleben beitragen: Ämter innerhalb der Klasse können als Beispiel für Ämter im gesellschaftlichen Kontext dienen und zeigen, dass es wichtig ist, sich einzubringen.

An den aufgezeigten Beispielen wird deutlich, dass das Thema Arbeit innerhalb der sozialwissenschaftlichen Perspektive zum Erwerb von Kompetenzen beiträgt, die weit über den reinen Wissenserwerb hinausgehen.

1.2 Fachliche Informationen zum Thema Arbeit

Die sozialwissenschaftliche Sicht auf das Thema Arbeit gibt es nicht: eine ökonomische Sichtweise unterscheidet sich von der politischen und beide wiederum von der soziologischen. Wenn man nun „Wirtschaften" als den bedürfnisgetriebenen effizienten Umgang mit knappen Mitteln definiert, ist es offensichtlich, dass es gerade in unserer Geldwirtschaft kein Wirtschaften ohne Arbeit geben kann: Nur im Schlaraffenland werden Bedürfnisse ohne persönliche Mühe befriedigt. In der Realität der Geldwirtschaft sind aber die meisten Menschen gezwungen, für ihren Einkommenserwerb zu arbeiten. Arbeit ist eine Grundkonstante der Ökonomie, und deren Sichtweise soll uns deshalb als Ausgangspunkt dienen.

Unter dem Aspekt der effizienten Zweck-Mittel-Kombination gilt es dann, den Produktionsfaktor Arbeit so einzusetzen, dass zum Beispiel mit einem vorab definierten Arbeitseinsatz ein optimales Arbeitsergebnis erreicht wird. Dazu ist Arbeitsteilung das Mittel der Wahl. Kinder können im schulischen Alltag die arbeitsteilige Organisation erleben und im Unterricht erkennen, dass eine Arbeits(ver)teilung nach Talenten, Kenntnissen und Motivation wirtschaftlich ist, ebenso wie die Zerlegung von Arbeit in einzelne Teilaufgaben. Unterschiedliche Berufsbilder

sind letztendlich ebenfalls Ausdruck einer gesellschaftlichen Arbeitsteilung unter Berücksichtigung erworbener Qualifikationen.
Diese Alltagsdimension von Arbeit – Konstante menschlicher Existenz beim Umgang mit knappen Mitteln, Arbeitsteilung und berufliche Qualifikation – erschließt sich Kindern leicht. Nicht ganz so offensichtlich ist der Zusammenhang zwischen Bedürfnisbefriedigung und Einkommenserwerb, also die Notwendigkeit, die eigene Arbeitskraft zur Verfügung zu stellen, um in einer auf Geld basierenden Wirtschaft die Mittel zur Konsumption zu generieren. In der kindlichen Vorstellungswelt gilt lange, dass das Geld auf der Bank bereit liegt und dort nur abgeholt werden muss (vgl. Claar 1990).
Ökonomen nehmen traditionell an, der Mensch teile sein Dasein zwischen Freizeit und Arbeit auf, wobei die Arbeit als Zwang erlebt werde und deshalb grundsätzlich mit Arbeitsleid verbunden sei. Der Einzelne wird sich in diesem Modell bemühen, den Einsatz von Arbeitskraft möglichst gering zu halten – ihn auf die Menge zu beschränken, mit der sich gerade die Geldmittel zur Befriedigung seiner Wünsche erwerben lassen. An dieser Stelle wird es notwendig, die ökonomische Perspektive zu erweitern und die Frage zu thematisieren, welche Motive Menschen arbeiten lassen. Die Wünsche nach sozialer Integration und nach Akzeptanz im Arbeitsumfeld spielen zum Beispiel eine wesentliche Rolle, wie psychologische Erkenntnisse zeigen (vgl. Nerdinger, Blickle, Schaper 2008, 429ff.). Außerdem existiert in hohem Umfang nicht bezahlte Arbeit (Ehrenamt, Familienarbeit), für welche die Arbeitsmotivation zwangsläufig außerhalb des Erwerbszweckes liegt. Zu beachten ist auch, dass es neben der Erwerbsarbeit weitere Einkommensquellen gibt.
Unselbständige Erwerbsarbeit ist eine auf dem Arbeitsmarkt gehandelte Leistung: die Arbeitgeber fragen Arbeitskraft nach und die Arbeitnehmer bieten sie an. Für Ökonomen pendelt sich der Lohn dann als Wechselspiel von Angebot und Nachfrage auf einem effizienten Niveau ein, zu dem die größtmögliche Menge von Arbeitskraft auf die bestmögliche Verwendung nach Marktmechanismen zugeteilt wird. Das hier nur angedeutete Modell ist für die Grundschulbildung zu komplex. Das hat zur Konsequenz, dass die im Perspektivrahmen geforderte Beurteilung der Entlohnung nach Maßstäben der Gerechtigkeit (vgl. GDSU 2013, 33) notwendigerweise komplexe Zusammenhänge verkürzt. Für Ökonomen sind die Differenzen zwischen den Gagen von Topfußballern oder Spitzenmanagern und jenen der Durchschnittsverdiener keine Frage von Gerechtigkeit, sondern sie gelten als marktgerecht und damit effizient. Laien sehen das typischerweise anders und stellen Fairnessüberlegungen in den Vordergrund (vgl. Enste, Haferkamp, Fetchenhauer 2009, 67ff.).
Die Frage der Lohnhöhe erweitert die Betrachtung um eine politische Perspektive, in der die Verteilung von Verhandlungsmacht der Vertragsparteien, die sich zur Stärkung ihrer jeweiligen Position in Verbänden zusammenschließen (Gewerk-

schaften, Arbeitgeberverbände), diskutiert wird. Unter politisch-sozialer Sicht spielt hier auch die Frage eine Rolle, inwieweit Arbeitnehmer ein Recht auf Beteiligung an Unternehmensgewinnen und ein Mitspracherecht bei Unternehmensentscheidungen haben sollen. Ebenso wie bei der in diese Perspektive fallenden Frage zur Gewährung eines Mindestlohns ist die sachgerechte Durchdringung des Gerechtigkeitsproblems auf Primarstufenniveau nicht möglich, die Diskussion von mit einem Mindestlohn verbundenen Erwartungen an eine autonome Lebensführung sehr wohl.

1.3 Bezüge zum kindlichen Alltag – Lernausgangslagen, mögliche Unterrichtsanlässe

Das Konzept „Arbeit" ist im kindlichen Alltag von großer Relevanz. Vorwissen und kindliche Vorstellungen sind zu finden und als Lernausgangslagen zu nutzen. Einige Ergebnisse der empirischen Forschung sollen dies exemplarisch belegen: Die älteren Studien von Berti und Bombi (1988) zeigen, dass sich das Wissen über Arbeit bei Kindern im Grundschulalter stufenförmig entfaltet: Auf Stufe 1 (6-7 Jahre) kennen Kinder nur wenige Berufe, in der Regel die der Eltern und diejenigen, denen sie im Alltag begegnen. Entlohnung wird als direkter Austausch von Geld und Ware oder Dienstleistung angesehen. Diese Sichtweise verändert sich im Lauf der Grundschulzeit. Mit 6-9 Jahren, in Stufe 2, steigen die Kenntnisse von Berufen und auch das Wissen über hierarchische Beziehungen im Arbeitsleben.

Giest (2008) zeigt in seiner Studie, dass Grundschüler bei der Benennung von Bildkarten zwischen Arbeit und Freizeit strikt trennen, wobei sie Kategorien wie „sich anstrengen" oder „Geld verdienen" zur Unterscheidung heranziehen. Ab der dritten Klasse können die Kinder eindeutig berufsdarstellende Tätigkeiten unterscheiden, ab dem vierten Schuljahr nehmen sie diese Unterscheidung auch bei weniger charakteristischen Berufen vor. In den ersten beiden Schuljahren bewerten Kinder die Arbeit, bei der sich jemand wenig anstrengt und trotzdem viel schafft, signifikant als besser. Dieses ökonomisch orientierte Abwägen von Aufwand und Nutzen nimmt bis zur sechsten Klasse immer mehr zugunsten moralischer Gesichtspunkte („nicht faul sein", „sich anstrengen") ab.

Arbeit ist auch für Grundschulkinder mit dem Erwerb von Geld verknüpft. Und anders als Berti und Bombi noch 1988 schreiben, wissen Kinder bereits im ersten Schuljahr, dass manche Menschen arbeiten wollen, aber keine Arbeit finden. Dabei sind es oft Erfahrungen aus dem eigenen Umfeld, auf die die Kinder hier zurückgreifen. Arbeitslosigkeit ist ein Thema bei Grundschulkindern – sowohl bei betroffenen, als auch bei Kindern mit arbeitenden Eltern. Arbeitslosigkeit gilt als Determinante von Armut und wird oft mit individuellem Verschulden begründet. Arbeit wird von Grundschulkindern wenig mit intrinsischer Motivation verknüpft. Sie glauben, dass Menschen vor allem arbeiten, um Geld zu verdienen und deshalb Mühe und Anstrengung auf sich nehmen (vgl. Gläser 2008).

Die Berufswahl wird von Kindern im dritten und vierten Schuljahr bereits im Hinblick auf die eigenen Berufswünsche (oft geschlechtsspezifisch) reflektiert (vgl. Wulffmeyer & Hauenschild 2008). Gedanken zur zukünftigen Berufswahl folgen Aspekten des „Traumberufs" (Baumgardt 2012). Die Informationen über die Verbindung von Qualifikation und Berufswahl, über Berufsbilder (auch die der elterlichen Berufe), sowie über Faktoren der Arbeitssuche sind insgesamt eher oberflächlich (vgl. Wulffmeyer & Hauenschild 2008, Gläser 2008). Kinder trennen Erwerbsarbeit von Hausarbeit, haben immer noch ein eher traditionelles Rollenbild (vgl. Baumgardt 2012, Gläser 2008).

Die Forschung zeigt also, dass sich bereits vielfältige Präkonzepte bei Kindern finden lassen. Diese sollten aufgegriffen werden- etwa durch das Sammeln von Informationen über Berufe der Eltern, des Umfeld, des Orts, der Schule; Gedanken zum Traumberuf und den dafür nötigen Voraussetzungen; Sammeln von Informationen über Verdienste (etwa von Stars) und Gesprächen über Gerechtigkeit. Eine Anreicherung und Systematisierung der Präkonzepte wäre dann der nächste Schritt.

2 Exemplarische Unterrichtsbeispiele

2.1 Perspektivenbezogene Denk-, Arbeits- und Handlungsweisen

2.1.1 Ökonomische Entscheidungen begründen (DAH 4)

„Arbeit" bietet für viele DAHs Anknüpfungspunkte. Wir beschränken uns hier auf DAH 3 und 4. Beginnen wollen wir mit der der ökonomischen Perspektive zugeordneten DAH 4. Wir möchten den bildungsrelevanten Punkt des Perspektivrahmens, Arbeit als Mittel zum Erwerb von Geld und damit Gütern organisieren und koordinieren, aufgreifen (vgl. GDSU 2013, 28). Zunächst kann es dann darum gehen, Arbeit mit „Zweck-Mittel-Kombinationen" in Verbindung zu bringen und den „Maßstab der Effizienz" anzulegen. Eine gemeinsame Aktion der Kinder – ein Ausflug, ein Klassenfest, ein gemeinsames Frühstück, ein gemeinsam organisierter Flohmarkt, aber auch ein Erkundungsauftrag für Teilgruppen – kann als Ausgangspunkt dienen, um Arbeitsteilung zu erleben, ihre ökonomische Begründung zu reflektieren und die Entscheidungen der Kinder zur Arbeitsverteilung diskutieren zu lassen. So lassen sich die prozedurale und die deklarative Kompetenzdimension gut kombinieren.

Im Weiteren stellen wir aber die Frage nach der Entlohnung in den Mittelpunkt, ein zentrales Anliegen des perspektivenbezogenen Themenbereichs Arbeit (vgl. ebd., 36). Einerseits haben wir so die Erwerbsarbeit als notwendige Voraussetzung zur Bedürfnisbefriedigung und mit der Arbeit selbst verbundene Bedürfnisse und andererseits unbezahlte Arbeit als Beitrag zum gemeinsamen Nutzen von (großen) Gruppen sowie Familienarbeit. Der Unterricht kreist um die Frage: *Weshalb arbeiten Menschen?*

Es bieten sich unterschiedliche Ausgangspunkte an: Einmal kann danach gefragt werden, ob die Kinder eigentlich auch arbeiten. Bestimmt wird nach einigem Verweilen bei der Annahme, Arbeit sei grundsätzlich bezahlte Arbeit, schnell die Vielfalt von Arbeiten erkannt: Rasen mähen, Geschirr abräumen, Schularbeiten u.a.m. Dabei wird deutlich, dass Arbeit einen Zweck verfolgt: Geld verdienen, den Garten in einen ordentlichen Zustand bringen, helfen, etwas erreichen usw. Damit gelangt man zu den Motiven und Bedürfnissen. Es bietet sich an, die Kompetenz „eigene Bedürfnisse ermitteln sowie die Bedürfnisse einzelner oder Gruppen bestimmen" genauer in den Blick zu nehmen. Damit könnte auch alternativ zum oben genannten Einstieg in den Themenbereich eingeführt werden. Die Kinder können zum einen die Bedarfe von Familien herausarbeiten. Bedarfe sind jene Bedürfnisse, zu deren Befriedigung Geld gebraucht wird. Existenzielle und darüber hinausgehende Kultur- und Luxusbedürfnisse führen die Kinder zu einer Geldsumme für die Durchschnittsfamilie, die erwirtschaftet werden muss. Diese Vorgehensweise bietet nicht nur den Anschluss an Mathematik, sondern auch eine Grundlage für die Diskussion des „gerechten Lohns" (siehe 2.2.2).

Auch die Berufswahl – sowohl die des Umfelds als auch die zukünftige eigene – kann unter den Aspekten der Bedürfnisse analysiert werden. Kinder wenden sozialwissenschaftliche Forschungsmethoden (etwa Interviews) an, um Informationen über Berufswahlmotive zu erhalten. Befragen können sie Eltern, Großeltern, aber auch Straßeninterviews sind möglich. Für die Interviews können gemeinsam Fragen überlegt werden wie: Warum haben sie sich für diesen Beruf entschieden? Machen Sie auch Arbeiten, für die Sie kein Geld bekommen? Weshalb tun Sie das? Die Auswertung kann auf Postern erfolgen. Die Kinder lernen dabei Systematiken zu generieren. Sie machen sich vielleicht auch Gedanken über die Motive, den eigenen Traumberuf zu wählen und erkennen, dass sowohl intrinsische als auch extrinsische Motive eine Rolle spielen (siehe auch Abb. 1 als Anwendungsbeispiel).

Befragung: Warum gehen Menschen arbeiten?
Befrage Menschen aus deinem Umfeld: Mögliche Fragen: Ist der Beruf, den Sie ausüben, Ihr Traumberuf?   Was mögen Sie an Ihrem Beruf besonders?   ....   Denke dir auch eigene Fragen aus.   ....   Vergleiche deine Erkenntnisse mit denen deiner Mitschüler.   Was findest du besonders interessant?

Abb. 1: Befragung zum Traumberuf

Im Anschluss stehen wieder zwei Folgethemen zur Wahl. Zunächst kann und sollte der Austausch von Leistung und Gegenleistung – Geld gegen Arbeit – als Prinzip der Erwerbsarbeit erkannt werden. Die dazu zumindest teilweise notwendige Einnahme der Arbeitgeberperspektive ist eine herausfordernde Aufgabe, wie sie auch DAH 3 allgemein fordert. Es geht darum, Lohn nicht als beliebig fixierbare Größe zu begreifen, sondern sie als Teil der Herstellungskosten einer Ware oder Dienstleistung und damit als Preiskomponente zu verstehen. Eine ideale Methode hierzu ist der allerdings zeitintensive Aufbau einer Schülerfirma, wie bei Wulfmeyer & Hauenschild (2008, S. 19ff.) beschrieben. Aber auch der Verkauf selbstgezüchteter Kräuter, selbst gemachter Schokolade oder Ähnliches bei Schulveranstaltungen eröffnen die Möglichkeit des Perspektivenwechsels und helfen, Arbeit als Preisfaktor zu begreifen.

Als zweites Folgethema nach Erarbeitung der Motive bietet sich die Reflektion des Ehrenamtes an. Erneut ist eine Verbindung zum Schulalltag möglich: In der Klasse fallen viele Arbeiten an, die (ehrenamtlich) organisiert und übernommen werden sollen. Hier können die Kinder selbst solche Dienste identifizieren, Regeln aufstellen und begründen. Erneut können Erkundungsaufträge, z.B. beim Sportverein, bei der örtlichen Tafel, bei der Kirchengemeinde usw., ein Mittel der Wahl sein. Mögliche Fragestellungen sind: Wie viel Arbeit investieren die Betroffenen? Weshalb sind sie bereit, ohne Bezahlung zu arbeiten? Warum wird die Arbeit eigentlich nicht bezahlt? Es schließt sich der Kreis mit der Gegenüberstellung der Motive für Erwerbsarbeit und es eröffnen sich Chancen, die Gemeinwohlorientierung ehrenamtlicher Arbeit zu vertiefen (DAH 3). Es bieten sich Projekte aus dem Bereich „Lernen durch Engagement" (Seifert, Zentner & Nagy 2012) an. Die Kinder engagieren sich klassenweise im sozialen, ökologischen oder kulturellen Bereich zum Nutzen anderer.

2.1.2 Politisch urteilen (DAH 3)

An „Arbeit" kann die Denk- Arbeits- und Handlungsweise „Politisch Urteilen" (GDSU 2013, 31) eingenommen werden. Urteile zwingen zur „Bewertung bzw. Stellungnahme" und „müssen stets in ihren sachlichen Aspekten erläutert oder begründet und in ihren normativen Aspekten gerechtfertigt werden" (ebd., 32). Dies kann am konkreten ökonomischen Beispiel geschehen und berührt sich somit mit der Denk-, Arbeits- und Handlungsweise „Ökonomische Entscheidungen begründen" (ebd., 32).

Der Perspektivrahmen gibt ein Thema vor, das sich für die Verknüpfung der beiden Denk-, Arbeits- und Handlungsweisen eignet, nämlich die „Verteilung von Mitteln nach Fragen der Gerechtigkeit (z.B. die gerechte Be- bzw. Entlohnung" in einem Fallbeispiel)" (ebd., 33). Zwei Möglichkeiten, die das Thema „Arbeit" hierzu bietet, sollen im Folgenden dargestellt werden:

Was ist ein gerechter Lohn? Dieser Frage können Kinder zunächst anhand von Fallbeispielen nachgehen. Fälle finden sich viele, auch im Internet: Da ist die Erzieherin in der Kindertagesstätte, die die Kinder noch aus ihrer früheren Kindheit kennen. Da ist der Fußballstar oder das Topmodel. Sie begegnen den Kindern in den Medien und faszinieren sie vielleicht auch. Die Kinder kennen eine Hausfrau oder einen Hausmann. Und sie kennen auch eine ehrenamtliche Trainerin, den freiwilligen Bibliothekar der Gemeindebücherei oder die Leiterin der Jugendgruppe. Die Lehrkraft kann solche Fälle selbst konstruieren und als kurze Fallbeschreibungen oder Steckbriefe an die Kinder verteilen. Zunächst geht es um die Informationsgewinnung: Daten wie Arbeitszeiten, Aufgabenbereiche und Verdienst können entnommen werden. Bei diesen kurzen Beschreibungen kann es nötig sein, dass sich die Kinder weitere Informationen beschaffen.

Fallbeispiel 1:

Mario ist Top-Fußballer bei einem Bundesligaverein.
Er verdient 250 000 Euro im Monat und erhält außerdem zusätzliche Prämien.
Der Arbeitstag eines Profi-Fußballers besteht aus Trainingseinheiten, Taktikbesprechungen und Spielanalysen, aber auch öffentlichen Auftritten.
Wenn keine Spiele sind, geht ein normaler Arbeitstag von 9.00 bis ca. 17.00 Uhr.

Vielfältige Zugänge zum Themenbereich Arbeit

> **Fallbeispiel 2:**
> Daniel ist Erzieher. Er arbeitet von 7.00 bis 17.00 Uhr in der Kita. Dort leitet er Angebote zum Spielen, Forschen und Basteln, er singt mit den Kindern und kümmert sich um die Mahlzeiten. Er geht mit den Kindern auf den Spielplatz. Bei Problemen und Streit schlichtet er.
> Er fördert die Kinder, z.b. wenn sie noch nicht so gut Deutsch können und informiert und berät die Eltern. Er muss den Tagesablauf organisieren und für jedes Kind eine Dokumentation anlegen.
> Da er erst in den Beruf eingestiegen ist, verdient er ca. 2 000 Euro brutto im Monat.

Abb. 2: Mögliche Fallbeispiele, die durch weitere Recherchen ergänzt werden können

Es ist aber auch möglich, die Kinder z.b. mit Fragebögen selbst auf die Spur zu schicken. Sie können an der Schule, aber auch in der Familie oder der Region verschiedene Berufe erkunden. Schon die Beschreibung von Tätigkeiten und Arbeitszeiten ist interessant. Die Frage nach dem Lohn ist hier natürlich zurückhaltend zu behandeln – sie wäre aber möglich. Zudem stellen die Kinder fest, dass es auch ehrenamtliche Tätigkeiten gibt.

> **Berufe in meiner Schule (Region, Familie…)**
> Welche Berufe kann man an unserer Schule (in unserer Region) ausüben?
> Befrage Menschen, die an unserer Schule arbeiten:

Ausgeübter Beruf	Arbeitszeit	Tätigkeiten

Abb. 3: Fragebogen zu Berufen

Zur Darstellung von Entlohnung lohnt sich ein Abstecher in die Mathematik. Die graphische Darstellung von Informationen ist in der Mathematik (Statistik) auch in der Grundschule ein wichtiges Thema. Gehaltsinformationen, die man den Kindern zur Verfügung stellen kann, finden sich im Internet, etwa bei www.lohnspiegel.de. Eine Darstellungseinheit wird festgelegt, anhand der die Kinder die Gehälter in Säulen darstellen. Zunächst werden ausgeschnittene Hundert-

Euro-Scheine übereinander gelegt, dann wird die Darstellung in einem Säulendiagramm (ein Kästchen für 100 Euro) abstrahiert.
Der sich nun verdeutlichende Unterschied kann von den Kindern zunächst in Kleingruppen diskutiert werden. Leitfragen können sein: Was glaubst du, warum ist der Verdienst so unterschiedlich? Welche Tätigkeiten werden am besten bezahlt? Die Kinder werden darauf kommen, dass es zum einen fachliches Können, Verantwortung, Arbeitsbelastung (geistige und körperliche) und Umgebungseinflüsse sind, die den Lohn beeinflussen. Zum anderen gibt es aber auch soziale Aspekte und Prestigefragen, die hier zum Tragen kommen. Eine abschließende Diskussion muss ergebnisoffen bleiben, aber es lohnt sich, die Frage aufzuwerfen, nach welchen Kriterien die Kinder den Lohn bemessen würden: Soll ein alter Arbeiter, der weniger leisten kann, weniger verdienen? Soll ein Mensch mit vielen Kindern mehr verdienen als eine alleinstehende Person? Soll jemand mehr verdienen, weil er sich mehr anstrengen muss?
Am Ende kann in einem Schaubild verdeutlicht werden, dass in der sozialen Marktwirtschaft verschiedene Verteilungsprinzipien zum Tragen kommen, von denen das Leistungsprinzip nur eines ist. Auch Vorrechte der Geburt, das Loyalitätsprinzip, das Bekanntheits- oder Beliebtheitsprinzip und das Sozialprinzip sind in unserer Gesellschaft gültig. Eine Diskussion über Traumberufe der Kinder kann hier als Abschluss dienen. Die Kinder recherchieren über ihren Traumberuf und stellen diesen in einer Kurzpräsentation dar.

Warum arbeitest du – warum arbeiten Javier und Assima?

Eine Behandlung des Themas Arbeit bleibt nicht bei den Berufen und Löhnen der Erwachsenen stehen. Die Kinder arbeiten auch selbst und kennen das Thema „Kinderarbeit". Im dritten Schuljahr haben die Kinder hierzu bereits Vorstellungen. Ein Einstieg über einen Fragebogen, den die Kinder selbst ausfüllen und dessen Ergebnisse in der Klasse besprochen werden, ist hier möglich.

Die Kinder wissen schon erstaunlich viel über Kinderarbeit, an dem man im Unterricht anknüpfen kann. „Kinderarbeit ist in Deutschland verboten. Ich habe trotzdem meinem Vater geholfen, die Terrasse abzuräumen", schreibt etwa ein achtjähriger Junge. Die Tatsache, dass im Gegensatz dazu die Kinder in ärmeren Ländern arbeiten, weil „die Eltern selbst nicht genug verdienen" (Junge, 8 Jahre) ist den Kindern bewusst.

Vielfältige Zugänge zum Themenbereich Arbeit

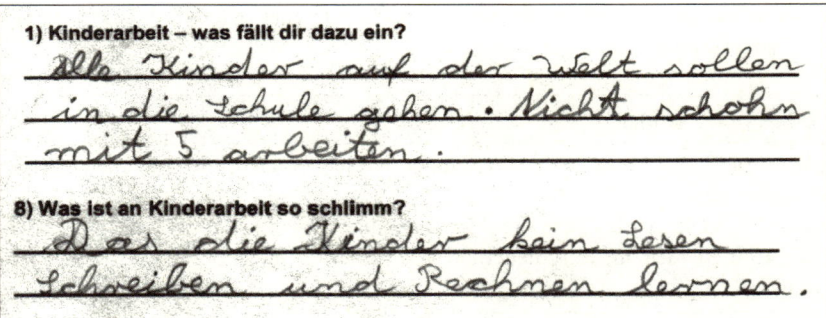

Abb. 4: Fragen eines Fragebogens zu Kinderarbeit (aus einem Projekt im dritten Schuljahr von Linn 2013)

Nun ist es aber nötig, diese Vorkenntnisse zu systematisieren. Eine Gegenüberstellung des Tagesablaufs eines Kindes, das im Steinbruch arbeitet, mit dem eigenen Tagesablauf macht deutlich, dass für die arbeitenden Kinder keine Zeit für Bildung oder Spiel bleibt[1].
Arbeit ist also im Alltag von Kindern präsent, aber es besteht ein großer Unterschied zwischen freiwilligem Helfen und der Arbeit aus wirtschaftlicher Notwendigkeit. Wie bei vielen Zusammenhängen gibt es auch hier keine einfachen Lösungen: Kinderarbeit ist verboten – das wissen die Kinder. Doch Kinder in Bolivien haben eine Kindergewerkschaft gegründet und kämpfen um ihr Recht auf Arbeit (vgl. Weydt & Krämer 2012). Ihr Verdienst ist für die Familien lebensnotwendig. Die Schülerinnen und Schüler müssen sich also mit einer ambivalenten Situation auseinandersetzen: Das klappt besonders gut, wenn die Lehrkraft eine Expertin oder einen Experten (z.B. von einer Hilfsorganisation) zu diesem Thema einladen kann und die Kinder Fragen stellen können. Auch hier kann man mit Fallbeispielen arbeiten.

Javier aus LaPaz in Bolivien erzählt:

> Ich habe mit sieben Jahren begonnen, als Schuhputzer zu arbeiten. Mein Vater hatte einen Unfall und kann kein Geld mehr verdienen. Der Staat unterstützt uns leider nicht und ich habe fünf Geschwister. Bei uns in Bolivien arbeitet jedes vierte Kind zwischen 5 und 7 Jahren. Die Familien kommen sonst nicht durch. Allerdings war die Arbeit nicht leicht. Es kam auch zu Gewalt. Wir haben uns in einer Kindergewerkschaft organisiert. Wir setzen uns für unsere Rechte ein. Wir wollen arbeiten, aber nicht ausgebeutet werden.

Abb. 5: Fallbeispiel Kindergewerkschaft

---

1 Material dazu findet man z.B. unter http://www.misereor.de/fileadmin/redaktion/Indira-Baustein.pdf

Zu den widersprüchlichen Argumenten für und gegen Kinderarbeit eignet sich ein Abstimmungsspiel.

Abstimmungsspiel für eine Vierergruppe

Das Spiel findet statt, wenn die Kinder bereits genügend über ein Thema recherchiert haben.
Jedes Kind schneidet diese drei Kärtchen aus.
Sie können auch auf verschiedenfarbiges Papier (grün, gelb, rot) gedruckt werden.

Ja, ich stimme zu.	Ich habe Zweifel.	Nein, ich lehne ab.

Anschließend erhalten die Kinder eine kleine Kiste mit verschiedenen Aussagen und ziehen eine davon.
Nach kurzem Überlegen müssen sie eine Meinungskarte vor sich legen.
Wenn es zu unterschiedlichen Meinungen kommt, müssen diese begründet werden.
Mögliche Sätze zum Thema Kinderarbeit:

Es ist gut, dass Kinderarbeit verboten ist.
Wenn Kinder arbeiten, verdienen sie Geld und können sich etwas kaufen.
Wenn Kinder selbst arbeiten wollen, sollen sie das dürfen.
Ich würde lieber arbeiten, als in die Schule zu gehen.

Abb. 6: Abstimmungsspiel, in dem sich Kinder positionieren können

Die Kinder können so eigene Positionen einnehmen und über Wissen zur eigenen Meinung und schließlich zum Handeln kommen. Als Weiterführung eignet sich beispielsweise eine Aktion, in der Kinder selbst in die Rolle von arbeitenden Kindern schlüpfen und etwa als Schuhputzer Geld verdienen, um dieses womöglich dann für ein Straßenkinderprojekt zu spenden.

Literatur

Baumgardt, I. (2012): Der Beruf in den Vorstellungen von Grundschulkindern. Baltmannsweiler: Schneider Verlag Hohengehren.
Berti, A. E. & Bombi, A. S. (1988): The child's construction of economics. Cambridge: Cambridge University Press.
Claar, A. (1990): Die Entwicklung ökonomischer Begriffe im Jugendalter. Berlin Heidelberg: Springer.

Enste, D.H., Haferkamp, A. & Fetchenhauer, D. (2009): Unterschiede im Denken zwischen Ökonomen und Laien – Erklärungsansätze zur Verbesserung der wirtschaftspolitischen Beratung. In: Perspektiven der Wirtschaftspolitik 10 (1), 60-78.

Giest, H. (2008): Praktisches und ökonomisches Lernen- Zum Zusammenhang von Arbeiten und Lernen. In: Grundschulunterricht Sachunterricht, 04/, 4-9.

Gläser, E. (2008): „Die sitzen dann auf der Straße und betteln". Arbeit und Arbeitslosigkeit im Leben von Kindern. In: Grundschulunterricht Sachunterricht, 04, 17-19.

GDSU Gesellschaft für Didaktik des Sachunterrichts (Hrsg.) (2013): Perspektivrahmen Sachunterricht, Bad Heilbrunn: Klinkhardt.

Linn, J. (2013): Schülervorstellungen zur Kinderarbeit. Unveröffentlichte Masterarbeit. Universität Landau.

Nerdinger, F.W., Blickle, G. & Schaper, N. (2008): Arbeits- und Organisationspsychologie. Heidelberg: Springer.

Seifert, A., Zentner, S. & Nagy, F. (2012): Praxisbuch Service-Learning. „Lernen durch Engagement" an Schulen. Weinheim: Beltz.

Weydt, E & Krämer, K. (2012): Gewerkschaft der Kinder: „Bitte lasst uns arbeiten". In: Spiegel online. http://www.spiegel.de/wirtschaft/soziales/bolivien-kinder-gruenden-eine-gewerkschaft-a-867380.html (09.07.2015).

Wulfmeyer, M. & Hauenschild, K. (2008): Ökonomische Bildung in der Grundschule. Wie Kinder handlungsorientiert Wirtschaft machen! Didaktische Perspektiven und Beispiele für die Praxis. Hannover: Pelikan Vertriebsgesellschaft.

Linya Coers und Marlies Hempel

Das eigene Leben reflektieren: Sozialisation und Geschlecht als Gegenstand des Sachunterrichts

Im Themenbereich ‚Sozialisation' der Sozialwissenschaftlichen Perspektive werden die Phänomene Heterogenität und Geschlecht explizit als für die Kinder zu lernende Konzepte genannt, da sie in besonderer Art und Weise neben kulturellen und herkunftsspezifischen Werten und Normen die Gestaltung des eigenen Lebens beeinflussen. Einerseits engen diese Faktoren die Handlungsspielräume jedes Menschen ein, andererseits unterliegen sie Wandlungen und sie sind – und das ist für den schulischen Lernprozess entscheidend – selbst auch aktiv beeinflussbar (vgl. GDSU 2013).
Der Beitrag soll aufzeigen, welche Möglichkeiten und Chancen sich aus der Thematisierung der Heterogenitätsdimension ‚Gender' im Kontext des Themenbereichs Sozialisation ergeben können und wie ein gemeinsames Reflektieren über Geschlechtersozialisation und die Entstehung der Rollenbilder am Beispiel des eigenen Lebens der Kinder im Sachunterricht gestaltet werden kann.

1 Geschlechtersozialisation als Gegenstand im Sachunterricht: Zur Bedeutung für den Kompetenzerwerb

Sozialisationsprozesse zum Unterrichtsgegenstand zu machen bedeutet, Kinder dabei zu unterstützen, sich mit gesellschaftlichen Zusammenhängen, Werten, Normen und deren Einflüssen auf den Verlauf des eigenen Lebens sowie auf die Möglichkeiten der aktiven Einflussnahme auf die eigene Biografie auseinanderzusetzen. Sachunterricht sollte immer – so Friedemann Maurer bereits 1985 – Aufklärung des „gelebten Lebens" sein.
Durch die Fokussierung auf Geschlechtersozialisation sowie Rollen- und Geschlechterbilder werden „gesellschaftsbezogene Alltagserfahrungen der Kinder aufgegriffen [...], die direkt oder vermittelt durch andere Personen oder Medien stattfinden" (GDSU 2013, 29). Anhand der kritischen Auseinandersetzung mit den dabei transportierten Perspektiven, Normen und Kontexten (vgl. ebd.) üben die Lernenden sich im Reflektieren und Kommunizieren gesellschaftlicher Phäno-

mene und Wünsche sowie Interessen anderer (Perspektivenübergreifende Denk-, Arbeits- und Handlungsweisen, vgl. GDSU 2013). Mittels Kommunikation über Rollenbilder, Geschlechtervorurteile und Geschlechtersozialisation können dabei „alte Konzepte in Frage gestellt und alternative Denkmodelle deutlich werden" (GDSU 2013, 24). Indem sich Lernende dabei mit eigenen Erfahrungen beschäftigen und über diese sprechen, werden die Fähigkeiten des Nachdenkens und Reflektierens (vgl. GDSU 2013) weitergeführt. Besonders der Gegenstand der Rollenbilder und Vorurteile im Kontext der Geschlechtersozialisation eignet sich, um die Kompetenzen der Kinder im Objektivieren von Erfahrungen und Ko-Konstruieren (vgl. GDSU 2013) durch Gespräche über kulturelle Wissensbestände und Deutungen sowie durch die Einnahme einer kritischen bzw. prüfenden Haltung aufzugreifen und zu festigen. Dabei lernen die Kinder, einen eigenen Standpunkt zu beziehen, diesen anderen mitzuteilen, argumentativ zu vertreten und die Standpunkte anderer aufzunehmen, zu verarbeiten und ggf. für sich zu nutzen. Gleichzeitig wird die perspektivenbezogene Denk-, Arbeits- und Handlungsweise *Kulturelle Deutungen und Werte respektieren und tolerieren* eingebunden, indem die Kompetenz „gesellschaftliche Vielfalt und Differenzen anerkennen und produktiv nutzen" (GDSU 2013, 33) durch die Thematisierung der Heterogenitätsdimension Gender angebahnt wird. Durch die dabei mitzudenkende Reflektion von Doing-Gender-Prozessen und deren Einfluss auf die Wahrnehmung der Geschlechter lernen die Kinder „gesellschaftlich beeinflusste Geschlechterdifferenzen [zu] beschreiben" (GDSU 2013, 27) und deren Einfluss auf ihren Alltag zu erkennen. Da Geschlechterkonstruktionen (Doing-Gender-Prozesse) in jeder menschlichen Interaktion stattfinden und jeder Mensch eine Geschlechtsidentität entwickelt, sollte Sachunterricht auch diese geschlechtsbezogenen Sozialisationsmomente aufgreifen, um so auch mit diesen oft wenig hinterfragten Zusammenhängen die Kinder dabei zu unterstützen, sich ihre (soziale) Umwelt zu erschließen und sich in ihr zu orientieren und auch aktiv gestaltend eingreifen zu können. Gleichzeitig wird durch das Aufgreifen der für das Erkennen gesellschaftlicher Strukturen relevanten Kategorie Gender und den damit verbundenen Rollenbildern – sowohl im historischen Kontext als auch im Hinblick auf das eigene Leben – ein Gegenstand aus der kindlichen Lebenswelt aufgegriffen, der eben nicht ‚ohne weiteres' in das Blickfeld der Lernenden und Lehrenden rückt.

Im Sachunterricht sind die gesellschaftlich geprägten Rollenbilder gerade beim historischen Lernen erkenntnisfördernd. Geschichte zu verstehen heißt auch, die ganze Spannbreite von Geschlechterrollen in verschiedenen Zeiten zu entdecken und herauszufinden, welchen Sinn sie hatten, um eine Gesellschaftsordnung aufrechtzuerhalten (vgl. Davis 1989, 126). Durch die unterrichtliche Auseinandersetzung mit dem Wandel der Geschlechterrollen können Lernende erkennen „[...] wie sich Phänomene verändern (oder lange Zeit unverändert bleiben) und welche Auswirkungen dies hat [...]" (GDSU 2013, 62). Den Kindern werden historische

Veränderungsprozesse bewusst und sie entwickeln historische Fragekompetenz, indem sie „Fragen nach Veränderungen menschlichen Zusammenlebens in der Zeit stellen" (GDSU 2013, 58) und Veränderungen des menschlichen Handelns und Denkens (die maßgeblich durch gesellschaftlich geteilte Rollenbilder mitbestimmt werden und wurden) erkennen (vgl. GDSU 2013). Indem sich die Lernenden mit tradierten Geschlechtervorurteilen und ‚heimlichen' Lernprozessen auseinandersetzen und sich auch dem eigenen Selbst bewusster und reflektierter zuwenden, kann man die Kinder sowohl „für Neues öffnen" als auch „über Bestehendes aufklären" (Kahlert 2005, 25). Die Zugänglichkeit zu diesem Thema ist dabei gesichert, denn Kinder sind häufig mit Zuschreibungen und Vorurteilen konfrontiert und wollen lernen, sich kritisch mit dem durch die Heterogenität der Menschen bestimmten Gefüge unserer Gesellschaft auseinanderzusetzen (vgl. GDSU 2013). Dabei können sie leicht erkennen, dass die Binarität der Geschlechter einen der wesentlichen Heterogenitätsfaktoren unseres gesellschaftlichen Zusammenlebens bildet und auch Ursache für Ungleichheiten und Diskriminierungen sein kann.

2 Sozialisation, Gender und Geschlechterrollen: Sachinformationen

Da auch das Geschlecht als im Sozialisationsprozess erworben verstanden wird und „keinem anderen Merkmal [...] eine so grundlegende (Aus-)Wirkung auf den Sozialisationsprozess attestiert [wird] wie dem Merkmal ‚Geschlecht'" (Niederbacher & Zimmermann 2011, 159), muss Gender in die Thematisierung der Sozialisationsprozesse eingebunden werden. Die Zweigeschlechtlichkeit bestimmt unterschiedliche Teilbereiche unserer Gesellschaft und des alltäglichen Lebens maßgeblich, in dem sie als zentrales Ordnungskriterium fungiert (z.B. Hierarchien im Berufsleben, Einteilung von Sozialräumen, auch z.B. in Damen- und Herrentoiletten).
Unsere Gesellschaft ist geprägt von einer Kultur der Zweigeschlechtlichkeit, die ausschließlich zwischen (nur) genau zwei Geschlechtern unterscheidet. Die Existenz von zwei (und nur zwei) Geschlechtern gilt als Selbstverständlichkeit und als „Bestandteil von Natur" (Gildemeister & Wetterer 1992, 201). Trotz diverser wissenschaftlicher Beweise, die die biologische Existenz von nur zwei Geschlechtern widerlegen (vgl. dazu beispielsweise Voß 2010) ist neben der Festlegung auf genau zwei Geschlechter auch deren Verortung als biologische Tatsache fester Bestandteil des Denkens und (kulturellen) Handelns unserer Gesellschaft (vgl. Wetterer 2010). Die Zweigeschlechtlichkeit kann als „Grundmerkmal des sozialen Lebens" (Faulstich-Wieland 2010a, 28) in unserem Kulturkreis verstanden werden.

Den Begriff Gender – der heute als das sozial konstruierte Geschlecht definiert wird und der, da eine wörtliche Übersetzung nicht möglich ist, aus dem Englischen in unseren Wortschatz übernommen wurde – beschreiben Kessler und McKenna grundlegend: „[...] gender is a social construction, that a world of two ‚sexes' is a result of the socially shared, taken-forgranted methods which members use to construct reality" (Kessler & McKenna 1978, vii). Diese Definition macht den Kern deutlich: Gender ist eine soziale Konstruktion, wir strukturieren mit den beiden Kategorien ‚männlich' und ‚weiblich' unsere Umwelt und wir ‚machen' unser Gender ständig in Interaktion. Aus diesem Grund werden diese sozialen Konstruktionsvorgänge als Doing Gender bezeichnet. Kernaussage des Doing-Gender-Konzepts ist, „dass Geschlechtszugehörigkeit und Geschlechtsidentität als fortlaufender Herstellungsprozess aufzufassen sind, der zusammen mit faktisch jeder menschlichen Aktivität vollzogen wird [...]" (Gildemeister 2010, 137). Die Menschen ‚haben' also nicht von Geburt an ein Geschlecht und ‚behalten' dieses auch nicht über den Lebensverlauf, sondern müssen es immer wieder neu herstellen. Das Geschlecht wird in Interaktionsprozessen von den InteraktionsteilnehmerInnen durch verschiedene Mechanismen wie Kleidung, Frisur, Körpersprache etc. dargestellt/inszeniert. „Geschlecht ist ein Merkmal, dessen Erwerb, Erhalt und Ausfüllung eingebettet ist in die Sozialisationsprozesse des Mitgliedwerdens allgemein" (Faulstich-Wieland 2008, 241). Das Geschlecht erscheint dabei, wie oben bereits angedeutet, als ‚natürlich' oder ‚naturgegeben': Dar- und Herstellungspraxen, die die ungerechtfertigten gesellschaftlichen Strukturen stützen, werden verschleiert. Auch weil Gender ein ständiger (unbewusster) Bestandteil der Interaktion und des alltäglichen Handeln ist, kommt es zu einer „Naturalisierung von Geschlecht" (Küppers 2012, 7). Durch die Zuschreibung zu einem der beiden Geschlechter bei der Geburt startet die gender-Konstruktion als eine lebenslange Kette von Attributionen, Zuschreibungen und Kategorisierungen und stützt dieses kulturelle System der Zweigeschlechtlichkeit. Im Verlauf des Sozialisationsprozesses im Rahmen dieses Systems lernen Mädchen und Jungen, was ihr Geschlecht bedeutet und sie erkennen (durch die handelnde Auseinandersetzung mit ihrer sozialen Umwelt und den Einfluss unterschiedlicher Sozialisationsinstanzen), was es heißt ‚männlich' oder ‚weiblich' zu sein. Daran werden dann unhinterfragt Anforderungen, Werte, Verhaltensmuster usw. geknüpft.

Zudem ‚wachsen' die Kinder förmlich in bestimmte Rollen hinein. Zwar orientiert sich die Entwicklung der Geschlechtsidentität häufig an tradierten Rollenbildern (beispielsweise die Arbeitsteilung im Haushalt oder die Ausübung bestimmter Berufe), aber ihre Relevanz in diesem Kontext nimmt seit Jahren ab. Heute stehen Heranwachsenden deutlich mehr Variationsmöglichkeiten zur Verfügung und die Geschlechterrollen sind offener, vielfältiger und flexibler geworden (vgl. z.B. Niederbacher & Zimmermann 2011).

3 Gender und kindliche Lebenswelt

Bereits vor dem Eintritt in die Grundschule assoziieren Kinder Farben, Eigenschaften etc. mit dem eigenen oder dem anderen Geschlecht, bevorzugen Spielzeuge und Aktivitäten geschlechtsbezogen und erfassen Geschlechterstereotype als feste Normen und Regeln, die es nicht zu verletzten gilt. Mit ca. 3 Jahren kennen Kinder ihr eigenes Geschlecht und können dieses anhand physischer Merkmale vom anderen unterscheiden. Dass sie ihr Geschlecht im Verlauf des Lebens nicht verlieren, dass das Geschlecht also zeitlich stabil ist, lernen Kinder mit ca. 3-5 Jahren. Darauf baut die Entwicklung des Konstanzkonzepts auf (ca. 5-7 Jahre), also das Verständnis dafür, dass das eigene Geschlecht unabhängig von äußeren Einflüssen ist (vgl. z.B. Berk 2011, Pinquart, Schwarz & Zimmermann 2011, Lohaus & Vierhaus 2013).[1]

Im Alter von ca. sechs Jahren ist die geschlechtsbezogene Sozialisation also schon weit vorangeschritten und die Kinder ‚wissen' bereits sehr viel über die beiden Geschlechter und vor allem über die vermeintlichen Geschlechterdifferenzen. Dass diese das Resultat von Doing-Gender-Prozessen sind, ist ihnen dabei nicht bewusst. Genauso unbewusst ist den Kindern, dass all ihr ‚Wissen' über die Geschlechter lediglich auf Alltagstheorien beruhen, die nicht dem wissenschaftlichen Kenntnisstand über Geschlecht als sozialer Konstruktion entsprechen. Hier kann die unterrichtliche Thematisierung des Gegenstands ‚Geschlechtersozialisation' (Doing-Gender-Prozesse, Geschlechterrollen...) anknüpfen.

Wie Erwachsene auch, stellen Kinder ihr Geschlecht ständig in Interaktionen mit Personen ihrer sozialen Umwelt her, besonders aber im Kontakt mit Gleichaltrigen. Dies bestätigen ethnografische Untersuchungen wie die von Breidenstein und Kelle (1998) und von Faulstich-Wieland, Weber & Willems (2004). Doing Gender, Geschlechtersozialisation und Rollenbilder sind also Gegenstände, die Bestandteil der kindlichen Lebenswelt in allen Bereichen sind. Durch reale Vorbilder in ihrem Umfeld (z.B. Eltern, Lehrkräfte) und mediale Präsenz (z.B. in Werbungen, Serien, Hörspielen etc.) werden sie mit den Geschlechtern konfrontiert, sie sehen und erleben stereotype Rollenbilder beinahe täglich. Nicht zuletzt sind Kinder zudem geschlechtsbezogenen Sozialisationseinflüssen ausgesetzt, durch die sie ihr eigenes Gender darzustellen erlernen und erkennen, was ein ‚geschlechtsangemessenes Verhalten' in unserer Gesellschaft bedeutet. Es gibt kaum empirische Untersuchungen, die die Entwicklung der Rollenbilder bis zum Ende des Grundschulalters in den Fokus nehmen. Eigene Studien im Rahmen studentischer

---

[1] „Lange Zeit wurde angenommen, dass die Entwicklung der Geschlechtsidentität mit dem dritten Lebensjahr weitgehend abgeschlossen sei und sich im Laufe des Lebens nicht mehr ändern würde. Auch wurde angenommen, dass die sexuelle Identität sich im Laufe der Pubertät herausbilden und dann stabil bleiben würde. Beide Annahmen werden heute kritisch hinterfragt" (Richter-Appelt 2012, 24).

Forschungsprojekte und Praxiserfahrungen zeigen aber, dass die im Vorschulalter noch recht fest gefügten Rollenbilder im Grundschulalter einer flexibleren Vorstellung von den Geschlechtern weichen. Kinder unterscheiden zunehmend zwischen tatsächlichem Verhalten und Zuschreibungen. Unterstützt wird dieser Prozess ganz offensichtlich von einer Unterrichtspraxis, die deutlich weniger – wie Erhebungen zur Unterrichtsqualität zeigen – mit überlebten Rollenbildern arbeitet und sensibel mit der Kategorie ‚Gender' umgeht. Das Professionswissen von Lehrkräften über Geschlechterverhältnisse und Doing-Gender-Prozesse ist zwar noch nicht überall als hinreichend zu bezeichnen, aber die gesellschaftliche Diskussion zur Chancengleichheit der Geschlechter ist in der Schule angekommen. Es ist zu vermuten, dass sich immer dort, wo mit Kindern gemeinsam die Effekte der Bildung von Vorurteilen thematisiert und gesellschaftliche Phänomene der Geschlechterverhältnisse und der Doing-Gender-Prozesse analysiert werden, kritische Reflexionsmöglichkeiten und -kompetenzen anbahnen und festigen. So ist optimistisch zu vermuten, dass diese Gender-Bewusstwerdungsprozesse einen spezifischen Beitrag zur Erschließung der kindlichen Lebenswelt leisten werden. Gleichzeitig können sie den Willen ausprägen helfen, sich gegebenen Bedingungen nicht einfach anzupassen, sondern kritisch Stellung zu nehmen. Im Kern geht es darum, dass Kinder lernen, bewusst das eigene Leben in die eigene Hand zu nehmen, um es zunehmend entsprechend eigener Bedürfnisse und unter Berücksichtigung der gegebenen Bedingungen zu gestalten (vgl. Hempel 2007).

4 Lern- und professionstheoretische Herausforderungen

Um die Kategorie Gender und Doing-Gender-Prozesse (im Kontext der Sozialisation) im Unterricht thematisieren zu können, ist es notwendig, dass Lehrkräfte mit diesen Gegenständen selbst reflektiert umgehen können. Denn die große Herausforderung für Lehrende ist es, auf der einen Seite angemessen mit den individuellen Voraussetzungen, Denkweisen, Erfahrungen und Vorstellungen der Lernenden umzugehen und an diese anzuknüpfen, auf der anderen Seite aber – und diese Gefahr besteht bei der Thematisierung von Geschlecht im Rahmen einer sozialwissenschaftlichen Herangehensweise besonders – Geschlechterstereotype und die Geschlechterpolarität bzw. -binarität unserer Gesellschaft nicht zu verstärken (vgl. Kaiser 2012). Die Dramatisierung von Geschlechterdifferenzen (vgl. Faulstich-Wieland 2010b) zu vermeiden, ist bei dem hier vorgestellten Unterrichtsgegenstand eine zentrale Herausforderung für Lehrkräfte. Durch die Überbetonung (Dramatisierung) von Differenzen werden Geschlechterstereotype oft eher reproduziert und gefestigt als abgebaut. Dabei wird ein stereotypes Verhalten (also ein stereotypes Doing Gender der Kinder) beinahe erzwungen, da die

Betonung der Geschlechterdifferenz diese als gegeben festschreibt und nur zwei Verhaltensmöglichkeiten bzw. Kategorien zur Einordung bereitstellt (vgl. ebd.). Um Gender angemessen thematisieren zu können, ohne Geschlechterdifferenzen festzuschreiben und die Binarität der Geschlechter zu tradieren, ist es notwendig, dass Lehrkräfte Gendersensibilität entwickeln (Sensibilität für Geschlechterhierarchien, -ungleichheiten, -konstruktionen usw.)[2]. Nur so können sie Lernende für neue Erfahrungswelten und -räume öffnen, ihnen Entwicklungsmöglichkeiten jenseits der tradierten Rollenbilder aufzeigen und sie dazu anleiten, sich reflektiert und kritisch mit Geschlechterkonstruktionen und gefestigten Stereotypen und Vorurteilen auseinanderzusetzen.

Für die Planung und Gestaltung des Sachunterrichts bedeutet das vor allem, dass Geschlechtersensibilität gerade im Hinblick auf die lebensweltliche und didaktische Analyse sowie die didaktische Rekonstruktion der Inhalte in besonderer Weise erforderlich ist (vgl. Hempel & Coers 2014), um den genannten Anforderungen gerecht zu werden.

Die unterrichtliche Thematisierung von Gender schaltet für Lehrende also die Herausforderung bzw. die Anforderung vor, sich mit den soziologischen Grundlagen zu Gender und Doing Gender auseinanderzusetzen – nur das garantiert fachliche Sicherheit und entsprechende Sensibilisierung. Dabei gilt es, auch die eigene Geschlechtlichkeit, die eigene geschlechtsbezogene Vorbildrolle und die eigenen Geschlechterkonstruktionsprozesse sowie -mechanismen zu reflektieren und kritisch zu hinterfragen.

Eine besondere Schwierigkeit ergibt sich daraus, dass der hier vorgestellte Gegenstand – auch ohne *Unterrichts*gegenstand zu sein – im Schulalltag fest verankert ist. In den schulischen Interaktionsprozessen vollzieht sich ebenfalls Doing Gender und die Schule als Sozialisationsinstanz prägt somit auch die Geschlechtersozialisation. In der Schule werden Kinder (meist implizit) mit Annahmen darüber konfrontiert, wie geschlechtsangemessen ihr Verhalten und ihr Lernen ist (vgl. Faulstich-Wieland 2010c), die Lehrkräfte stellen unbewusst bestimmte (und differenzierte) Verhaltenserwartungen an Mädchen und Jungen, in Schulbüchern sind nach wie vor Geschlechterstereotype enthalten und Fachkulturen werden häufig geschlechtsbezogen kodiert (vgl. z.B. Budde 2010). So trägt Schule dazu bei, vergeschlechtlichte Persönlichkeitsstrukturen auszubilden und stereotypes Doing Gender der Kinder eher zu fördern, anstatt Möglichkeiten jenseits tradierter Geschlechterbilder und Verhaltensmuster aufzuzeigen.

---

2 In diesem Kontext spielt auch Genderkompetenz eine wichtige Rolle, aufgrund der Schwerpunktsetzung dieses Beitrags muss hier aber auf eine ausführliche Darstellung dazu verzichtet werden. Für weitere Informationen vgl. z.b. Herwartz-Emden, Schurt & Waburg 2012, Kunert-Zier 2005, Stadler-Altmann & Schein 2013.

Lehrkräfte sind dabei selbst „aktiver Part in den Interaktionsprozessen [...], mit denen die Bedeutung von Geschlecht und die Füllung von Geschlechtervorstellungen produziert und reproduziert werden" (Faulstich-Wieland 2010b, 20). Mit diesem eigenen Eingebundensein in Doing-Gender-Prozesse müssen sich Lehrkräfte auseinandersetzen und sich diese eigene Beteiligung an Geschlechterkonstruktionsprozessen bewusst machen. Nur so können sie auch im Unterricht gemeinsam mit den Kindern reflektiert mit der Kategorie Gender umgehen und die kritische Betrachtung von Rollenbildern und Stereotypen auch bei den Lernenden fördern. Problematisch ist zudem, dass gerade im Unterrichtsprozess die Deutungen der Erwachsenen aus ihrem eigenen Erfahrungshorizont heraus kaum vermeidbar sind, so dass oft die Vorstellungen der Lehrenden vor den Vorstellungen der Lernenden (über Geschlecht) zum Ausgangspunkt didaktischen Denkens und Handelns gemacht werden. Die Kenntnisse über die Vorstellungen der Kinder, bzw. über deren Vorwissen ist gerade hier von großer Bedeutung, weil für die Kinder der Umgang mit Geschlechterstereotypen – durch das In-Frage-Stellen bisher oftmals unhinterfragter Normen, Traditionen, Erfahrungen (wie z.B. als Junge ‚weint man nicht' und als Mädchen ‚ist man nicht so wild') – besonders anspruchsvoll ist. Dieses Vorwissen der Kinder, das schon deklaratives und prozedurales Wissen über den Stellenwert und die Rollen der Geschlechter inklusive der Verfahren ihrer Unterscheidung und des Umgangs mit dem jeweilig anderen Geschlecht umfasst, ist aber im Grundschulalter – wie auch in anderen Domänen – noch sehr unvollständig und wegen der oben beschriebenen kulturellen Einflüsse oft sehr heterogen und z.T. auch einfach falsch. Zudem ist Vorwissen hier besonders schwer einzugrenzen, weil es vor allem um die Frage geht, wie dieses Wissen organisiert und in die emotionalen Zustände eingebettet ist. Wie kaum bei einem anderen Gegenstand sind hier die jeweiligen Umstände bedeutsam, unter denen diese Lernvoraussetzungen entstehen und ‚abgerufen' werden (vgl. Hempel & Coers 2015). Der Erwerb neuen Wissens über die Sozialisation der Geschlechter und über die (historische) Generierung sowie die Auswirkungen von Rollenbildern kann nur sinnvoll erfolgen, wenn auch hier das Neue in den vorhandenen kognitiven Strukturen verankert werden kann. Zu bedenken ist dabei stets, dass neues Wissen vom lernenden Subjekt immer auf der Basis des vorhandenen Vorwissens konstruiert wird; der Wissenserwerb ist keine Akkumulation von einem Nullpunkt aus, sondern eine „Transformation schon vorhandener Wissensstrukturen" (Einsiedler 1997, 30). Geschlechterstereotype können in diesem Kontext als „Fehlkonzepte" in den Wissensstrukturen gedeutet werden. Deshalb muss das Wissen über die Geschlechter durch eigene Erfahrung bestätigt werden, um tragfähige Denkmuster zu generieren – Hier indem die Kinder behutsam und angemessen von ihren Alltagsvorstellungen zu wissenschaftlichen Konzepten geführt werden. Das verlangt Einfühlungsvermögen und Geduld. Gerade beim Wissen über Geschlecht ist davon auszugehen, dass nicht immer die alten Strukturen und Vorstellungen beim Konzeptwechsel ersetzt werden, sondern dass, wie auch in anderen Bereichen nachweisbar, mehrere Vorstellungen zur gleichen Zeit nebeneinander existieren können.

5 Die Thematisierung von Gender im Sachunterricht – Aufgabenbeispiele und Anregungen

Es gehört zu den wichtigen pädagogischen und fachdidaktischen Prinzipien eines guten Sachunterrichts, dass die Erfahrungen der Kinder und die unterschiedlichen Ansätze ihrer Welterklärungen aufgegriffen werden.

Soll ein Unterrichtsgegenstand die Lernenden zur kritischen Auseinandersetzung mit eigenen Normen, Werten, Verhaltensweisen und erlernten Rollen anregen, müssen individuelle und offene Zugänge zu einem solchen Gegenstand ermöglicht werden. Es geht vor allem darum, den Kindern über ihren eigenen Lernweg, über selbst gewählte Schwerpunkte und Fragestellungen, ein reflektiertes Nachdenken über das eigene Leben und die eigenen Erfahrungen zu ermöglichen und sie dabei zum Hinterfragen der individuellen Erfahrungen zu führen. Nur so kann jedes Kind einen eigenen (kritisch-fragenden) Standpunkt bezüglich der Individualität, des ‚Rechts' auf Einzigartigkeit, der Selbstbestimmung, der Einflüsse von Kultur und Gesellschaft auf die eigene Entwicklung, der Besonderheit jedes Menschen sowie unserer heterogenen Lebenswelt entwickeln – und das unabhängig von Geschlecht.

Eine Differenzierung der Aufgabenstellungen für Klasse 1/2 und 3/4 verbietet sich aus o.g. Gründen. Die Thematisierung von Gender muss immer sowohl zeitlich wie inhaltlich der Lerngruppe angepasst sein. Neben situativen Anlässen können beispielsweise Fragen oder Erzählungen der Kinder als Anlässe zur Thematisierung genutzt werden; ebenso bieten sich bewusst gewählte gesellschaftliche Ereignisse des Tagesgeschehens an, um Rollenbilder und Geschlechterkonstruktionen im Unterricht zu thematisieren und mit der eigenen Geschlechtersozialisation zu kontrastieren.

5.1 Geschlechterrollen in Medien reflektieren

Die Kinder bringen Zeitschriften und/oder Werbeprospekte/andere Printmedien mit. Über die Bilder von Männer und Frauen/Mädchen und Jungen wird gesprochen (um über die Darstellung der Geschlechter ins Nachdenken zu kommen) und anschließend werden die Bilder collagenartig gesammelt und fixiert (z.B. mit der Überschrift: ‚Männerbilder' und ‚Frauenbilder' in den Medien/in der Werbung/in der Zeitung). Anhand der Collagen kann dann kritisch diskutiert werden. Impulse für eine solche Diskussion könnten sein:

- Beschreibt die Bilder! Was fällt euch auf?
- Wie findet ihr die Bilder? Gefallen sie euch? Welche findet ihr besonders gut bzw. welche gefallen euch am wenigsten? Warum?
- Warum glaubt ihr, werden die Menschen auf den Werbebildern so dargestellt?
- Findet ihr, dass die Männer und Frauen unterschiedlich dargestellt sind? Welche Unterschiede seht ihr und warum sind sie da?
- Zeigen diese Bilder die Realität (das „echte Leben")? Habt ihr Männer und Frauen, wie die auf den Bildern, schon mal gesehen? Oder seht ihr Unterschiede zu den Männern und Frauen, die ihr kennt?

5.2 Soziale Situationen der Zweigeschlechtlichkeit analysieren

Zur Analyse sozialer Situationen eignen sich Fallbeispiele bzw. Fallerzählungen. Diese müssen im Hinblick auf die Vorerfahrungen, Wünsche und Zugänge der Kinder entwickelt werden. Sie eignen sich aber auch, um aktuelle gesellschaftliche/politische Geschehnisse einzubinden, ggf. zu entfremden bzw. anzupassen und sie so als Gesprächsanlass zu nutzen. Mögliche Ansätze für solche Fallbeispiele bzw. Erzählungen könnten sein:

- Die Geschichte von einem Kind, das eine Geburtstagswunschliste schreibt und sich eben nicht die ‚typische' Sachen (in Bezug auf das Geschlecht) wünscht. Oma, Mama, Papa, Geschwister etc. reagieren entsprechend mit Unverständnis, Nachfragen oder machen Scherze (z.B. „Was willst du denn mit einem Fußball? Damit spielen doch nur Jungen.") Die Lernenden können zunächst in Gruppen dann gemeinsam über diese Geschichte sprechen. Mögliche Impulse (die evtl. den Gruppen schriftlich gegeben werden) können sein: Habt ihr so etwas selbst schon einmal erlebt? Wie gefallen auch die Wünsche des Kindes? Warum wünscht sich das Kind diese Sachen? Wie findet ihr die Reaktionen der Familienmitglieder? Warum reagieren sie so? Glaubt ihr, viele Leute würden so reagieren und solche Sachen sagen? Was denkt ihr, wie sich das Kind (Name des Kindes aus der Geschichte einsetzen) bei den Reaktionen der Familie fühlt? Wie findet ihr die Wunschliste? Was würdet ihr zu dem Kind sagen, wenn es euer Freund oder eure Freundin wäre?
- Ein Tagebucheintrag eines Kindes, das ein ‚untypisches' Hobby hat (z.B. ein Junge, der voltigiert; ein Mädchen, das gern Autorennen anschaut...) und von seinem/ihren Tagesablauf berichtet oder über negative Reaktionen von MitschülerInnen auf das Hobby schreibt (siehe anderes Beispiel). Auch hier können die Lernenden mit ähnlichen Fragen wie bei dem anderen Fallbeispiel Rollenzuschreibungen und ‚geschlechtertypische' Eigenschaften hinterfragen (dazu könnte ggf. auch die „echten" Tagesabläufe von Kindern der Klasse genutzt werden).
- Fotos von Kinder werden diskutiert – wie sie aussehen, was sie anhaben, ob sie sympathisch sind und man kommt zwangsläufig zur Frage, ob das wohl

Mädchen oder Jungen sind, so dass die Konstruiertheit von Geschlecht über die Deutung äußerer Zeichen erfasst werden kann. Grundlage dafür ist ein Bild (Foto) von Jungen, die wie Mädchen angezogen und gestylt sind und umgekehrt)

5.3 Sich mit dem eigenen Lebensentwurf auseinandersetzen

Die Kinder bekommen den Auftrag, Vorstellungen von ihrem eigenen zukünftigen Leben als Erwachsene aufzuschreiben. Hier könnte auch dazu angeregt werden, darüber nachzudenken, ob sie lieber ein Mädchen oder ein Junge wären, welche Möglichkeiten sie dann hätten und warum sie glauben, dass das so ist (vgl. Hempel 2004). Anhand dieser Aufzeichnungen kann dann ggf. ein Gespräch geführt werden, ob es ‚typische' Lebenswege für Mädchen' bzw. Jungen' überhaupt gibt. Es bieten sich anhand dieser Materialien auch erste Übungen mit Fallstudien an (vgl. ebd.).Insgesamt sollte hier der Zusammenhang zwischen individuellen Gestaltungsoptionen und politischen Rahmenbedingungen – auch gesellschaftlichen Rollenerwartungen – herausgearbeitet werden.

5.4 Über Geschlechtszuweisungen diskutieren

Den Kindern wird eine fiktive Nachrichtenmeldung vorgelesen, in der PolitikerInnen fordern, das Geschlecht abzuschaffen (also nicht mehr Männer und Frauen, Mädchen und Jungen zu sagen bzw. zwischen diesen Kategorien nicht mehr zu unterscheiden, sondern nur noch von Menschen zu sprechen). In einer Pro- und Contra-Diskussion sollen die Kinder über diesen Vorschlag diskutieren und Argumente für und gegen diese Idee finden. Wichtig ist, dass die fiktiven Meldungen von der Lehrkraft geschrieben werden, damit sie den sprachlichen Möglichkeiten und Zugängen der Lerngruppe entsprechen. Eine weitere Idee für eine Nachrichtenmeldung (als Grundlage für die Diskussion) könnte sein, dass es ab jetzt einmal im Monat einen Umgedreht-Tag geben solle. An diesem Tag drehen sich die Geschlechterrollen um (Männer ziehen sich an wie Frauen und machen alles, was sonst Frauen machen und umgekehrt). Bei einer Pro- und Contra-Diskussion über diesen Vorschlag kann deutlich werden, was für Geschlechterbilder und -rollen es gibt und dass diese konstruiert sind (weil man theoretisch einfach tauschen könnte).

5.5 Die Funktionen von Geschlechterrollen in der Geschichte entdecken

Es lassen sich bei allen historischen Themen Möglichkeiten finden, Geschlechterrollen in verschiedenen Zeiten zu entdecken und herauszufinden, welchen Sinn sie jeweils hatten und wie sie funktionierten, dass es sogar sehr aktive Bemühungen gab, wesensgemäße Zuschreibungen immer wieder, bis hin zu gesetzlichen Grundlagen, festzuschreiben, um gesellschaftliche Ordnungen und Strukturen

aufrechtzuerhalten. Es lassen sich in den unterschiedlichsten Kontexten auch immer wieder Belege finden, wie langwierig es war bzw. ist, solche festgefügten Rollenbilder aufzulösen und damit Veränderungen zu fördern. So kann man
- beim Thema Ritter und Burgen die Frage diskutieren, warum es keine Ritterinnen gab oder ob auch die adligen Mädchen wie ihre Brüder lesen und rechnen lernen durften;
- beim Thema Schule früher und heute der Frage nachgehen, warum Mädchen und Jungen getrennte Schulen besuchen mussten und warum sich auch die Bildungsinhalte unterschieden mit Blick auf die Stellung in der Gesellschaft, die von Männern und Frauen in den jeweiligen sozialen Schichten erwartet wurden. Man kann beispielhafte Biografien von Wissenschaftlerinnen nutzen, um zu zeigen, mit welch außergewöhnlichen Mitteln sie oft durchsetzen mussten, bestimmte Berufe auszuüben oder studieren zu dürfen;
- auch bei der Betrachtung von politischen Verhältnissen in der deutschen Geschichte aufzeigen, dass Frauen lange Zeit per Gesetz ausgeschlossen waren, z.B. wählen zu gehen oder gewählt zu werden, nur weil man behauptet hatte, dass ihnen die entsprechenden Fähigkeiten fehlen würden, dass damit Männer aber vor allem eigene Machtansprüche stabilisieren wollten. Hier lässt sich der mutige Kampf von Frauen einflechten, dieses Wahlrecht 1918 endlich erkämpft zu haben und man kann heute auf viele Belege verweisen, dass auch Frauen in der Politik Großes leisten;
- z.B. auch die sportlichen Aktivitäten der Kinder einmal bezüglich der Sportart historisch beleuchten und darüber diskutieren, mit welchen Begründungen man lange Frauen bzw. Männern bestimmte Sportarten verwehrte. Dieser Wandel in den Rollenbildern lässt sich am Beispiel des Fußballsports bzw. der künstlerischen Gymnastik besonders eindringlich aufzeigen.

Durch die so geförderte kritische Auseinandersetzung mit den im eigenen Sozialisationsprozess erlernten Rollen, sollen die Kinder erkennen, wie wenig begründet subjektive Bewertungen sind, die auf stereotypen Vorstellungen von den Geschlechtern beruhen. Sie erkennen zudem, dass es ein langer Entwicklungsprozess ist, tradierte Rollenbilder zu überwinden und werden darin gestärkt, sich selbst ungerechtfertigten Verhaltenserwartungen (mit der Begründung ein Mädchen oder Junge zu sein) zu widersetzen, um eigene individuelle Interessen und Neigungen durchzusetzen.

Interessant ist, dass an dieser Stelle viele weitere Verknüpfungen zu den anderen Perspektiven des Sachunterrichts hergestellt werden können; je nach Unterrichtsgegenstand können ‚Geschlechterbilder im Wandel' auch mit technischen, naturwissenschaftlichen oder raumbezogenen Inhalten gemeinsam thematisiert werden (z.B. Erfinderinnen und Erfinder, Jungen und Mädchen in unserem Ort/in unserer Stadt, Geschlecht und Berufe/‚Männerberufe' – ‚Frauenberufe').

Unsere Anregungen für den Unterricht beziehen sich vor allem auf die Denk-, Arbeits- und Handlungsweisen (2) *Argumentieren sowie zwischen Einzelnen oder zwischen Gruppen mit unterschiedlichen Interessen und Bedürfnissen verhandeln* und (5) *Kulturelle Deutungen und Werte respektieren und tolerieren* (GDSU 2013, 31/33). Durch die Pro- und Contra-Diskussion und die Analyse von Fallbeispielen wird ein Perspektivenwechsel der Lernenden angestrebt, in dem sie verschiedene Positionen darstellen, Wünsche und Bedürfnisse anderer artikulieren und sie zur Argumentation heranziehen. Dabei können auch – je nach gewähltem Beispiel – Konfliktlösungen gesucht und eigene Standpunkte zu den unterschiedlichen Positionen gefunden werden (DAH 2). Die Auseinandersetzung mit medial repräsentierten Geschlechterbildern und der eigenen (geschlechtsbezogenen) Sozialisation führt die Kinder zu einem Verständnis von gesellschaftlicher Vielfalt, sie informieren sich über kulturell geformte Werte und Praktiken, hinterfragen diese und lernen, ihre Unterschiedlichkeit wahrzunehmen und zu tolerieren (DAH 5). Das Aufgabenbeispiel 5 zeigt eine Möglichkeit zur Vernetzung mit der Historischen Perspektive. Zentral ist dabei der Bezug zu der Perspektivenbezogenen Denk-, Arbeits- und Handlungsweise (1) *Fragen nach Veränderungen menschlichen Zusammenlebens in der Zeit stellen (Historische Fragekompetenz)* (GDSU 2013, 58). Durch die Thematisierung von Rollenbildern in unterschiedlichen Epochen und Kontexten erkennen die Lernenden, dass menschliches Handeln sowie gesellschaftliche Verhältnisse und Normen wandelbar sind und auch so werden die Kinder an eine fragende, kritische Haltung geführt.

Literatur

Berk, L. E. (2011): Entwicklungspsychologie. Halbergmoos: Addison-Wesley Verlag.
Breidenstein, G. & Kelle, H. (1998): Geschlechteralltag in der Schulklasse: ethnographische Studien zur Gleichaltrigenkultur. Weinheim & München: Beltz Juventa.
Budde, J. (2010): Geschlechtergerechte Schule. Diskurse, Problemlagen und Perspektiven. In: Kursiv: Journal für politische Bildung, H. 3, 42-49.
Davis, N. Z. (1989): Frauen und Gesellschaft am Beginn der Neuzeit. Frankfurt a.M.: Fischer Verlag.
Einsiedler, W. (1997): Probleme und Ergebnisse der empirischen Sachunterrichtsforschung. In: Marquardt-Mau, B., Köhnlein, W. & Lauterbach, R. (Hrsg.): Forschung zum Sachunterricht. Bad Heilbrunn: Klinkhardt. 18-42.
Faulstich-Wieland, H., Weber, M. & Willems, K. (2004): Doing Gender im heutigen Schulalltag: Empirische Studien zur sozialen Konstruktion von Geschlecht in schulischen Interaktionen. Weinheim & München: Beltz Juventa.
Faulstich-Wieland, H. (2008): Sozialisation und Geschlecht. In: Hurrelmann, K. et al. (Hrsg.): Handbuch Sozialisationsforschung. 7. Aufl. Weinheim; Basel: Beltz Verlag, 240-253.
Faulstich-Wieland, H. (2010a): Sozialisation, Habitus, Geschlecht. In: Liesner, A. & Lohmann, I. (Hrsg.): Gesellschaftliche Bedingungen von Bildung und Erziehung. Eine Einführung. Stuttgart: Kohlhammer, 19-30.
Faulstich-Wieland, H. (2010b): Mädchen und Jungen im Unterricht. In: Buholzer, A. & Kummer Wyss, A. (Hrsg.): Alle gleich – alle unterschiedlich! Zum Umgang mit Heterogenität in Schule

und Unterricht. Seelze-Velber und Zug. Kallmeyer in Verbindung mit Klett und Klett und Balmer, 16-27.

Faulstich-Wieland, H. (2010c): Sozialisatorische Perspektive: Koedukation. In: Bohl, T., Helpser, W., Holtappels, H. G. & Schell, C. (Hrsg.): Handbuch Schulentwicklung. Theorie – Forschungsbefunde – Entwicklungsprozesse – Methodenrepertoire. Bad Heilbrunn: Klinkhardt, 326-329.

GDUS (2013): Perspektivrahmen Sachunterricht. Vollständig überarbeitete und erweiterte Aufl.. Bad Heilbrunn: Klinkhardt.

Gildemeister, R. & Wetterer, A. (1992): Wie Geschlechter gemacht werden. Die soziale Konstruktion der Zweigeschlechtlichkeit und ihre Reifizierung in der Frauenforschung. In: Knapp, G.-A. & Wetterer, A. (Hrsg.): TraditionenBrüche. Entwicklungen feministischer Theorien. Freiburg: Kore, 201-254.

Gildemeister, R. (2010): Doing Gender: Soziale Praktiken der Geschlechterunterscheidung. In: Becker, R. & Kortendiek, B. (Hrsg.): Handbuch Frauen- und Geschlechterforschung. Wiesbaden: VS Verlag für Sozialwissenschaften, 137-145.

Hempel, M. (2004): Vom Lebensentwurf zur Lebensplanung – das eigene Leben als Thema. In: Richter, D. (Hrsg.): Gesellschaftliches und politisches Lernen im Sachunterricht. Braunschweig und Bad Heilbrunn: Westermann und Klinkhardt, 145-162.

Hempel, M. (2007): Lebensentwürfe im Grundschulalter: Anforderungen – Probleme – Kompetenzen. In: Pfeiffer, S. (Hrsg.) Sachunterricht im 21. Jahrhundert. Bestandsaufnahmen – Herausforderungen – Visionen. Oldenburg: Oldenburger Vordrucke, 49-62.

Hempel, M. & Coers, L. (2014): Unterrichtsqualität und Gender – bildungstheoretische und fachdidaktische Ansätze im Sachunterricht Vortrag auf der Jahrestagung der GDSU.

Hempel, M. & Coers, L. (2015): Gender im Lehr-Lernprozess. In: Kahlert, J. et al. (Hrsg.): Handbuch Didaktik des Sachunterrichts. 2. Aufl., 366-370.

Herwartz-Emden, L., Schurt, V. & Waburg, W. (2012): Mädchen und Jungen in Schule und Unterricht. Stuttgart: Kohlhammer.

Kahlert, J. (2005): Der Sachunterricht und seine Didaktik. 2., Aufl. Bad Heilbrunn: Klinkhardt.

Kaiser, A. (2012): Genderforschung in der Sachunterrichtsdidaktik. In: Kampshoff, M. & Wiepcke, C. (Hrsg.): Handbuch Geschlechterforschung und Fachdidaktik. Wiesbaden: VS Verlag für Sozialwissenschaften, 259-272.

Kessler, S. J. & McKenna, W. (1978): Gender. An ethnomethodological approach. Chicago; London: The University of Chicago press.

Kunert-Zier, M. (2005): Erziehung der Geschlechter: Entwicklungen, Konzepte und Genderkompetenz in sozialpädagogischen Feldern. Wiesbaden: VS Verlag für Sozialwissenschaften.

Küppers, C. (2012): Soziologische Dimensionen von Geschlecht. In: Bundeszentrale für politische Bildung (Hrsg.): APuz – Aus Politik und Zeitgeschichte. 62. Jahrgang, 20-21/2012, Geschlechtsidentität, 3-8.

Lohaus, A. & Vierhaus, M. (2013): Entwicklungspsychologie des Kindes- und Jugendalters für Bachelor. Lesen, Hören, Lernen im Web. Berlin; Heidelberg: Springer Verlag.

Maurer, F. (1985): Sachunterricht als Erschließen der kindlichen Lebenswirklichkeit. Zur anthropologischen Grundlegung des Sachunterrichts. In: Beck, G.: Zur Pädagogik des Heimat- und Sachunterrichts. Tübingen: Deutsches Institut für Fernstudien.

Niederbacher, A. & Zimmermann, P. (2011): Grundwissen Sozialisation. Einführung zur Sozialisation im Kindes- und Jugendalter. Wiesbaden: VS Verlag für Sozialwissenschaften.

Pinquart, M., Schwarzer, G. & Zimmermann, P. (2011): Entwicklungspsychologie – Kindes- und Jugendalter. Göttingen; et al: Hogrefe.

Richter-Appelt, H. (2012): Geschlechtsidentität und -dysphorie. In: Bundeszentrale für politische Bildung (Hrsg.): APuz – Aus Politik und Zeitgeschichte. 62. Jahrgang, 20-21/2012, Geschlechtsidentität, 22-28.

Stadler-Altmann, U. & Schein, S. (2013): Genderkompetenz in der Lehreraus- und –weiterbildung. In: Stadler-Altmann, U. (Hrsg.): Genderkompetenz in pädagogischer Interaktion. Opladen: Verlag Barbara Budrich, 43-81.

Voß, H.-J. (2010): Biologisch gibt es viele Geschlechter. In: Onlinejournal Kultur & Geschlecht, . 6. Im Internet: http://www.ruhr-uni-bochum.de/genderstudies/kulturundgeschlecht/pdf/Voss_BiologischGibtEs VieleGeschlechter.pdf (Aufruf: 2013-10-02).

Wetterer, A. (2010): Konstruktion von Geschlecht: Reproduktionsweisen der Zweigeschlechtlichkeit. In: Becker, R.; & Kortendiek, B. (Hrsg.): Handbuch Frauen- und Geschlechterforschung. Wiesbaden: VS Verlag für Sozialwissenschaften, 127-136.

Eva Gläser und Julia Peuke

Migration und Migrationsgesellschaft im sozialwissenschaftlichen Sachunterricht thematisieren

Die Auseinandersetzung mit Migration wird im Perspektivrahmen Sachunterricht dem perspektivenbezogenen Themenbereich „Sozialisation" zugeordnet (GDSU 2013, 36f.). Diese Zuordnung verdeutlicht die Bedeutung der Sozialisation bzw. des „eigenen Lebens" für die Reflexion der spezifischen Person und ihrer Entwicklung innerhalb der Gesellschaft. Das von Ulrich Beck (2001) formulierte „Zeitalter des eigenen Lebens" umschreibt auch Migration bzw. die Migrationsgesellschaft. Dies zeigt sich nach Beck beispielsweise darin, dass „die Zahl der transnationalen Ehen und der Kinder, die transnational aufwachsen, in den letzten zehn Jahren enorm gestiegen" ist (ebd., 5). Aktuelle Daten unterstreichen diese von Beck bereits im Jahr 2001 gekennzeichnete Tendenz in der Moderne. Familien in Deutschland, „das sind immer öfter auch Eltern und Kinder unterschiedlicher Herkunft, Mehrsprachigkeit, Migration. Nahezu jede vierte Familie hat mindestens ein Familienmitglied, das aus einem anderen Land stammt oder eine andere Staatsangehörigkeit besitzt. 35 Prozent der Kinder unter fünf Jahren haben einen Migrationshintergrund" (vgl. BMFSFJ 2015). Welches Bildungspotenzial für den sozialwissenschaftlichen Sachunterricht mit der Thematisierung dieses gesellschaftlichen Wandels verbunden ist, welche Vorstellungen SchülerInnen hierzu besitzen und welche unterrichtlichen Umsetzungen bzw. Medien hierfür geeignet sind, wird im Folgenden näher ausgeführt.

1 Didaktische Überlegungen zum Themenbereich Migration

Die Beschäftigung mit Migration wird in dem politikdidaktischen Kompetenzmodell von Weißeno et al. (2010) bereits in die Primarstufe eingebunden. Migration wird als ein konstituierender Begriff des Fachkonzepts „Sozialstaat", das zum Basiskonzept „Ordnung" gehört (vgl. ebd., 94), definiert. Auch der mit Migration eng verbundene Begriff „Grenze" ist in diesem Modell für die Primarstufe inkludiert, allerdings innerhalb des Fachkonzeptes „Staat" (ebd., 191). Zudem werden weitere zu lernende Konzepte, die bei der Thematisierung von Migration eingeschlossen werden könnten, im Perspektivrahmen Sachunterricht benannt: unter anderem „Familie", „Kultur", „kulturelle Normen/Werte", „Heterogenität/ Ungleichheit/Wandel" und „Gruppen" (ebd., 36). Im Perspektivrahmen Sachunterricht (GDSU 2013) wird im Sinne einer Kompetenzorientierung im perspektivenbezogenen sechsten Themenbereich („Sozialisation") angegeben, dass die SchülerInnen bis zum Ende des vierten Schuljahres „Gründe für Migration benennen und an Fallbeispielen Vor- und Nachteile von Migrationen für die Einzelnen und die Gesellschaft beschreiben" können sollen (ebd., 37). Unterstrichen wird zudem, dass in diesem Themenbereich „in besonderem Maße Verknüpfungen zur geographischen und historischen Perspektive gegeben" sind (ebd., 36). Daher werden diese auch in der fachlichen Klärung bzw. bei den unterrichtlichen Anregungen mit einbezogen.

Das Konzept Migration kann zudem in Bezug auf unterschiedliche so genannte „Perspektivenbezogene Denk-, Arbeits- und Handlungsweisen" (DAHs) begriffen werden: „An ausgewählten gesellschaftlichen Gruppen partizipieren", „Argumentieren sowie zwischen Einzelnen oder zwischen Gruppen mit unterschiedlichen Interessen und Bedürfnissen verhandeln", „Politisch urteilen", „Gesellschaftsbezogene Handlungen planen und umsetzen" und vor allem „Kulturelle Deutungen und Werte respektieren und tolerieren" (GDSU 2013, 29).

Eine direkte Beziehung zur „kulturell heterogenen Gesellschaft" wird im Perspektivrahmen Sachunterricht innerhalb der sozialwissenschaftlichen Perspektive hergestellt (ebd., 33). Es wird betont, dass „interkulturelles Lernen eine wichtige Aufgabe" sei (ebd.). Die Darstellung der zu erreichenden Ziele zeigt zudem deutliche Bezugspunkte zur Thematik Migration auf:

„Die Schülerinnen und Schüler können:
- durch Befragungen, Beobachtungen und Recherchen sich über unterschiedliche Lebensstile, kulturelle Praktiken oder Werte informieren und sie anderen Personen darstellen
- kulturelle Unterschiede und Gemeinsamkeiten zwischen verschiedenen Gruppen der Gesellschaft hinsichtlich ihrer Lebensstile, Bedürfnisse oder Wertorientierungen erkennen und respektieren
- die eigene kulturelle Bedingtheit der Wahrnehmung an konkreten Beispielen (wie z.B. Lebensgewohnheiten oder Bräuche) benennen
- gesellschaftliche Vielfalt und Differenzen anerkennen und produktiv nutzen
- Solidarität mit anderen zeigen" (ebd.)

Es kann festgehalten werden, dass neben der fachlichen Klärung des Konzepts Migration (z.B. Gründe für Migration) auch die kulturelle gesellschaftliche Vielfalt bzw. die eigene kulturelle Wahrnehmung im Unterricht zu thematisieren sind. Die fachliche Auseinandersetzung mit dem Konzept Migration umfasst somit nicht nur den Begriff Migration, sondern auch die Klärung des hierbei zugrunde gelegten Kulturbegriffs (vgl. Gläser 2004a; Gläser 2010).

2 Fachliche Klärungen des Gegenstandes

Migration ist als ein umfassendes Phänomen zu verstehen, denn es „veränderte in den vergangenen Jahrhunderten die Welt" und ist zudem „ein globales Zukunftsthema" (Oltmer 2012, 7). Migration (lat. *migratio* = Wanderung) wird als eine besondere Form von räumlicher Mobilität definiert (vgl. Treibel 2008, 296; Haug 2013, 593). „Migration kann als die auf einen längerfristigen Aufenthalt angelegte räumliche Verlagerung des Lebensmittelpunktes von Individuen, Familien, Gruppen oder auch ganzen Bevölkerungen verstanden werden" (Oltmer 2012, 17). Dieses klassische Verständnis, Menschen emigrieren aus einem Herkunftsland und immigrieren dauerhaft in ein Zielland, wird hierbei in der neueren Forschung durch einen verstärkten Blick auf soziologische Aspekte abgelöst: „Von *Migration* spricht man [...], *wenn Menschen ihren Lebensmittelpunkt verlagern oder zum alten Lebensmittelpunkt ein neuer hinzukommt*" [Hervorhebung im Original] (Treibel 2008, 295). Innerhalb dieses Zugangs werden ebenso die jüngeren Phänomene der Pendel- oder auch Transmigration berücksichtigt. Danach entscheiden sich Menschen nicht für das Leben an einem einzigen Ort, sondern haben mehrere räumliche Lebensmittelpunkte, so genannte transnationale soziale Räume, „d.h. Sozialräume jenseits von Nationalgesellschaften" (Seifert 2012, 68). Transnationale Orientierungen werden vor allem durch moderne Kommunikations- und Transporttechnologien ermöglicht bzw. vereinfacht.

In der Regel werden bei der Betrachtung des Phänomens „Migration" Individuen, Gruppen, Familien oder größere Bevölkerungsgruppen, die über internationale Grenzen wandern, umschrieben. Von dieser sogenannten *Außenwanderung* wird die *Binnenwanderung*, also die Migration innerhalb staatlicher Grenzen, unterschieden (vgl. Haug 2013, 593; Seifert 2012, 68; Meinhardt 2006, 25). Eine Wanderung innerhalb der Europäischen Union wird auch als EU-Binnenmigration bezeichnet (vgl. Haug 2013, 593). Eine weitere Differenzierung von Migrationsformen erfolgt darüber hinaus mittels der Kriterien „freiwillig" und „gezwungen" (vgl. Haug ebd.; Treibel 2008, 295). Inwiefern die dauerhafte Verlagerung des Lebensmittelpunktes von Menschen sich jedoch dementsprechend kategorisieren lässt, ist fragwürdig. Die Suche nach besseren Lebensgrundlagen aus beispielsweise ökonomischen, ökologischen oder politischen Aspekten lässt sich nicht immer trennscharf als freiwillig von gezwungen abgrenzen (vgl. ebd.). Annette Treibel (2008, 295) fasst diese Schwierigkeiten zusammen: „Festzuhalten ist, dass sich Menschen durch ihre Lebensumstände gezwungen sehen können, ihre Herkunftsregion zu verlassen – auch wenn niemand eine Waffe auf sie richtet." In diesem Zusammenhang lässt sich Migration zudem hinsichtlich der Motivation für die Wanderung typisieren. Klaus J. Bade (2008, 1055) fasst diese unter wirtschaftlichen und beruflich-sozialen Motiven sowie Überlebenswanderungen zusammen. Hierunter fallen die am häufigsten auftretenden Wanderungstypen Arbeitsmigration und Flucht. Weiterhin können Aus- und Übersiedlung sowie irreguläre Migration als wesentliche Formen für die BRD hinzugefügt werden (Castro Varela & Mecheril 2010, 26).

Einen erweiterten Blick auf den Begriff „Migration" führen María do Mar Castro Varela und Paul Mecheril (2010, 35) an. Sie definieren Migration zum einen als die „biografisch relevante Überschreitung kulturell, juristisch, lingual und (geo-)politisch bedeutsamer Grenzen" und zum anderen als „Gegenstand von Diskursen, als Gegenstand politischer und alltagsweltlicher Auseinandersetzungen […], in denen die Frage, ob es eher um Erhalt oder Umgestaltung geht, kontrovers diskutiert wird" (ebd.). Migration entspricht damit nicht allein der Wanderung und der möglichen Verlagerung des Lebensmittelpunktes, sondern ebenso der öffentlichen Diskussion im Zusammenhang mit dieser. So werden hinsichtlich der gesellschaftlichen Bedeutung von Migration auch Grenzen thematisiert, die nicht nur territorial oder staatlich sind.

Aktuell wird Deutschland als ein Einwanderungsland umschrieben, wobei diese Sicht noch keine lange Tradition besitzt. Erst Ende der 1970er Jahre erklärte der erste „Ausländerbeauftragte" der BRD, Heinz Kühn, Deutschland sei „faktisch ein Einwanderungsland" (vgl. Hoerder 2010, 105). Dabei offenbart bereits ein kurzer Blick in die Vergangenheit, dass Migration stets ein fester Bestandteil der europäischen Geschichte war (vgl. Bade 2000; Bade et al. 2010). Migrationsbewegungen sowie die unterschiedlichen Formen von Migration sind demnach auch historisch zu betrachten, zumal, wenn es darum geht, aktuelle Prozesse zu verstehen. Deutschland war bis zum Beginn des 20. Jahrhunderts verstärkt ein Auswanderungsland, hier sind insbesondere die Kontinentalauswanderungen nach Russland im 18. Jahrhundert und die interkontinentalen Massenauswanderungen im Zuge verschlechterter sozioökonomischer Zustände sowie der gescheiterten Märzrevolution im 19. Jahrhundert nach Nordamerika zu nennen (vgl. Bade 2008, 1051f.; Haug 2013, 596; Meinhardt 2006, 26ff.). Im Zusammenhang mit den Auswanderungen nach Übersee wurde Deutschland zusätzlich zu einem Transitland. „Zwischen 1821 und 1924 wanderten etwa 55 Millionen Menschen aus Europa nach Übersee" (Seifert 2012, 69). Über Hamburg und Bremen bzw. Bremerhaven verließen Anfang der 1890er Jahre vor allem Menschen aus Ost- und Südosteuropa den Kontinent (vgl. Bade 2008, 1052; Meinhardt 2006, 29). Im 20. Jahrhundert wandelte sich Deutschland zum Einwanderungsland. Ende des 19. Jahrhunderts kam es in Folge der Industrialisierung zu einer ersten Arbeitsmigrationswelle: Vor allem aus Osteuropa wurden junge Männer angewor-

Migration und Migrationsgesellschaft

ben, die als Saisonarbeiter in der Landwirtschaft und Industrie arbeiteten (vgl. Bade 2008, 1052; Meinhardt 2006, 31). Die Zahl der so genannten „Ruhrpolen" wuchs innerhalb von etwa 50 Jahren von 16 Personen auf rund zwei Millionen an (vgl. Meinhardt 2006, 31). Die zweite große Welle der Arbeitsmigration begann 1955 mit dem ersten Anwerbeabkommen mit Italien (vgl. Castro Varela & Mecheril 2010, 28; Meinhardt 2006, 34). Der wirtschaftliche Aufschwung, Verkürzungen der Arbeitszeit und steigende Ausbildungszeiten führten insbesondere im industriellen Sektor zu Personalmangel, dieser sollte mit ArbeiterInnen aus dem süd- und südosteuropäischen Raum gedeckt werden. Es galt das sogenannte „Rotationsprinzip", wonach die ausländischen ArbeiterInnen nach einem Jahr in ihr Herkunftsland zurückgeschickt würden und dafür neue, „unverbrauchte" Arbeitskräfte in die BRD kämen. Ähnlich wie in der BRD warb auch die DDR nach dem Rotationsprinzip Arbeitskräfte aus anderen Ländern an, insbesondere aus Vietnam und Mosambik (vgl. Bade 2008, 1053; Haug 2013,598).

Bis zum Anwerbestopp im Jahre 1973, der in Folge der Ölkrise verhängt wurde, wanderten 14 Millionen Menschen ein und 11 Millionen kehrten anschließend in ihre Herkunftsländer zurück. Durch den Nachzug der Familien der verbliebenen ArbeiterInnen kam es zu einem kontinuierlichen Anstieg der in der BRD lebenden MigrantInnen (vgl. Bade 2008, 1053; Castro Varela & Mecheril 2010, 29f.). Anfang der 1980er Jahren war die so genannte Wanderungsbilanz, d.h. die Differenz zwischen Zu- und Abwanderung, „sogar leicht negativ" (Seifert 2012, 71). Der erneute kurze Anstieg der Zuwanderung zu Beginn der 1990er Jahre wurde vor allem durch zwei Migrationsbewegungen ausgelöst: der Zuzug von AussiedlerInnen und AsylbewerberInnen. „Von 1996 bis zum Jahr 2008 sank die Zahl der in Deutschland lebenden Ausländerinnen und Ausländer von 7,5 auf 7,2 Millionen. Einbürgerungen und das im Jahr 2000 geänderte Staatsangehörigkeitsrecht (…) haben dazu geführt, dass die ausländische Bevölkerung nicht weiter wuchs" (ebd.).

Die Einwanderungsgruppe der (Spät)AussiedlerInnen zog vor allem aus der ehemaligen Sowjetunion zu. Hierbei handelt es sich um Nachkommen deutscher SiedlerInnen aus dem osteuropäischen Raum, die aufgrund des Abstammungsprinzips als deutsche StaatsbürgerInnen gelten. Der Höhepunkt dieser Wanderungsbewegung fand vor allem nach dem Ende des Kalten Krieges statt (vgl. Castro Varela & Mecheril 2010, 27). „Seit Beginn der Aussiedleraufnahme im Jahr 1950 sind fast 4,5 Millionen (Spät-)Aussiedler einschließlich Familienangehörigen nach Deutschland zugewandert. Seit 1990 gehen die Zuwanderungszahlen stetig zurück. Im Jahre 2012 kamen 1.817 Personen als Spätaussiedler nach Deutschland" (Bundesamt für Migration und Flüchtlinge o.J.).

Sowohl historisch als auch politisch relevant ist das Migrationsphänomen „Flucht". Flucht ist eine Form der Zwangsmigration. Laut dem Flüchtlingshilfswerk der Vereinten Nationen (UNHCR) waren 2013 weltweit knapp 50 Millionen Menschen auf der Flucht (vgl. UNHCR 2013). Offiziell gelten jedoch lediglich die Personen als Flüchtlinge, die eine staatliche Verfolgung nachweisen können – Menschen, die sich aus anderen Gründen (z.b. ökologische Katastrophen, Armut) gezwungen sehen, ihr Herkunftsland zu verlassen, werden von der UNHCR als MigrantInnen bezeichnet (hierzu zählt laut UNHCR auch ein Großteil der Bootsflüchtlinge) (vgl. UNHCR o.J.). Deutschland hat 2013 knapp 187.000 Flüchtlinge aufgenommen (UNHCR 2013, 13). Verstärkte Fluchtbewegungen aus und nach Deutschland sind auch für das 20. Jahrhunderts kennzeichnend. Zum einen verließen vermehrt Menschen das Land in der Zeit des Nationalsozialismus, zum anderen flohen viele in den Zeiten der deutschen Teilung aus der DDR in die BRD. In der Nachkriegszeit wurde aufgrund der internationalen Aufnahme deutscher Flüchtlinge von 1933 bis 1945 der Artikel 16a („Politisch Verfolgte genießen Asylrecht") in das Grundgesetz aufgenommen. Allerdings wurde dieser in Folge der zunehmenden Inanspruchnahme 1993 stark eingeschränkt (vgl. Bade 2008, 1053), was auch zu einem Rückgang der Asylbewerberzahlen nach 1993 führte (vgl. Seifert 2012, 75).

Festzuhalten bleibt, Migration umfasst nicht nur unterschiedliche Dimensionen, Formen bzw. Merkmale (vgl. Oltmer 2012), sondern auch das Hinterfragen von Grenzen und deren Überschreitungen, sowohl im politischen und geografischen als auch im sozialen Sinne. Das Konzept des Staates als „territorial begrenzte[r] Herrschaftsverband" (Weißeno et al. 2010, 95) ist dementsprechend eng mit der Thematisierung von Wanderungsbewegungen verbunden. Ebenso ist daher die Auseinandersetzung mit dem (alltagssprachlich zum Teil synonym verwendeten) Begriff „Nation" bedeutsam. Dieser umfasst ursprünglich eine Gemeinschaft von Menschen, die sich „zusammengehörig und von anderen unterschieden fühlen", ein Gemeinschaftsgefühl, das historisch-politisch gewachsen ist (Riescher 2011, 384). Zudem ist, wenn Migration in Deutschland in seinem historischen Wandel betrachtet wird, die Frage nach dem „Deutsch-sein" zentral (vgl. Lange 2010, 9). Ein Vergleich der Einbürgerungsquoten bzw. die Reform des Staatsangehörigkeitsrechts im Jahr 2000 bzw. 2014 können zur Klärung dieser Frage herangezogen werden.

3 Kinderleben in einer Migrationsgesellschaft

Innerhalb der deutschen Bevölkerung hat inzwischen etwa jeder fünfte Mensch (20,5%) einen Migrationshintergrund, bei den 0- bis 10-jährigen sind es sogar 35%, also mehr als jedes dritte Kind (vgl. Statistisches Bundesamt 2014). Somit wachsen alle Grundschulkinder heute in einer Migrationsgesellschaft auf und rund ein Drittel von ihnen besitzt zudem einen so genannten „Migrationshintergrund". Gesamtgesellschaftlich sind nach wie vor soziale Ungleichheiten, die in direktem Bezug zu einem Migrationshintergrund stehen, feststellbar, diese werden auch von Kindern und Jugendlichen teilweise erfahren: Schulbildung: geringerer Schulerfolg; Berufsausbildung: schlechtere Chancen auf einen Ausbildungsplatz; Benachteiligung auf dem Arbeitsmarkt; erhöhtes Armutsrisiko (vgl. Seifert 2012, 86ff.).

Die sprachliche Hilfskonstruktion „Migrationshintergrund" wurde vor rund zwanzig Jahren von der Pädagogikprofessorin Ursula Boos-Nünning geprägt. Hintergrund war ihr Anliegen, Migration als ein soziologisches bzw. ein für die Sozialisation bedeutsames Kriterium zu kennzeichnen. Des Weiteren sollte die Differenz der häufig im Alltagssprachlichen synonym verwendeten Begriffe „Migrant" und „Ausländer" unterstrichen werden. Denn diese sind rechtlich keineswegs identisch. Die Bezeichnung „Ausländer", die zudem häufig abschätzend für MigrantInnen verwendet wird, zielt allein auf den Rechtsstatus. Er benennt Menschen, die nicht die deutsche Staatsangehörigkeit besitzen. Aussagen über persönliche Umstände, wie die aktuelle Lebenssituation, die Ursachen für die Migration und die Integration, können mit dem Begriff „Ausländer" nicht gefasst werden (vgl. Meinhardt 2006, 25).

Im Gegensatz zu „Staatsangehörigkeit" wird der Begriff Migrationshintergrund nicht eindeutig und einheitlich definiert, er bezeichnet keine klar zu definierende Gruppe von Menschen. In verschiedenen Kontexten bzw. empirischen Untersuchungen wird dieser unterschiedlich operationalisiert. Laut Mikrozensus 2011 (Statistisches Bundesamt 2014) werden beispielsweise zur Gruppe der Menschen mit Migrationshintergrund all jene gezählt, die nach 1955 in die heutige BRD eingewandert sind oder die in Deutschland geboren wurden, aber keine deutsche Staatsangehörigkeit besitzen sowie deren Kinder. Kritisch wird im Bericht selbst angemerkt: „Im Mikrozensus kann der Migrationshintergrund ohnehin nur synthetisch, d.h. als abgeleitete Variable bestimmt werden, da es aus naheliegenden Gründen nicht möglich war, den Betroffenen die Frage zu stellen „Haben Sie einen Migrationshintergrund, und wenn ja, welche Ausprägungsform liegt vor?" (ebd., 5).

Die Konstruiertheit dieses Begriffes zeigt sich im Vergleich mit Studien aus der Bildungsforschung. PISA (2012) oder TIMSS (2011) definieren Migrationshintergrund beispielsweise anhand des Geburtslandes der Befragten sowie deren Eltern und der innerhalb der Familie gesprochenen Sprache (vgl. OECD 2014, 282; Tarrelli, Schwippert & Stubbe 2012, 248). Grundsätzlich stellt sich die Frage, wie lange das Erheben eines Migrationshintergrundes noch aussagekräftig sein wird, insbesondere wenn diese Gruppe rund ein Drittel aller Kinder umfasst. Nicht nur der Migrationshintergrund wird oft erhoben, vermehrt wird zudem auch erfasst, ob Kinder selbst „Migrationserfahrungen" gemacht haben.

Auch die rechtliche Konstruktion des „ausländischen Kindes" ist einem steten Wandel unterlegen. Bis zum Jahr 2000 galt in Deutschland noch das Abstammungsprinzip (*ius sanguinis*), anders als in vielen anderen Staaten weltweit. Anschließend wurde dies für die in Deutschland geborenen Kinder ausländischer Eltern verändert, das Geburtsortprinzip (*ius soli*) wurde eingeführt. Diese Kinder konnten nun mit ihrer Geburt in Deutschland neben der Staatsangehörigkeit ihrer Eltern auch die deutsche Staatsangehörigkeit erwerben. Dazu müssen allerdings bestimmte Voraussetzungen erfüllt sein: ein Elternteil muss seit acht Jahren rechtmäßig in Deutschland gelebt haben und zum Zeitpunkt der Geburt ein unbefristetes Aufenthaltsrecht besitzen. Außerdem entfällt seit dem Jahr 2014 für viele Kinder, wenn bestimmte Voraussetzungen erfüllt sind, zudem die sogenannte Optionspflicht, die vorsieht, dass man sich zwischen der deutschen und einer weiteren ausländischen Staatsangehörigkeit entscheiden muss (vgl. BMI 2015).

Diese rechtlichen Veränderungen lassen auch die sprachliche Wendung von der „Einwanderungsgesellschaft" zur „Migrationsgesellschaft" erklären. Während erstere verstärkt die Dichotomie betont und EinwandererInnen somit als eigene Gruppe manifestiert, unterstreicht der Begriff Migrationsgesellschaft die Bedeutung von Migration für die Gesamtheit der Bevölkerung und ihrer strukturellen Veränderung auch in Bezug auf Normen und Werte.

4 Vorerfahrungen und Lernvoraussetzungen

Obwohl Migration einen wichtigen Aspekt der kindlichen Lebenswelt darstellt, gibt es kaum Untersuchungen, die sich mit der Thematik befassen. Bislang existierende Studien setzen sich insbesondere mit der sozialen Situation von Kindern mit Migrationshintergrund (vgl. Cinar et al. 2013) sowie dem Erleben von Vielfalt und Multiethnizität auseinander (vgl. Diehm & Kuhn 2005; DJI 2000), die Perspektiven von Grundschulkindern auf das explizite Phänomen der Migration sind dahingegen weitgehend unbekannt.

Frühe Studien stammen von Jean Piaget (vgl. Barrett 2005; Piaget & Weil 1976; Wacker 1976). Seine bereits in den 1920er Jahren in der Schweiz durchgeführten Untersuchungen zur „Entwicklung kindlicher Heimatvorstellungen" widmeten sich der Beziehungslogik von Kindern hinsichtlich des Begriffs Nationalität am Beispiel des Verhältnisses zwischen Stadt, Land und Kanton. Seinen Fokus erweiterte er gemeinsam mit Anne-Marie Weil in den 1950er Jahren um die Erforschung der Entwicklung „der Urteile über andere Länder". Er wollte auch hierbei vor allem das Verständnis von Kindern über Nationalität erfassen (vgl. Piaget & Weil 1976; Wacker 1976). Prinzipiell legte er seinen Studien einen Heimatbegriff zu Grunde, der Heimat und „andere Länder" als Gegensätze kennzeichnet. Die

„eigene Heimat" wird von Piaget als das Land, in dem die befragten Kinder leben, definiert. Im Sinne seiner Kognitionstheorie, die die kognitive Entwicklung in sequentiellen Stadien beschreibt, war sein Hauptergebnis ein dreistufiges Entwicklungsmodell. Welches von einer sehr subjektiven Sichtweise auf das eigene Heimatland oder andere Länder, über „gruppenspezifische[.] Wertvorstellungen, zunächst denen der Familie" bis hin zur abstrakteren Übernahme gesamtgesellschaftlicher Wertvorstellungen reicht (Piaget & Weil 1976, 133). In diesem Zusammenhang stießen Piaget und Weil (ebd., 128) auf das „Paradoxon", dass sich eine genauere Vorstellung von Heimat erst vergleichsweise spät entwickelt. Zudem ordnete er die erhobenen Vorstellungen zu „Ausländern" anhand des Stufenmodells ein. Jüngere Kinder konnten die Relativität hinter dem Konzept „Ausländer" noch nicht verstehen (ebd., 142).

Gustav Jahoda (1976) replizierte die Studie von Piaget und Weil mit 144 Glasgower SchülerInnen im Alter von sechs bis elf Jahren. Jedoch „erwies [es] sich als unmöglich, die Glasgower Kinder den von Piaget aufgestellten Stadien zuzuordnen" (ebd., 162). Er kritisierte insbesondere methodische Aspekte der Untersuchung, stellte aber auch Piagets Begriff von Nationalität in Frage. So sei dieser zu „vage und unbestimmt" und „nicht einmal indirekt mit physischen Merkmalen verbunden", um als logische Klasse in Beziehung zu anderen gesetzt zu werden (ebd., 161). Weiterhin ergab sich aus seinen Ergebnissen, dass Kinder häufig die Sprache als Unterscheidungsmerkmal zwischen Menschen aus verschiedenen Ländern anführen, ein Aspekt, der bei Piaget kaum Beachtung findet (ebd., 161). „Der Fehler der Kinder liegt also nicht in der Unfähigkeit begründet, überhaupt Inklusionen nach Klassen vornehmen zu können, sondern in der ungenügenden Kenntnis der Eigenart der Klassifikation nach Nationalitäten, die sich als einander wechselseitig ausschließend ansehen" (ebd., 162f.).

Dass statt der Nationalität die Sprache als hervorstechendes Differenzierungsmerkmal herangezogen wird, wird auch bei einer Untersuchung von Eva Gläser (2002; 2006) deutlich. In der Interviewstudie mit 21 Zweit- und ViertklässlerInnen, in der diese zu ihren Vorstellungen zum Begriff „Heimat" befragt wurden, zeigte sich, dass die jüngeren Kinder den Begriff zumeist nicht kannten. Die älteren Kinder deuteten dagegen Heimat als „soziale Landschaft", die von dem eigenen Zimmer bis zu Freundschaften reicht („Da wohnt man"; „Kinderzimmer ist meine Heimat"; „beste Freundin, zusammen draußen Rad fahren") (vgl. 2002, 92f.). Auch Gläser erhob innerhalb dieser Studie die Vorstellungen der Kinder zu dem Begriff „Ausländer". Die jüngeren Kinder kannten diesen häufig nicht, waren allerdings zu Klassifizierungen hinsichtlich Sprache, Land oder Nation in der Lage (2006, 2). Die befragten SchülerInnen mit Migrationshintergrund beschrieben ihr Herkunftsland wie ein Postkartenmotiv und verdeutlichten, dass die kulturellen Identitäten, die ihnen innerhalb der Schule zugeschrieben werden, nicht mit ihrem Selbstbild übereinstimmen (vgl. ebd.). Die Studie legt nahe, dass

Kinder im Grundschulalter kulturelle Identität nicht an Nationalität festmachen, sondern vor allem an sprachlichen Fähigkeiten (vgl. ebd.).
Studien zum multikulturellen Zusammenleben zeigten bislang, dass bereits Kindergartenkinder Multiethnizität wahrnehmen und thematisieren (vgl. Diehm & Kuhn 2005). Im DJI-Projekt „Multikulturelles Kinderleben" lag der Fokus auf dem Erleben kultureller Vielfalt fünf- bis elfjähriger Kinder ohne deutsche Staatsangehörigkeit (vgl. DJI 2000). Hierbei zeigte sich, dass die befragten Kinder unterschiedliche Herkunftsländer in ihren Freundeskreisen wahrnehmen und thematisieren. Schon fünfjährigen Kindern sind die eigene Mehrsprachigkeit sowie die ihrer FreundInnen bewusst (vgl. ebd.). Gleichzeitig haben die befragten Kinder Erfahrungen mit Beleidigungen aufgrund des eigenen Ausländerstatus gemacht, auch innerhalb der Interaktion mit anderen Kindern (vgl. ebd.).
Martyn Barrett (2005) erkennt, dass klassische Sozialisationsinstanzen wie die Medien, die Schule, die Familie (hier insbesondere der sozioökonomische Hintergrund sowie der Wohnort und die gesprochene Sprache) neben eigenen Erfahrungen sowie kognitiven Aspekten einen großen Einfluss auf das Wissen und die Einstellungen von Kindern bezüglich des eigenen Landes und anderer Länder und Nationalitäten haben. Der Schule wird hierbei ein deutlicher Einfluss auf den Wissenszuwachs zugesprochen (vgl. ebd., 255). Innerhalb seiner Betrachtung verschiedener internationaler Studien im Zusammenhang mit Stereotypisierung wird deutlich, dass andere nationale Gruppen von Kindern häufig positiv gesehen werden, die eigene nationale Gruppe jedoch vorgezogen wird (vgl. ebd., 268). Zudem finden sich auch bei den Einstellungen jüngerer Kinder traditionelle nationale Feindbilder (vgl. ebd., 270f.). Gleichzeitig zeigen Studien mit baskischen, italienischen und dänischen Kindern, dass sich die jeweiligen Einstellungen zur eigenen nationalen Gruppe und zu anderen nationalen Gruppen unabhängig voneinander entwickeln (vgl. ebd., 268f.). Ebenso findet sich kein direkter Zusammenhang zwischen dem Wissen über ein anderes Land und der Einstellung zu diesem (vgl. ebd., 257f.). In einer Studie von Barrett, Penny und Lyons aus dem Jahr 2001 zeigt sich des Weiteren, dass bereits Sechsjährige Aussagen zur Nationalität anderer Menschen treffen können und über eigene Theorien zu den Merkmalen der Zugehörigkeit zu bestimmten nationalen Gruppen verfügen (vgl. Barrett 2005, 264).
Die Entwicklung des geographischen Wissens über das eigene Land beginnt etwa im Alter von fünf bis sechs Jahren, wird ein bis zwei Jahre später um das Wissen über andere Länder erweitert und vergrößert sich ab etwa elf Jahren bis in das Jugendalter deutlich (vgl. ebd., 255f.). Auch hier verdeutlicht Barrett den Einfluss des sozioökonomischen Hintergrunds sowie des Geschlechts (vgl. ebd., 254). Das geographische Wissen wirkt sich weiterhin positiv auf die Identifikation mit dem eigenen Land aus, dass heißt, je mehr die Kinder über das Land, in dem sie leben, wissen, desto mehr identifizieren sie sich mit diesem (vgl. ebd., 273). Hinsichtlich

der eigenen nationalen Identifikation erläutert Barrett (2005, 271f.) Studien, die mit Hilfe verschiedener, auf Karten beschriebener Zuschreibungen (z.b. Junge/ Mädchen, LondonerIn/EngländerIn/EuropäerIn) sechs- bis 15-jährige Kinder aus England, Schottland, Spanien, Italien, Russland, der Ukraine, Georgien und Aserbaidschan befragten. Die Mehrheit der Kinder ab sechs Jahren stuft sich hierbei selbst als Mitglied der eigenen nationalen Gruppe ein. Dieses Zugehörigkeitsgefühl verstärkt sich bis zum Alter von etwa zwölf Jahren noch deutlich (vgl. ebd.).
In einer Studie von Anna Emilia Berti und Alessandra Andriolo (2001) zeigte sich, dass Kinder unter zehn Jahren den Begriff „Staat" zwar schon gehört haben, jedoch noch kein tragfähiges Konzept davon besitzen. Sie definieren den Nationalstaat anhand seiner EinwohnerInnen und territorialen Eigenschaften wie geographischen oder auch physischen Grenzen (vgl. ebd., 349.; Richter 2007, 22). Politische und geographische Aspekte werden nicht zusammengeführt, um den Staat zu beschreiben, so sprachen einige Kinder von einem größeren Gebiet oder Regionen, andere Kinder nannten die Regierung, aber keines der befragten Kinder brachte beides miteinander in Verbindung (vgl. Berti & Andriolo 2001, 359). Zudem wurden von einigen der befragten DrittklässlerInnen Staaten mit Regionen, Dörfern oder Städten gleichgesetzt (vgl. ebd.). Innerhalb der Interventionsstudie zeigte sich wie in der Darstellung von Barrett (2005), dass die Thematisierung im Unterricht zu einem deutlichen Wissenszuwachs bei den SchülerInnen führt (vgl. Berti & Andriolo 2001, 363).
Die skizzierten Studien zeigen, dass Grundschulkinder bereits über individuelle Vorstellungen und Einstellungen bezüglich einiger Aspekte, die zum Verständnis des Konzeptes Migration gehören, verfügen. Diese generieren sie vorwiegend aus eigenen Erfahrungen, medialen Darstellungen und Äußerungen, den Lebensumständen des familiären Umfelds sowie auch durch die schulische Thematisierung. Die Erkenntnisse der bisherigen Studien sind jedoch noch fragmentarisch hinsichtlich des Wissens über die politische Sozialisation von Grundschulkindern. Es kann vermutet werden, dass eine curriculare Wissensvermittlung im Verlauf der Grundschulzeit sinnvoll ist. Allerdings sollten in den ersten beiden Schuljahren, analog zu den Ergebnissen der bisherigen Studien, konstituierende Begriffe zum Konzept Migration wie Staat, Nation oder Ausländer nicht vorausgesetzt werden. Stattdessen sollte der Schwerpunkt auf die Auseinandersetzung mit Differenzerfahrungen bzw. Anderssein und Fremdsein gelegt werden (vgl. Gläser & Graff 2006). Ein Hinterfragen von Begriffen wie „Ausländer" wird dagegen von älteren SchülerInnen durchaus eingefordert (vgl. Gläser 2004b).

5 Unterrichtliche Schwerpunkte und ausgewählte Medien

Wie wird Migration bzw. Integration im Unterricht thematisiert? Schulbücher können hierfür einen Hinweis geben. Daher wurde im Jahr 2015 eine Analyse zur Darstellung von Migration und Integration in ausgewählten aktuell zugelassenen Schulbüchern der Sekundarstufe der gesellschaftswissenschaftlichen Fächer Sozialkunde/Politik, Geschichte und Geografie durchgeführt. Untersucht wurde, „ob und wie Migration und Integration in Bezug auf gesellschaftliche Vielfalt in deutschen Schulbüchern dargestellt werden und inwiefern Schulbücher zu einer zunehmenden Akzeptanz von Diversität als gesellschaftlicher Normalität beitragen" (Beauftragte für Bundesregierung für Migration, Flüchtlinge und Integration 2015, 10). Die Studie befasst sich vor allem mit „Diversity – Abbildung einwanderungsbedingter Vielfalt" und „Partizipation – gesellschaftliche Teilhabe von Menschen mit Migrationshintergrund". Ein zentrales Ergebnis ist: „Migration wird in den Sozialkunde- und Geschichtsschulbüchern, teilweise auch in Geografieschulbüchern primär als konfliktträchtig und krisenhaft dargestellt. Sie führt zwangsläufig zu gesellschaftlich kontroversen Positionen. In diesem Zusammenhang erscheinen Migration und Diversität letztlich nur als Problem und Herausforderung für eine weiterhin überwiegend als homogen vorgestellte Gesellschaft" (ebd., 67). Zudem wird kritisch angemerkt, dass in den analysierten Schulbüchern „Begriffe wie z.B. ‚Ausländer', ‚Fremde', ‚Migranten' und ‚Menschen mit Migrationshintergrund' häufig nicht unterschieden, sondern im Gegenteil sogar synonym im selben Band bzw. Text benutzt werden" (ebd.).

Abgeleitet aus den Ergebnissen der Studie werden konkrete „Empfehlungen für die Bildungspraxis" von den Autoren aufgezeigt: „Abbilden der demografischen Realität in Deutschland (in Bild und Text) und Präsentation von Migration als ‚gesellschaftlicher Normalfall'"; „Kritische Auseinandersetzung mit Bezeichnungspraxen (z.B. verallgemeinernde Gruppenbezeichnungen vermeiden: ‚die Türken', ‚die Deutschen')"; „Thematisieren von Migration und Integration in ihrer Kontroversität und nicht ausschließlich als gesellschaftspolitisches Problem"; „Aufzeigen von Migration und Integration/Inklusion in ihren Potenzialen (Diversität als nützliche gesellschaftliche Ressource)"; „Darstellen von Migration und Integration aus verschiedenen Perspektiven (nicht nur aus mehrheitsgesellschaftlicher Perspektive)"; „Abbilden von Migration in ihrer sozialen, räumlichen und zeitlichen Vielfalt (z.B. nicht nur aus Süd-Nord-Armutsmigration, sondern auch Binnenmigration)", „Rassismus, strukturelle Privilegierung (‚Weißsein') und Diskriminierung (strukturelle Ungleichheit) im Kontext von Migration und Integration thematisieren"; „Vermeiden von Aufgabenstellungen, die davon ausgehen, dass sich die persönlichen Bezüge der Lernenden weitgehend gleichen oder kategorisch unterscheiden (z.B. zwischen Schülerinnen und Schülern mit und ohne Migrationshintergrund)" (ebd., 68).

Migration und Migrationsgesellschaft

Weitere Prämissen für die unterrichtliche Thematisierung wurden von uns aus der zuvor dargestellten fachlichen Auseinandersetzung mit der Thematik Migration entwickelt:

- Verschiedene Formen bzw. Gründe der Migration sind zu thematisieren, keine einseitige Darstellung von Arbeitsmigration oder Flucht.
- Die historische Dimension von Migration ist einzubinden, insbesondere als ein bedeutsamer Bestandteil der deutschen bzw. europäischen Geschichte.
- Lebensstile, kulturelle Praktiken oder Werte sind einzubinden, wenn Migration thematisiert wird. Hierbei ist die Auseinandersetzung mit dem eigenen Kulturbegriff bedeutsam. Ein dynamischer Kulturbegriff sollte aufgezeigt werden.
- Die geographische Dimension von Migration ist einzubinden, insbesondere das Aufzeigen von Migrationsbewegungen weltweit. Hierbei sollte nicht nur die Migration nach Europa dargestellt werden, sondern auch die innerhalb anderer Kontinente (z.B. Afrika).
- Migration sollte sowohl als Immigration als auch als Emigration thematisiert werden. Zudem sind Migrationsraten nicht nur auf die Immigration zu beziehen.
- Menschen mit Migrationshintergrund sind als heterogene Gruppe darzustellen, Generalisierungen sind zu vermeiden. Diversitätssensible Medien und Materialien sind auszuwählen.
- Grenzen sind im Zusammenhang mit Migration nicht nur als nationale zu erkennen, sondern auch als soziale. Im Unterricht sind daher auch Vorurteile, Fremdenfeindlichkeit bzw. Rassismus aufzugreifen.
- Migration in Zusammenhang mit Sozialer Ungleichheit thematisieren.
- Lehrende sollten auf die eigene fachlich richtige Verwendung von Begriffen achten (z.B. Ausländer, Heimat, Nation, Migration bzw. Migrationshintergrund)

Nicht nur Schulbücher werden im Sachunterricht verwendet. Auch Kinderbücher, Filme oder andere Medien können sinnvoll eingesetzt werden (vgl. Gläser 2003, Gläser 2005). Insbesondere innerhalb der sozialwissenschaftlichen Perspektive des Sachunterrichts können Kinderbücher einen Impuls für Diskussionen darstellen, Ideen für Rollenspiele bieten, eigene Recherchen anstoßen, Hintergründe beleuchten, eigene Fragen aufwerfen, neue Perspektiven ermöglichen. Nicht nur Schulbücher erfahren durch gesellschaftliche Veränderungen einen Wandel. Auch Kinderbücher sind in ihren jeweiligen gesellschaftlichen Kontext integriert. Beispielsweise schrieb der anerkannte Kinderbuchautor Manfred Mai 1993 ein Buch mit dem Titel „Ausländer bei uns". Aus heutiger Sicht wird hier ein statischer Kulturbegriff deutlich. Die Formulierung „bei uns" sind „Ausländer" weist auf zwei dichotome Gruppen hin. „Die" Ausländer werden als homogene Gruppe dargestellt. Zudem wird die nicht erfolgte Integration problematisiert. Am Ende dieses in seiner Zeit sicherlich modernen Buches wird über einen politisch motivierten Brandanschlag berichtet, in dessen Folge es zu einer Demonstration kommt. Auf den Plakaten der Kinder steht am Ende des Buches: „Mein Freund ist Ausländer". Die Gruppen agieren somit zusammen, bleiben aber dennoch heterogen.

Aktuelle Kinderbücher zeigen Migration nur noch teilweise als gesellschaftliches Problem. Das Buch von Annelies Schwarz „Meine Oma lebt in Afrika" (2015) ist ein Beispiel hierfür. Die Erzählung, die bereits für Kinder im Anfangsunterricht verständlich formuliert ist, geht von der Lebenswelt eines Jungen aus. Eric fliegt mit seinem afrikanischen Vater nach Ghana, um dort seine Oma zu besuchen. Gemeinsam mit seinem besten Freund Flo erfährt er in Ghana den Unterschied zu seinem eigenen Leben in Bremen. Zudem fühlt er sich hier zunächst fremd, was eine neue Erfahrung für ihn und seinen Freund darstellt. Fremd sein, anders sein ist eine Thematik, die viele Kinderbücher in unterschiedlicher Weise darstellen (vgl. Gläser & Graff 2006). Der Umgang mit unterschiedlicher Differenz kann hierbei thematisiert werden. Auch Rafik Schami zeigt bereits für jüngere Kinder, wie die Angst vor Fremden bzw. Fremdem sein kann (Schami 2003). In seinem Buch „Wie ich Papa die Angst vor Fremden nahm" ist es die kleine Tochter, die ihrem Vater einen anderen Umgang mit Fremden vermitteln kann.

Die Darstellung der Diversität von Familien in der Migrationsgesellschaft greift das folgende Kinderbuch auf: „Alle da! Unser kunterbuntes Leben." von Anja Tuckermann und Tine Schulz (2014). Unterschiedliche Feiertage, Begrüßungen, Sprachen und Gewohnheiten von Menschen weltweit werden mit wenig Worten und ansprechenden Bildern in diesem Buch vorgestellt. Auch Migration bzw. Gründe für diese werden zu Beginn des Buches kindgerecht erläutert.

Die Thematisierung der historischen Dimension von Migration kann auch mit Hilfe von Kinderbüchern erläutert werden. Denn aus heutiger Sicht ist kaum mehr vorstellbar, welche immensen Migrationsströme beispielsweise von Bremerhaven nach Amerika zogen. Warum wanderten Menschen vor über 150 Jahren nach Amerika aus? Diese Frage wird in dem Kindersachbilderbuch „Wilhelms Reise. Eine Auswanderungsgeschichte" von Anke Bär (2013) anschaulich illustriert. Es sieht aus wie ein Skizzenbuch eines Passagiers eines Auswandererschiffes und enthält Kochrezepte, Seemannsknoten, nautische Geräte und Postkarten. Das Buch ist aus einem Projekt mit dem „Deutschen Auswandererhauses Bremerhaven" hervorgegangen.

Erst 150 Jahre nach einer Auswanderung beginnt die Geschichte von Christa Holtei „In die neue Welt. Eine Familiengeschichte in zwei Jahrhunderten" (2013). In dem Bilderbuch wird erzählt, wie mitten im 19. Jahrhundert eine junge Familie ein verarmtes Dorf verlässt, um nach Amerika zu gehen. Von Hamburg führt ihr Weg nach New Orleans, weiter nach Nebraska. Heute steht dort eine große Farm und die Familie möchte wissen: „Wo kommen wir her?" Dies ist der Ausgangspunkt für die Reise nach Deutschland, an den Ort der Auswanderung. Nicht nur die eigene Situation wird in diesem Buch geschildert, es werden auch grundsätzliche Informationen zur Auswanderungen in dieser Zeit gegeben. Kerstin Michalik hat zu dieser Thematik einen Unterrichtsvorschlag entwickelt: „In die neue Welt" (2009), der sich ebenso mit der Auswanderung „heute und damals" befasst. Die kontinentale Wanderung ins Ruhrgebiet nimmt Dietmar von Reeken (2000) zum Anlass für seine historische Betrachtung von Migration: Er stellt die Frage, ob „Schimanski ein Deutscher?" ist, um daran aufzuzeigen, dass kulturelle Pluralität auch schon in der Vergangenheit präsent war.

Gründe für Flucht bzw. woher Flüchtlinge kommen zeigen zwei unterschiedliche Filme für Grundschulkinder auf. Der bekannte Moderator Willi Weitzel hat nicht nur Filme über die Feuerwehr oder den Zirkus gedreht, er war auch in einem Flüchtlingslager. Er erklärt in einem Film, wie man dort lebt, indem er mit Erwachsenen und Kindern dort spricht. (vgl. http://williweitzel.com/film-und-fernsehen/sternsinger/#fluechtlingslager). Von der UNO-Flüchtlingshilfe gibt es auch einen Film über die weltweite Situation von Flüchtlingen, der auch für Kinder ab 8 Jahren verständlich ist. Der Film „Wie es ist, ein Flüchtling zu sein" (vgl. https://www.youtube.com/watch?v=dLnyXYGPg6s) zeigt unterschiedliche Flüchtlingsschicksale. Zum einen wird ein Mädchen porträtiert, das mit seinen Eltern aus Afghanistan nach Dänemark floh und dort inzwischen im Alltag angekommen ist. Ebenso wird ein Junge befragt, der in sein Herkunftsland zurückging, da der Bürgerkrieg dort beendet ist. Entsprechend der weltweiten Zahlen, nach denen die meisten Flüchtlinge in Nachbarländer fliehen, beispielsweise in Afrika, erzählt auch ein Junge, der allein in einem Flüchtlingslager lebt.

Die Thematik Migration beinhaltet eine Vielzahl unterschiedlicher Begriffe. Eine Möglichkeit, wie Kinder diese selbst erarbeiten können, ist der Einbezug des Lexikons von Hanisauland, einer Homepage der Bundeszentrale für politische Bildung, die speziell für Kinder entwickelt wurde (vgl. https://www.hanisauland.de/lexikon/). Beispielsweise wird „Ausländer" folgendermaßen erklärt: „Ausländer nennt man in Deutschland Menschen, die nicht die deutsche Staatsangehörigkeit haben. Gesetze regeln, welche Rechte und Pflichten Ausländer haben. Wenn Deutsche im Ausland leben, sind sie dort dann Ausländer." (vgl. https://www.hanisauland.de/lexikon/a/auslaenderin.html). Die Begriffe Abschiebung, Aufenthaltsgenehmigung/Aufenthaltserlaubnis, Aussiedler, Ausländer, Asyl, Flüchtling, Menschenrechte, Migration, Staatsbürger oder Werte werden hier erklärt. Kinder können zudem, sollten Begriffe noch nicht erläutert worden sein, selbst Fragen mailen. Antworten kommen nach ein paar Tagen, wir haben es ausprobiert! Comics für Kinder zu Asyl, Ausländer/Inländer, Ausländerfeindlichkeit, Ausländerfreundschaft, Auswanderung, Flucht, Flüchtlinge/Asyl, Fremdenhass, Grenze, Migration findet man hier auch. Eine der dazugehörigen Buchpublikationen ist beispielsweise der Band: „Im Bann der blauen Pilze" (vgl. http://www.hanisauland.de/comic/comic-themen/comic-themen.pdf).

Literatur

Bade, K. J. (2000): Europa in Bewegung. Migration vom späten 18. Jahrhundert bis zur Gegenwart. München: Beck.
Bade, K. J.(2008): Migration. In: Rauscher, A. (Hrsg.): Handbuch der katholischen Soziallehre. Berlin: Duncker & Humblot, 1051-1059.
Bade, K.J., Emmer, P., Lucassen L., Oltmer, J. (Hrsg.) (2010): Enzyklopädie Migration in Europa vom 17. Jahrhundert bis zur Gegenwart. 2. Aufl, Paderborn.
Bär, A. (2013): Wilhelms Reise. Eine Auswanderungsgeschichte. 2. Aufl .Hildesheim: Gerstenberg.
Barrett, M. (2005): Children's understanding of, and feelings about, countries and national groups. In: ebd., Buchanan-Barrow, E. (eds.): Children's understanding of society. Hove et al., Psychology Press, 251-285.
Beauftragte der Bundesregierung für Migration, Flüchtlinge und Integration (2015): Schulbuchstudie Migration und Integration, http://zbi-uni-hildesheim.de/wp-content/uploads/2015/03/Schulbuchstudie_Migration_und_Integration_09_03_2015.pdf(letzter Zugriff 12.7.2015)
Beck, U. (2001): Das Zeitalter des „eigenen Lebens". Individualisierung als „paradoxe Sozialstruktur" und andere offene Fragen. In: Aus Politik und Zeitgeschichte B 29, 3-6.
Berti, A. E. & Andriolo, A. (2001): Third Grader's Understanding of Core Political Concepts (Law, Nation-State, Government) Before and After Teaching. In: Genetic, Social, and General Psychology Monographs, 4, 346-377.
Bundesministerium des Innern (BMI) (o.J.): Optionspflicht, http://www.bmi.bund.de/DE/Themen/Migration-Integration/Optionspflicht/optionspflicht_node.html (letzter Zugriff am13.7.2015).
Bundesministerium für Familie, Senioren, Frauen und Jugend (BMFSFJ) (2015): Familien mit Migrationshintergrund, http://www.bmfsfj.de/BMFSFJ/familie,did=30918.html (letzter Zugriff am 11.7.2015).
Bundesamt für Migration und Flüchtlinge (BAMF) (o. J).: http://www.bamf.de/DE/Migration/Spaetaussiedler/spaetaussiedler-node.html (letzter Zugriff am 13.7.2015).
Castro Varela, M. & Mecheril, P. (2010): Grenze und Bewegung. Migrationswissenschaftliche Klärungen. In: Mecheril, P., Castro Varela, M., Dirim, I., Kalpaka, A. & Melter, C. (Hrsg.): Migrationspädagogik. Weinheim, Basel, Beltz, 23-53.
Cinar, M., Otremba, K., Stürzer, M. & Bruhns, K. (2013): Kinder-Migrationsreport. Ein Daten- und Forschungsüberblick zu Lebenslagen und Lebenswelten von Kindern mit Migrationshintergrund. München: Deutsches Jugendinstitut e.V.
Deutsches Jugendinstitut, Projekt Multikulturelles Kinderleben (DJI) (2000) (Hrsg.): Wie Kinder multikulturellen Alltag erleben. Ergebnisse einer Kinderbefragung. München, Deutsches Jugendinstitut e.V., http://www.dji.de/fileadmin/user_upload/bibs/DJI_Multikulti_Heft4.pdf (letzter Zugriff am 13.07.15).
Diehm, I. & Kuhn, M. (2005): Ethnische Unterscheidungen in der frühen Kindheit. In: Hamburger, F., Badawia, T. & Hummrich, M. (Hrsg.): Bildung und Migration. Über Anerkennung und Integration. Wiesbaden, VS Verlag für Sozialwissenschaften, 221-231.
Gesellschaft für Didaktik des Sachunterrichts (GDSU) (Hrsg.) (2013): Perspektivrahmen Sachunterricht. Vollst. überarb. u. erw. Ausgabe, Bad Heilbrunn, Klinkhardt.
Gläser, E. (2002): Vom lokalen Heimatgefühl zur glokalen kulturellen Identität. In: Engelhardt, W.; Stoltenberg, U. (Hrsg.). Die Welt zur Heimat machen? Bad Heilbrunn: Klinkhardt, 85-96.

Gläser, E. (2003): Arbeit mit Kinderliteratur. In: Reeken, D. von (Hrsg.). Handbuch Methoden im Sachunterricht. Baltmannsweiler, 160-168.

Gläser, E. (2004a): „Interkulturelle Kompetenz" in der Grundschule befördern – eine kritische Reflexion. In: Hartinger, A.; Fölling-Albers, M. (Hrsg.): Lehrerkompetenzen für den Sachunterricht. Bad Heilbrunn: Klinkhardt, 109-117.

Gläser, E. (2004b): Die problematische Kategorie „ausländisches Kind". In: Grundschule, 12, 40-42.

Gläser, E. (2005): Von Außenseitern, Rittern und der ersten Liebe – didaktische Überlegungen zum Umgang mit Kinderliteratur im Sachunterricht. In: Gläser, E..; Franke-Zöllmer, G. (Hrsg.): Lesekompetenz fördern von Anfang an. Didaktische und methodische Anregungen zur Leseförderung. Baltmannsweiler, 59-69.

Gläser, E. (2006): Heimat und Fremde. Begrenzter Gegensatz oder sinnvolle Orientierung? In: Philosophieren mit Kindern. „Heimat und Fremde" (Spezial der Zeitschriften Grundschule und Praxis Grundschule), 1-4.

Gläser, E..; Graff, T. (2006): Zum Umgang mit Differenz. Darstellungen von „Anders sein" in modernen Kinderbüchern. In: Sache Wort Zahl, Heft 75, 2006, 41-43.

Gläser, E. (2010): Kultureller Vielfalt im Sachunterricht begegnen. Unterschiedliche Ansätze zum Umgang mit Heterogenität. In: Grundschulunterricht Sachunterricht. 2, 2010, 35-37.

Haug, S. (2013): Migration. In: Mau, S. & Schöneck, N. (Hrsg.): Handwörterbuch zur Gesellschaft Deutschlands. 3., grundl. überarb. Aufl., Wiesbaden, Springer Fachmedien, 593-607.

Hoerder, D. (2010): Geschichte der deutschen Migration. Vom Mittelalter bis heute. München: Beck.

Holtei, C. (2013): In die neue Welt. Eine Familiengeschichte in zwei Jahrhunderten. Weinheim: Beltz & Gelberg.

Jahoda, G. (1976): Nationalitätsvorstellungen bei Kindern – eine kritische Studie zu den Piagetschen Entwicklungsstadien. In: Wacker, A. (Hrsg.): Die Entwicklung des Gesellschaftsverständnisses bei Kindern. Frankfurt/Main, New York, Campus Verlag, 149-164.

Lange, D. (2010): Migrationspolitische Bildung. Entwicklungen und Perspektiven. In: polis, 3, 7-10.

Mai, M. (1993): Ausländer bei uns. Bindlach: Loewe.

Michalik, K. (2009): In die neue Welt! Auswandern damals und heute. In: Weltwissen,2, 24-29.

Mecheril, P. (2010): Migrationspädagogik. Hinführung zu einer Perspektive. In: ebd., Castro Varela, M., Dirim, I., Kalpaka, A., Melter, C. (Hrsg.): Migrationspädagogik. Weinheim, Basel, Beltz, 7-22.

Meinhardt, R. (2006): Einwanderungen nach Deutschland und Migrationsdiskurse in der Bundesrepublik – eine Synopse. In: Leiprecht, R. & Kerber, A. (Hrsg.): Schule in der Einwanderungsgesellschaft. Ein Handbuch. 2. Aufl., Schwalbach/Ts., Wochenschau Verlag, 24-55.

OECD (2014): PISA 2012 Ergebnisse: Was Schülerinnen und Schüler wissen und können. Schülerleistungen in Lesekompetenz, Mathematik und Naturwissenschaften, Bd. 1. überarb. Ausgabe, Bielefeld: Bertelsmann.

Oltmer, J. (2012): Globale Migration. Geschichte und Gegenwart. München: Beck.

Piaget, J. & Weil, A. (1976): Die Entwicklung der kindlichen Heimatvorstellungen und der Urteile über andere Länder. In: Wacker, A. (Hrsg.): Die Entwicklung des Gesellschaftsverständnisses bei Kindern. Frankfurt/Main, New York, Campus Verlag, 127-148.

Reeken, D. von (2000): Schimanski ein Deutscher? Kulturelle Pluralität in der deutschen Vergangenheit und ihre sachunterrichtliche Behandlung. In: Sache, Wort, Zahl, 28, 42-47.

Richter, D. (2007): Das politische Wissen von Grundschülerinnen und -schülern. In: Aus Politik und Zeitgeschichte, 32/33, 21-26.

Riescher, G. (2011): Nation. In: Nohlen, D. & Grotz, F. (Hrsg.): Kleines Lexikon der Politik. Bonn, Bundeszentrale für politische Bildung, 384f.

Schami, R. (2003). Wie ich Papa die Angst vor Fremden nahm. München: Hanser.

Schwarz, A. (2015): Meine Oma lebt in Afrika. 6. Aufl.. Weinheim, Basel: Beltz und Gelberg.

Statistisches Bundesamt (Hrsg.) (2014): Bevölkerung und Erwerbstätigkeit. Bevölkerung mit Migrationshintergrund – Ergebnisse des Mikrozensus – Fachserie 1 Reihe 2.2, https://www.destatis.de/DE/Publikationen/Thematisch/Bevoelkerung/MigrationIntegration/Migrationshintergrund2010220137004.pdf?__blob=publicationFile (letzter Zugriff am 11.07.15).

Seifert, E. (2012): Migration. Vom Gastarbeiter zum Menschen mit Migrationshintergrund. In: Hradil, S. (Hrsg.).: Deutsche Verhältnisse. Eine Sozialkunde. Bonn, Bundeszentrale für politische Bildung, 67-94.

Tarrelli, I., Schwippert, K. & Stubbe, T. (2012): Mathematische und naturwissenschaftliche Kompetenzen von Schülerinnen und Schülern mit Migrationshintergrund. In: Bos, W., Wendt, H., Köller, O. & Selter, C. (Hrsg.): TIMSS 2011. Mathematische und naturwissenschaftliche Kompetenzen von Grundschulkindern in Deutschland im internationalen Vergleich. Münster, New York, München, Berlin, Waxmann, 247-267.

United Nations High Commissioner for Refugees (UNHCR) (o.J.): Flüchtlinge, http://www.unhcr.de/mandat/fluechtlinge.html?L=0 (letzter Zugriff am 11.07.15).

UNHCR (2013): Global Trends 2013, http://www.unhcr.de/no_cache/service/zahlen-und-statistiken.html?L=rbvgsbdzzoydzwz&cid= 11687&did=10139&sechash=1a8a61ff (letzter Zugriff am 11.07.15).

Treibel, A. (2008): Migration. In: Baur, N., Korte, H., Löw, M. & Schroer, M. (Hrsg.): Handbuch Soziologie. Wiesbaden, VS Verlag für Sozialwissenschaften, 295-317.

Wacker, A. (1976): Nationale Zugehörigkeit als Bezugsrahmen sozialer Identitätsbildung. Editorische Vorbemerkung. In: ebd. (Hrsg.): Die Entwicklung des Gesellschaftsverständnisses bei Kindern. Frankfurt/Main, New York, Campus Verlag, 124-126.

Weißeno, G., Detjen, J., Juchler, I., Massing, P. & Richter, D. (2010): Konzepte der Politik – ein Kompetenzmodell. Bonn: Bundeszentrale für politische Bildung.

Markus Gloe und Hans-Werner Kuhn

Recherchieren und Vergleichen als beispielhafte Lernsituationen. Medien im sozialwissenschaftlichen Sachunterricht

> *„Was wir über unsere Gesellschaft, ja über die Welt, in der wir leben, wissen, wissen wir durch die Massenmedien" (Luhmann 1996, 1).*

1 Vorbemerkung

Analoge und digitale Medien sind aus dem Leben der Schülerinnen und Schüler nicht mehr weg zu denken (vgl. mpfs 2013). Ein Aufwachsen ohne Medienkontakt ist undenkbar. Medien helfen den Kindern, ihre Welt zu verstehen, aber auch sie zu gestalten. Zugleich verfestigen sich jedoch auch im Medienbereich ungleiche Bildungschancen: „Sie [Kinder und Jugendliche, Anm. der Verf.] leben nicht nur in verschiedenen sozialen, sondern auch in verschiedenen Medienwelten" (Moser 2000, 13). Deshalb erscheint es notwendig, dass alle Schülerinnen und Schüler Fähigkeiten und Fertigkeiten im Umgang mit Medien und den neuen Medien im Besonderen erlernen.

Auch wenn der Einsatz neuer Medien in der Schule manchmal kontrovers diskutiert wird, pflichten wir Gervé bei, der schon 1998 feststellte, dass die digitalen Medien im Alltag der Kinder ihren Platz gefunden haben und deshalb zwingend in das schulische Lernen integriert werden müssen (vgl. Gervé 1998). Die Arbeit mit dem Computer ist für viele selbst eine Primärerfahrung. Und Peschel stellt richtigerweise fest, dass es dabei nicht nur um die technische Auseinandersetzung mit den neuen Medien geht, „sondern es muss der veränderte Zugang und kritische Umgang mit Informationen und Kommunikationsprozessen erlernt werden" (Peschel 2012, 68). Trotz permanenter Gegenwärtigkeit erscheint es uns wichtig, dass nicht allein digitale Medien bei der Förderung der Medienkompetenz in den Fokus gerückt werden, sondern klassische Medien ebenfalls ihren Platz im Sachunterricht als Thema, Medium und Werkzeug finden. Wichtig ist es „auf den didaktischen und inhaltlichen Kontext zu schauen und weniger auf das ‚neue' oder ‚traditionelle' Medium selbst" (Gervé & Peschel 2013, 58).

Es existiert eine lange und vielfältige fachdidaktische Diskussion um Medien im Sachunterricht, u.a. werden Neue Medien thematisiert (z.B. Giest 2006, 279-292), Hörspiele als Methode dargestellt (vgl. Kahlert 2003, 141-146), Bildliteralität wird mit Demokratisierung in Beziehung gesetzt (vgl. Lieber 2010, 177-193), Entwicklungen der Medienpädagogik werden analysiert (vgl. Peschel/Carell 2013, 121-128) und der Wissenserwerb durch (neue) Medien untersucht (vgl. Gervé 2003, 199-216). Diese Diskurse verdichten sich im Perspektivrahmen Sachunterricht zur Kompetenzbeschreibung im perspektivenvernetzenden Themenbereich „Medien" (GDSU 2013, 83-85).

Aus politikdidaktischer Perspektive wird im Handbuch „Medien in der politischen Bildung" die Aufgabe von Medienarbeit bestimmt. „Vielfältige Medien phantasievoll nutzen zu können, um sich auszudrücken und seine Anliegen anderen mitzuteilen, ist ein wesentlicher Aspekt der politischen Handlungsfähigkeit" (Besand & Sander 2010, 10).

Medienbildung zielt auf die Fähigkeit und Fertigkeit, mit Medien im Konsum wie im produktiven Einsatz reflektiert, selbstbestimmt und verantwortlich umgehen zu können" (Gervé & Peschel 2013, 59).

2 Einordnung in den Perspektivrahmen 2013

Eine einheitliche Definition von Medienkompetenz existiert nicht. Allerdings orientieren sich viele Versuche, Medienkompetenz näher zu bestimmen an dem Modell von Dieter Baacke. Er unterteilt Medienkompetenz in Medienkunde, Mediennutzung, Medienkritik und Mediengestaltung (vgl. Baacke 1996). Damit soll der Mensch „zum selbstbestimmten, eigen- und sozialverantwortlichen Handeln" (Kuhn 2008, 291) befähigt werden. Legt man die vier Dimensionen von Dieter Baacke zur Medienkompetenz zu Grunde, so zeigt sich deutlich der spezifische Charakter, der auch die Perspektiven des Sachunterrichts widerspiegelt: in der Mediennutzung geht es um technische Aspekte und Entwicklungen; in der Medienkunde um die Vielfalt der Medien für Bildungszwecke, aber auch für Unterhaltung (Lebenswelt); in der Mediengestaltung geht es um Produktionen, die simulativ sein können und den Perspektivwechsel fördern (z.B. Journalisten); in der Medienkritik geht es um Datenschutz und Gefährdungen, aber auch um Manipulationen, um Welterkenntnis, die die Ambivalenz von Medien ebenso berücksichtigt wie die Chancen, die damit gegeben sind.

Auch im neuen Perspektivrahmen ist Medienkompetenz nicht als eigenständiger Bereich der Denk-, Arbeits- und Handlungsweisen ausgewiesen (vgl. GDSU 2013). Die vier Teilbereiche Baackes lassen sich aber sowohl in den perspektivübergreifenden als auch den perspektivbezogenen Denk-, Arbeits- und Handlungs-

weisen der sozialwissenschaftlichen Perspektive wiederfinden. Bei den perspektivübergreifenden Denk-, Arbeits- und Handlungsweisen sind dies:
- Eigenständig erarbeiten
  - Aufgaben und Fragen, die selbständig mit Hilfe bereitgestellter Informationsmaterialien bearbeitet werden
  - Aufgaben, in denen unterschiedliche Methoden der Informationsgewinnung angemessen durchgeführt werden müssen (z.B. Texte durcharbeiten, Experten befragen, im Internet recherchieren
- Evaluieren/Reflektieren
  - Reflexionsphasen, in denen eine Bewertung der eigenen Arbeitsleistung bzw. des eigenen Produkts geschieht
  - Reflexionsphasen, in denen überlegt wird, inwieweit das neu erworbene Wissen Auswirkungen auf das tägliche soziale Miteinander haben kann
- Kommunizieren/Mit anderen zusammenarbeiten
- Den Sachen interessiert begegnen
- Umsetzen und Handeln (vgl. ebd., 20ff.)

Bei den perspektivbezogenen Denk-, Arbeits- und Handlungsweisen der sozialwissenschaftlichen Perspektive sind die Bezüge in folgenden Bereichen zu finden:
- an ausgewählten gesellschaftlichen Gruppen partizipieren
- argumentieren
- politisch urteilen
- gesellschaftsbezogene Handlungen planen und umsetzen (vgl. ebd., 30ff.)

3 Spezifische Denk-, Arbeits- und Handlungsweisen: Recherchieren und Vergleichen

3.1 Kurzcharakteristik: Recherchieren

Das Wort „recherchieren" stammt auf dem Französischen, eigentlich: re = wieder, chercher = suchen. Recherchieren bedeutet also gezielt, nicht beiläufig Informationen zu bestimmten Fragestellungen zu beschaffen bzw. Nachforschungen zu betreiben. Folgende Phasen spielen daher im Prozess des Recherchierens eine zentrale Rolle: Frage(n), Problembeschreibung, Ablaufplan, Informationen protokollieren. Nach dem Recherchieren müssen die Informationen weiter verarbeitet werden.
Im Kontext von Schule geht die Recherche auf die Reformpädagogik, genauer die Freinet-Pädagogik zurück (vgl. Freinet-Pädagogik (www.paed.com); vgl. auch Hellmich & Teigeler 2007). Hier bildet die Recherche einen Teil des Arbeits-

vorhabens. Plausibel scheint für Grundschülerinnen und -schüler der Bezug von Recherche zur Arbeit von Detektiven und Polizisten.
Die heute in der Schule allgegenwärtige Internet-Recherche nach dem Motto „Sucht mal nach XY!" ist „ungezielt, zeitverschwendend, ja unsinnig" (Mattes 2011, 158). Zudem hat sie häufig ihre Grenzen in der Qualität von Online-Dokumenten: so ist oft der Urheber nicht bekannt oder die verschiedenen Dokumentengattungen unterschieden sich in ihrem Informationswert dramatisch. Bei neuen Themen fehlen Schülerinnen und Schülern die Einordnung und das richtige Verständnis. Denn die Bewertung der Rechercheergebnisse setzt Vorkenntnisse meist voraus: „Um gezielt recherchieren zu können, sollten sie [Schülerinnen und Schüler, Anm. d. Verf.] bereits etwas über ihr Thema wissen und daraus den Wunsch ableiten, noch mehr zu wissen" (ebd.). Tendenziell finden sich im Internet Fakten, also kein prozedurales (anwendungsfähiges) Wissen. Bei politischen oder sozialwissenschaftlichen Sachverhalten werden „Standpunkte" vorgestellt, die wenig mit fachdidaktischen Elementen (wie Kontroversität oder Problemorientierung) angereichert sind. Oft fehlt der gesellschaftliche Kontext.

3.2 Kurzcharakteristik: Vergleichen

Ein Vergleich zielt auf die kontrastive Gegenüberstellung zweier Gegenstände oder Sachverhalte. Wie die „Metapher" beruht der „Vergleich" auf Ähnlichkeit, die in einem gemeinsamen Dritten (tertium comparationis) gegeben ist. Durch den Vergleich als gebräuchliche Methode beim sozialwissenschaftlichen Lernen kann die Auseinandersetzung mit einem Lerngegenstand verdichtet und erweitert werden.
Der Vergleich als Methode verweist auf Vergleichskriterien, die offen gelegt werden müssen. Außerdem sollte geprüft werden, ob die Kriterien dem Gegenstand angemessen sind. Dies verweist auf eigene Werte und Normen. Wie bei Analogien und Parallelen muss geprüft werden, ob zwei Dinge überhaupt vergleichbar sind. Vergleiche besitzen viel Lernpotenzial, wenn sie methodisch bewusst gehandhabt werden.

Im Folgenden werden zwei Aufgabenbeispiele vorgestellt, wie Recherchieren und Vergleichen im Sachunterricht gefördert werden kann.

4 Bausteine der Medienkompetenz – Aufgabenbeispiele

© Mit freundlicher Genehmigung von TOM Körner

4.1 Aufgabenbeispiel „Erstellung eines eigenen WebQuests" – Teilkompetenz: Recherchieren

WebQuests sind heute als Methode nicht nur im sozialwissenschaftlichen Sachunterricht weit verbreitet: Die Schülerinnen und Schüler begeben sich auf eine abenteuerliche Spurensuche im Internet und erarbeiten sich – je nach Aufgabenstellung – Kenntnisse, Problemlösestrategien, ein eigenes Urteil oder erweitern ihr Handlungsrepertoire (vgl. Manzel 2010). Damit sie aber nicht im Hyperspace verloren gehen, sind im WebQuest ausgewählte Quellen (die sich nicht nur auf das Internet beschränken müssen, es aber in den meisten Fällen jedoch tun) vorgegeben. Denn Schülerinnen und Schüler brauchen einen klar definierten Rahmen, um sich im Internet zurecht zu finden. Um den besonderen Anforderungen von Hypertexten gewachsen zu sein, sollten die Schülerinnen und Schüler beim Einsatz eines WebQuests über eine grundlegende Lesekompetenz verfügen.

Ein WebQuest besteht aus verschiedenen Elementen: In der *Einführung* werden die Lernenden für das Thema sensibilisiert und motiviert. So kann z.B. ein Filmporträt eines Kindes in die Thematik der Kinderrechtsverletzungen einführen. Kindgerechte Nachrichtenangebote im Internet (z.B. logo.de) können genauso gut als Einführung in einen Themenkomplex dienen. Bei *Problemstellung und Aufgabe* erfahren die Schülerinnen und Schüler, was sie tun sollen. So könnten sie beispielsweise die Aufgabe bekommen, aus dem Filmporträt mit Hilfe weiterer Quellen herauszuarbeiten, welche Kinderrechte in dem entsprechenden Fall verletzt werden und welche Handhabe für das Kind besteht. Unter *Ablauf* bekommen die Schülerinnen und Schüler Informationen, wie viel Zeit ihnen zur Verfügung steht, in welchen Sozialformen sie arbeiten sollen, etc. Exemplarisch würden sie in unterschiedlichen Arbeitsgruppen zu unterschiedlichen Bereichen der Kinderrechte arbeiten und binnen einer Doppelstunde ein entsprechendes Poster erstellen. Im Bereich *Materialien* werden dann die ausgewählten Hilfsmittel und Quellen dargeboten. Anschließend an das bisherige Beispiel könnten hier entsprechende Seiten von UNICEF, der Bundeszentrale für politische Bildung, des Deutschen Kinderhilfswerkes usw. angeboten werden. Diese Trennung von den Aufgaben ist deshalb wichtig, damit die Schülerinnen und Schüler nicht zu einer entsprechenden Aufgabe eine Quelle öffnen, diese scannen und dann Wortfragmente zur Beantwortung von der Website übernehmen. Es folgen noch die Teile *Präsentation* und *Bewertung/Evaluation*, die in der Reihenfolge variieren können. Im Bereich der Präsentation erhalten die Schülerinnen und Schüler die nötigen Informationen, wie die Arbeitsergebnisse präsentiert werden sollen. Im bisherigen Beispiel sollte eine Gruppenpräsentation mit Hilfe des Plakates erfolgen. Die Schülerinnen und Schüler bekamen u.a. Hinweise, wie das Plakat gestaltet sein sollte, und worauf sie beim Sprechen (Sprechtempo, Stimmvariation, Körperhaltung, etc.) achten sollten. Im Bereich *Bewertung/Evaluation* erhielten die Kinder Leitfragen, mit deren Hilfe sie ihren Lernprozess reflektieren sollten.

Es kann aber auch ein anderer Weg verfolgt werden, um die Schülerinnen und Schüler auf dem Weg zum kompetenten Recherchieren zu begleiten. Denn auch wenn häufig mit dem WebQuest eine Förderung der Recherchekenntnisse verbunden wird (z.B. Mattes 2011), recherchieren die Schülerinnen und Schüler ja nicht eigenständig, sondern befragen die vorgegebenen Quellen – oft beschränken sich diese auf das Nötigste, so dass ein wirkliches Suchen nicht notwendig ist – gezielt entsprechend der Aufgabenstellung.

Um das Recherchieren zu trainieren, also gezielt Informationen zu bestimmten Fragestellungen zu beschaffen, schlagen wir vor, dass die Schülerinnen und Schüler mit Hilfe eines WebQuest-Wizards, das ist eine Internetplattform, die einem bei der grafischen Aufbereitung des WebQuests behilflich ist (z.B. webquests.ch), einen eigenen WebQuest erstellen.

Zuerst werden die Schülerinnen und Schüler mit einem Thema konfrontiert, z.B. Kindernachrichten. Im Anschluss wird ihr Vorwissen erhoben und Fragen der Schülerinnen und Schüler an den gewählten Themenkomplex gesammelt. In Anlehnung an May liegt hier eine Anforderungssituation „Begegnung mit unklaren Situationen und Informationsdesideraten" vor (vgl. May 2011, 128). Die Schülerinnen und Schüler werden durch die fehlenden Informationen herausgefordert, ihre eigenen Informationslücken zu füllen. Sie müssen im Netz recherchieren, um Antworten auf die offenen Fragen zu finden. Gleichzeitig schaffen sie mit dem WebQuest handlungsorientiert ein Angebot für andere Schülerinnen und Schüler, sich das Thema zu erschließen.

Bei der eigenen Erstellung eines Webquests hat sich ein 2stufiges Verfahren bzw. zur Differenzierung Folgendes bewährt: Die Schülerinnen und Schüler treffen entweder eine Auswahl aus einer begrenzten Anzahl an Quellen oder sie suchen eigenständig mit Hilfe von Kriterienrastern Informationen im Netz. Anstelle von klassischen Suchmaschinen sollten spezielle Kindersuchmaschinen, wie z.b. blindekuh.de, benutzt werden. Die selbständige Auswahl von Quellen verlangt von den Schülerinnen und Schülern, dass sie aus der Menge an angebotenen Informationen eigenständig eine begründete Auswahl treffen. Dazu müssen sie die Seiten, die sie gefunden haben, entsprechend daraufhin analysieren und bewerten, ob sie helfen, die gestellten Fragen/Aufgaben zu lösen. Alle Seiten, die die Schülerinnen und Schüler finden und in Betracht ziehen, werden protokolliert und von ihnen entlang des Kriterienrasters kommentiert.

Finden die Schülerinnen und Schüler keine passenden Quellen oder sollen die gefundenen Quellen noch ergänzt werden, können sie in den WebQuest eigene kleine Erklärvideos in Form von Screencasts integrieren. Mit Hilfe von Freewareprogrammen können die Schülerinnen und Schüler Bildschirmaktivitäten aufzeichnen (Anfertigen von Skizzen, Beschreibungen und Zeigen auf Fotos, Ablauf einer Präsentation, etc.) und dazu einen eigenen Text sprechen. So eignen sich Schülerinnen und Schüler das zu vermittelnde Wissen selbst vertieft an.

Nach der Erstellung des WebQuests kann dieser auf entsprechenden Plattformen oder auf der Homepage der Schule öffentlich zugänglich gemacht werden. Aus rechtlicher Sicht empfiehlt es sich einen entsprechenden Disclaimer einzubinden. Durch die Veröffentlichung schafft der selbst erstellte WebQuest Anlässe für Lernprozesse anderer Schülerinnen und Schüler. Enthält der WebQuest eine Aufforderung zur Rückmeldung, erhalten die Schülerinnen und Schüler in regelmäßigen Abständen ein Feedback aus der Öffentlichkeit, das wertschätzend die geleistete Arbeit beurteilt. Durch das Erstellen des WebQuests verlassen die Schülerinnen und Schüler die Seite der Konsumenten und werden selbst zu Herstellenden.

Neben der Teilkompetenz Recherchieren fördert dieser Unterricht auch die Denk-, Arbeits- und Handlungsweisen „Erkennen/Verstehen", denn die Lernenden stellen nach einem selbständigen Erarbeitungsprozess anderen (Kindern) Wissensbestände dar und sofern beispielsweise Screencasts in den WebQuest integriert werden, erklären sie diese (vgl. GDSU 2014, 21). Weiter werden die perspektivübergreifenden Denk-, Arbeits- und Handlungsweisen „Eigenständig erarbeiten", „Kommunizieren/Mit anderen zusammenarbeiten" und „den Sachen interessiert begegnen" gefördert. Lehrerinnen und Lehrer müssen sich auf eine Rolle als Coach bzw. Lernbegleiter einstellen sowie die Technik (Browser, ggf. andere Programme) beherrschen.

Neben einem Webquest können die Grundschülerinnen und -schüler ihre Rechercheergebnisse auch auf Kidipedia eingeben. Dies ist ein Online-Lexikon von Kindern für Kinder. Die Plattform lässt sich ohne Programmierkenntnisse bereits ab der 1. Klasse bedienen (vgl. Carell & Peschel 2012, 57ff.). Kidipedia bietet eine

kindgerechte, reduzierte Benutzeroberfläche und zeichnet sich durch einen kindgerechten Sprach- und Symbolgebrauch aus (vgl.Gervé & Peschel 2013, 70f.).
Des Weiteren könnten die Rechercheergebnisse in einem Projekt „Rasende Reporter" verwendet werden. Die Schülerinnen und Schüler erstellen mit einfachen technischen Hilfsmitteln eine eigene Radiosendung mit Umfragen, Interviews, An- und Abmoderationen sowie passenden Liedern. Kooperationen mit freien, lokalen Radiosendern ermöglichen sogar oft eine entsprechende Ausstrahlung. Oder die Schülerinnen und Schüler erstellen eine eigene Klassenzeitung. Auch damit werden ihre Fähigkeiten und Fertigkeiten im Bereich Mediengestaltung gefördert.

4.2 Aufgabenbeispiel „Zeitung" – Teilkompetenz: Vergleichen

Wir möchten an einem realen Beispiel aus der Unterrichtsforschung im sozialwissenschaftlichen Sachunterricht vorstellen, wie „kritische Medienkompetenz" angebahnt werden kann. Das Beispiel stammt aus dem Tagespraktikum im Rahmen der Lehrerbildung (4. Klasse). Versteht man Kritik in der ursprünglichen Wortbedeutung von „unterscheiden", dann geht es zunächst um die unterschiedlichen Textsorten in einer Zeitung. Durch fachdidaktische Unterrichtsforschung mit Videographie und Transkripten kann dieser Zugang verlangsamt und die Wahrnehmung der Schülerbeiträge analytisch erfasst werden.

Hier ein knappes Beispiel, dessen fachdidaktische Auswertung die Teilkompetenz des Vergleichens fokussiert. Es geht um mehrere Vergleiche, implizit und explizit: den Vergleich zwischen der Textsorte „Bericht", der Textsorte „Leserbrief", es geht um Fiktion und Realität, um Prüfkriterien und um Ansätze einer Meinungs- und Urteilsbildung am Ende der 4. Klasse. Die Diagnose zeigt nicht nur das (sozialwissenschaftliche) Denken der Viertklässler, sondern verweist indirekt auf die Lehrerkompetenzen, die den Lernprozess im Feld der Medien unterstützen können. Der (fiktive) Artikel enthält folgenden Bericht (Namen anonymisiert):

> Freiburg – Lehen (DH). Herr G., der Leiter der Johannes-Schwartz-Schule in Freiburg erklärte gestern in einem Interview, dass er die Bundesjugendspiele dieses Jahr ausfallen lassen möchte. Er sagte, dass es für die Schüler wichtiger sei etwas zu lernen als auf dem Sportplatz herum zu rennen. Außerdem ist für ihn die Verletzungsgefahr bei Bundesjugendspielen groß und er hat Angst, dass sich Schüler verletzen können. Dem fügte er noch hinzu, die Schüler gingen lieber in den Unterricht als an den Bundesjugendspielen teilzunehmen. Warum sollen sie dann stattfinden?

Da die realen Bundesjugendspiele für die nachfolgende Woche geplant sind, hat das Ganze durchaus Bezüge zur Wirklichkeit.

Die Aufgabe der Schülerinnen und Schüler bestand nun nicht darin, mündlich dazu Stellung zu beziehen, sondern sich der Textsorte „Leserbrief" handlungsorientiert zu nähern. Dies erleichtert gegenüber dem flüchtigen Sprechen die differenzierte Wahrnehmung der unterschiedlichen Schülerstatements. Unterschiedliche fachdidaktische Lesarten können hier nur angedeutet werden.
Wie reagieren die Viertklässler auf diese Provokation? Der Vergleich ihrer „Leserbriefe" zeigt einen spielerischen Umgang mit dem (vermeintlichen) Zeitungsbericht. Vermutlich fördert dies die eigene Meinungs- und Urteilsbildung, auch wenn nur die leistungsstärkeren Schülerinnen und Schüler ihre ‚Meinungen' in der Klasse veröffentlichen wollen.
Den Anfang macht der Schüler J.:

Meine Meinung zu den Bundesjugendspielen. Ich hoffe und denke, dass der Artikel nicht wahr ist. Sollte es jedoch wahr sein, dann würde ich ziemlich traurig sein, da ich die Bundesjugendspiele sehr mag und da sie mir immer sehr viel Spaß bereitet haben. Es stimmt auch nicht, dass bei den Bundesjugendspielen große Verletzungsgefahr besteht. Außerdem möchten alle Schüler die Bundesjugendspiele.

In seiner Argumentation bezweifelt er den Wahrheitsgehalt des Artikels. Er nennt allerdings keine Gründe dafür. Indem er aber zwei Verben nennt (Ich hoffe und denke) hält er die Frage offen. Dann folgt eine Wenn-Dann-Formulierung: er bringt im Dann-Teil deutlich seine Emotionen zum Ausdruck, weniger seinen Widerstand gegen die Entscheidung (traurig, Spaß). Seine Kritik der Entscheidung ist sachlich begründet: er stellt dezidiert fest, dass keine große Verletzungsgefahr bestünde. Damit negiert er direkt ein ‚Argument' des Schulleiters aus dem Artikel. Im Schlusssatz unterstellt er, dass alle Schüler seine Meinung teilten, ein an dieser Stelle (Ende des Statements) gut platzierter Abschluss seines Statements. Verallgemeinert man diese Argumentationsstruktur, so kann festgehalten werden, dass

– der Schüler seine eigene Meinung zu einer Frage aus seiner Lebenswelt eigenständig schriftlich formulieren kann
– er deutliche Bezüge zum vorgegebenen Artikel herstellt und dessen Behauptungen an eigenen Erfahrungen prüft
– er seine Kritik sachlich begründet formuliert, aber auch in der Lage ist, seine Emotionen auszudrücken
– er letztlich rhetorische Mittel nutzt (Aufbau), um Zustimmung zu seiner Meinung zu erhalten.

Als zweite folgt die Schülerin L.:

Meine Meinung. Herr G. spricht unerlaubt im Namen der Kinder. Er darf nicht einfach unsere Meinung sagen. Wir haben eine ganz andere Meinung dazu, dass die Bundesjugendspiele ausfallen. Er kann es nicht behaupten.

L.s knapper Beitrag lässt sich als politischer charakterisieren. Der Lehrer dürfe nicht im Namen der Schüler (Kinder) sprechen, das sei eine Grenzüberschreitung, zumal die Schüler eine ganz andere Meinung hätten.
Hier geht es implizit um die Funktion von Repräsentation, explizit geht es um eine Entscheidung, um kontroverse Positionen, um Deutungsmacht, um die Nutzung von Öffentlichkeit durch Medien, um Macht und Interessen.
Im Begriff „unerlaubt" tritt die gesellschaftliche Seite ins Spiel: Repräsentanten benötigen eine ‚Erlaubnis' der Repräsentierten. Obwohl in der Schule der Lehrer weitgehend bestimmt, was und wie gelernt wird, betrachtet Lotta diese Entscheidung als Sonderfall: aufgrund der Betroffenheit (im doppelten Sinne) der Schüler verlangen diese ein Mitspracherecht. Werden sie übergangen, wehren sie sich massiv.
Die Struktur der Argumentation stellt eine Pro-Contra-Situation her: Herr Günther vs. Kinder, er vs. wir. Das in der Schülerschaft unterschiedliche Meinungen vorhanden sein könnten (Pluralismus), gerade beim Sport, wird nicht gesehen. Hier entfaltet sich Kritikkompetenz, die deutlich auf Selbstbestimmung statt Fremdbestimmung besteht.
Als dritter trägt Schüler K. vor.

Wenn dieser Artikel kein Computerausdruck wäre, ... Es gibt doch keinen Lehrer auf Gottes Erden, der uns den Spaß an diesem Tag verdirbt. Noch dazu stimmt es nicht, dass wir lieber im Schulhaus bleiben statt Sport zu machen. Es stimmt auch nicht, dass es eine große Verletzungsgefahr gibt. Unmöglich ...

K. versucht es poetisch („auf Gottes Erde"), ohne den Lehrer frontal anzugreifen. Eher wird dieser als Spielverderber gesehen. In gewisser Weise wird ein Rollenbild eines (guten) Lehrers entworfen, das sich festmacht an der Verallgemeinerung („keinen Lehrer"). Sachlich wird eine Behauptung aus dem Artikel zurück gewiesen; hier geht es um die Interessen der Schüler (Sport oder Unterricht?).
Sein Statement enthält kreative und sachliche Elemente, ist also deutlich auf Wirksamkeit aus.
Die Schülerin L. beendet diesen Durchgang:

Meine Meinung zu dem Bundesjugendspiel-Artikel. Ich finde es nicht gut, weil, man kann sich eigentlich überall verletzen. Die Bundesjugendspiele haben mit Sport zu tun und Sport ist auch ein Fach in der Schule. Und beim Sport in der Schule kann man sich ja auch verletzen. Ich hoffe und glaube, dass der Text ausgedruckt ist. Außerdem will – glaube ich – jeder an den Bundesjugendspielen teilnehmen.

L.s Meinung enthält drei Ich-Botschaften und kommt der Textsorte ‚Meinung' auf besondere Weise nahe. Sie greift Argumente des Artikels auf, das Spezifische besteht aber darin, dass sie argumentativ einen impliziten Widerspruch aufdeckt:

Der Artikel, aber auch ihre Vorredner, setzen die Bundesjugendspiele und damit Sport dem Unterricht entgegen. Da aber Sport ein Unterrichtsfach (wie jedes andere) ist, stimme die Entgegensetzung nicht. Damit entkräftet Leonie das zentrale Argument des Artikels am stärksten, seine Folgen werden somit hinfällig. Unausgesprochen bleibt die Konsequenz, dass im anderen Fall das Fach Sport (wegen Verletzungsgefahr) abgeschafft werden müsse. Sie hofft, der Text sei fingiert. Dann endet sie mit dem gleichen Schlusssatz wie J., aber deutlich vorsichtiger: dass jeder Schüler an den Bundesjugendspielen teilnehmen wolle, setzt sie nicht, sondern ‚glaubt' sie.

Die *Kurzanalyse* dieser 4 Schülerstatements, fokussiert auf Vergleiche, die eigene Meinungen, Ansätze für Kritik und Argumente immer enthalten, geben einen ersten Hinweis darauf, wie individuell die Meinungsbildung und -begründung am Ende der 4. Klasse ausgebildet ist, ohne dass man einer der vier Äußerungen die Sinnhaftigkeit und Berechtigung absprechen kann. Hier dürften Versuche einer Standardisierung an ihre Grenzen stoßen.

Dieser Ansatz beruht auf einem hermeneutischen Verständnis von Forschung, also dem Verstehen sozialer Interaktion und bedient sich qualitativer Methoden. Grundlage bildet ein *Methodenraster,* das hermeneutische Stufen unterscheidet: Verstehen, Auslegen, Anwenden, das auf der horizontalen Ebene als Felder der Fachdidaktik unterscheidet: Fachwissenschaft, Fachdidaktik und Fachmethodik. Für die *Lehrerbildung* steht dahinter die These, dass die hermeneutische Kompetenz für Lehrerinnen und Lehrer eine Basiskompetenz darstellt, um Schülerinnen und Schüler zu verstehen, Lernprozesse zu strukturieren und produktive Kommunikation aufzubauen.

Literatur

Baacke, D. (1996): Medienkompetenz? Begrifflichkeit und sozialer Wandel. In: Rein, A. von (Hrsg.): Medienkompetenz als Schlüsselbegriff. Bad Heilbrunn: Klinkhardt, 112-124.

Besand, A./Sander, W. (Hrsg.) (2010): Handbuch Medien in der politischen Bildung. Schwalbach/Ts.: Wochenschau-Verlag.

Carell, S./Peschel, M. (2012): Die Internetplattform kidipedia im Sachunterricht sinnvoll nutzen. In: GDSU-Journal, 2, 57-65.

Freinet-Pädagogik (o.J.): Link: www.paed.com – der etwas andere Bildungsserver (zuletzt: 9.7.2015)

GDSU (Gesellschaft für Didaktik des Sachunterrichts) (Hrsg.) (2013): Perspektivrahmen Sachunterricht. Vollst. überarb. und erw. Ausgabe. Bad Heilbrunn: Verlag Julius Klinkhardt.

Gervé, F. (1998): Der Computer als Medium im Sachunterricht. Erfahrungen aus Freiburg. In: Mitzlaff, H.; Speck-Hamdan, A. (Hrsg.): Grundschule und neue Medien. Frankfurt a.M.: Grundschulverband – Arbeitskreis Grundschule, 195-204.

Gervé, F. (2003): Wissenserwerb mit neuen Medien: Lernsoftware für den Sachunterricht. In: Cech, D.; Schwier, H.-J. (Hrsg.): Lernwege und Aneignungsformen im Sachunterricht. Bad Heilbrunn: Verlag Julius Klinkhardt, 199-216.

Gervé, F./Peschel, M. (2013): Medien im Sachunterricht. In: Gläser, E.; Schönknecht, G. (Hrsg.): Sachunterricht in der Grundschule entwickeln – gestalten – reflektieren. Frankfurt a.M.: Grundschulverband e.V., 58-77.

Giest, H. (2006): Nutzung neuer Medien – eine Kulturtechnik im Sachunterricht? In: Cech, D. u.a. (Hrsg.): Bildungswert des Sachunterrichts. Bad Heilbrunn: Verlag Julius Klinkhardt, 279-292.

Haller, M. (2004): Recherchieren. 6. überarb. Auflage, (UVK), Konstanz.

Hauser, Th. et al. (Hrsg.) (2008): Zeitung machen – Zeitung lesen. Journalismus und Didaktik im Gespräch. Freiburg: Verlag Rombach.

Hellmich, A. & Teigeler, P. (2007): Montessori-, Freinet- und Waldorfpädagogik, 5. überarb. Auflage. Weinheim und Basel: Beltz-Verlag.

Jablonski, M. (2013): Arbeiten mit dem Computer. In: Reeken, D. v. (Hrsg.): Handbuch Methoden im Sachunterricht, 3. Auflage, Baltmannsweiler: Schneider Verlag Hohengehren, 58-67.

Kahlert, J. (2003): Arbeit mit Hörspielen. In: Reeken, D. v. (Hrsg.): Handbuch Methoden im Sachunterricht. Baltmannsweiler: Schneider Verlag Hohengehren, 141-146.

Kuhn, H.-W. (2008): Medien – Politische Medienkompetenzen im sozialwissenschaftlichen Sachunterricht fördern. In: Richter, D. (Hrsg.): Politische Bildung von Anfang an. Demokratie-Lernen in der Grundschule. Bonn: BpB, 289-304.

Lieber, G. (2010): Bildliteralität im Sachunterricht – Vernachlässigte Bildungspotenziale zur Demokratisierung von Unterricht nutzen. In: Giest, H.; Pech, D. (Hrsg.): Anschlussfähige Bildung im Sachunterricht. Bad Heilbrunn: Verlag Julius Klinkhardt, 177-184.

Manzel S. (2010): WebQuests. In: Besand, A.; Sander, W. (Hrsg.) (2010): Handbuch Medien in der politischen Bildung. Schwalbach/Ts.: Wochenschau-Verlag, 593-601.

Mattes, W. (2011): Methoden für den Unterricht. Kompakte Übersichten für Lehrende und Lernende. Paderborn: Schöningh Verlag.

May, M. (2011): Kompetenzorientiert unterrichten – Anforderungssituationen als didaktisches Zentrum politisch-sozialwissenschaftlichen Unterrichts. In: Gesellschaft – Wirtschaft – Politik (GWP), 1, 123-134.

Moser, H. (2000): Abenteuer Internet. Lernen mit WebQuests. Zürich: Auer Verlag/Verlag Pestalozzianum.

mpfs (Medienpädagogischer Forschungsverbund Südwest) (2013): KIM-Studie 2012, Kinder + Medien, Computer + Internet, Stuttgart.

Peschel, M. (2012): Mediendidaktik, Medienkompetenz, Medienerziehung – Web 2.0 Aktivitäten im Sachunterricht. In: GDSU-Journal, 2, 67-79.

Peschel, M. & Carell, S. (2013): Entwicklungen in der Medienpädagogik von Mosaik (1992/1993) zu kidipedia (2012). In: Fischer, H.-J. et al. (Hrsg.): Der Sachunterricht und seine Didaktik. Bad Heilbrunn: Verlag Julius Klinkhardt, 121-128.

www.wissen.de/journalismus-recherche (zuletzt 09.07.2015)

Claudia Schomaker und Jan Heiko Wohltmann

Inklusives Zusammenleben von Menschen mit und ohne Behinderungen

1 Gesundheitsförderung vor dem Hintergrund der sozialwissenschaftlichen Perspektive

Hurrelmann und Franzkowiak (2015) beschreiben den Begriff der ‚Gesundheit' als „kein eindeutig definierbares Konstrukt". Je nachdem, ob der Terminus aus *einer biomedizinischen, einer soziologischen oder einer auf Wertaussagen basierenden Perspektive* fokussiert wird, verändert sich dessen Bedeutungsgehalt (vgl. Simon 2013, 2f.). Unter Berücksichtigung dieser Vielschichtigkeit des Begriffs wird ‚Gesundheit' in der ursprünglichen Verfassung der Weltgesundheitsorganisation (WHO) aus dem Jahr 1946 verstanden „als Zustand des völligen körperlichen, geistigen und sozialen Wohlbefindens und nicht nur das Freisein von Krankheiten und Gebrechen" (zitiert nach Raithel et al. 2009, 233). Diese normative Setzung des Begriffs der Gesundheit berücksichtigt und verbindet zwar physische, psychische und soziale Momente miteinander, dennoch wird der Terminus somit analog zum biomedizinischen Paradigma als eine starre anzustrebende Idealnorm konstruiert, womit „auch Ansätze zu einem ‚Gesundheitszwang' legitimiert werden könnten" (ebd., 234). Darüber hinaus wurde der WHO-Definition vielfach vorgeworfen, dass sie aufgrund der subjektiv akzentuierten Setzung sowie der nur schwer zu operationalisierenden Einzelfaktoren *„Körper", „Geist"* und *„soziales Wohlbefinden"* einen gewissen utopisch-dogmatischen Charakter aufweisen würde, der historisch-politisch zwar nachvollziehbar sei, im Hinblick auf einen möglichen Anwendungsbezug aber gewisse Schwächen aufweise (vgl. Hurrelmann & Franzkowiak 2015).
Während ältere gesundheitspolitische Bildungsprogramme einen stark auf Wissensvermittlung und Verhaltensmodifikation ausgerichteten Charakter aufwiesen (vgl. Marchwacka 2013, 12), schließen aktuellere Empfehlungen der Gesundheitsförderung an überarbeitete Operationalisierungen der WHO (vgl. 1986; 1997) an. Diese verfolgen nicht nur eine systemisch-präventive Prämisse, sondern begreifen Gesundheitsförderung als grundlegendes Menschenrecht, in dessen Kontext die Handlungskompetenzen der einzelnen Akteurinnen und Akteure gestärkt und auf der institutionellen Ebene gesundheitsschädliche Einflüsse mini-

miert werden sollen (vgl. KMK 2012, 2f.). Neben einer medizinischen Prämisse finden somit auch hygienische, psychische, psychiatrische, kulturelle, soziale, ökologische Faktoren eine Berücksichtigung (vgl. Hurrelmann 2009, 432).
Die fächerübergreifende Aufgabe der Gesundheitsförderung und Prävention wird im Perspektivrahmen Sachunterricht (vgl. GDSU 2013) im perspektivenvernetzenden Themenbereich „Gesundheit und Gesundheitsprophylaxe" aufgeführt. Gesundheit wird dabei im Sinne einer salutogenetischen Sichtweise (vgl. Giest & Hintze 2007) als Fähigkeit des Menschen aufgefasst, „ein Gleichgewicht zwischen den Abwehrmechanismen und Potentialen des Organismus und der Psyche (den vorhandenen Ressourcen) und den krankmachenden Einflüssen der natürlichen und sozialen Umwelt zu erhalten bzw. immer wieder herstellen zu können" (GDSU 2013, 80).
Im Hinblick auf die Formulierungen im Perspektivrahmen lässt sich konstatieren, dass der Sachunterricht zentrale Momente der WHO-Debatte aufgreift, indem Gesundheit als mehrdimensionales Konstrukt physiologischer, psychischer und sozialer Aspekte verstanden wird. Die Begründung der Notwendigkeit der Auseinandersetzung mit diesem perspektivenvernetzenden Themenbereich geschieht dabei auf zwei Ebenen:
- *Vermeidung gesundheitsschädlicher Verhaltensweisen unter der Prämisse eines Präventionsgedankens.*
- *Stärkung gesundheitsförderlicher Handlungsweisen im Sinne der Idee einer Gesundheitsbildung.*

Während der erste Begründungszusammenhang bisweilen eine gewisse Anschlussfähigkeit an Formen traditioneller *Gesundheitserziehung* aufweist, d.h. der Idee einer intentionalen Beeinflussung einer gesundheitsschädlichen Verhaltensdisposition, knüpft der zweite Argumentationspunkt stärker an die von der WHO forcierten Debatten um *Gesundheitsförderung* an, in deren Kontext Gesundheitsbildung als grundlegendes Menschenrecht begriffen wird (vgl. WHO 1997). Partizipation und Empowerment werden dabei als zentrale Prämissen einer möglichen Implementation begriffen (vgl. Marchwacka 2013, 12).
Sowohl der Perspektivrahmen Sachunterricht (vgl. GDSU, 80f.) als auch verschiedene sachunterrichtsdidaktische Aufsätze (vgl. z.B. Stein & Wittkowske 2012; Schneider 2008; Giest 2007; Kiper 2007) weisen jeweils Charakteristika beider Begründungsmomente auf, was sich strukturtheoretisch hinsichtlich des unterschiedlichen Normierungsprozesses des Gesundheitsbegriffes erklären lässt. Gesundheitserzieherische, auf Prävention ausgerichtete Begründungszusammenhänge normieren das Konstrukt der Gesundheit aus einer gewissen *systemfunktionalen Perspektive*, d.h. sie bewerten den menschlichen Organismus unter dem Gesichtspunkt seiner durchschnittlichen medizinisch-physiologischen, psychischen oder soziologischen Leistungsfähigkeit. Die auf einen normativ ausgerichteten Begriff der Gesundheitsbildung fußenden Begründungsmomente, wie sie zum

Beispiel von der WHO vertreten werden (vgl. WHO 1997; 1986), normieren Gesundheit eher aus einer *diskursiven Perspektive*. Beide Momente können im Kontext einer didaktisch ausgerichteten Gesundheitsförderung dialektisch aufeinander bezogen werden: Die systemfunktionale Perspektive klärt anhand fachlich gesicherten Wissens bestimmte Variablen, die diskursive Perspektive öffnet einen Diskursraum, in dem ethisch begründete und subjektiv bedeutsame Fragen der Gesundheit ausgehandelt und gefunden werden können.

In Ergänzung zum naturwissenschaftlich-medizinischen Blickwinkel ermöglicht erst die sozialwissenschaftliche Perspektive den Kindern einen multidimensionalen Zugang zum perspektivenvernetzenden Themenbereich der „Gesundheit und Gesundheitsprophylaxe". Didaktisches Ziel dabei muss es sein, dass Schülerinnen und Schüler „Gesundheit als Menschenrecht […] achten" (Simon 2013, 21) und darin „eine Balance zwischen der Anerkennung von Individualität und einem subjektiven Gesundheitserleben sowie der Norm einer gesunden Lebensweise zu suchen" (ebd.). Alleinige Kenntnis um medizinisch-physiologisch normiertes Gesundheitswissen „führt […] nicht automatisch zu entsprechendem Verhalten. Für seine Umsetzung scheinen soziale Umstände entscheidend zu sein" (Schneider 2008, 4). Die sozialwissenschaftliche Perspektive hat ebenfalls für die Sachunterrichtslehrkräfte eine Bedeutung, da diese im Zusammenhang mit der Unterrichtsplanung unbedingt kritisch die normativen Implikationen des Normierungsprozesses gesundheitlichen Wissens reflektieren müssen. „Insbesondere durch die implizite Setzung eines Modellschülers/einer Modellschülerin geraten die klassen-, milieu-, gender- oder kulturspezifischen Differenzen aus dem Blick und werden durch Standardisierungsprozesse umgeformt zu defizitären Alltagspraktiken" (Bittlingmayer 2009, 293), was wiederum zu einer nicht ‚gesundheitsförderlichen' Ausgrenzung von einzelnen Kindern führt (vgl. ebd., 291f.).

Am Beispiel des Unterrichtsthemas „Inklusives Zusammenleben von Menschen mit und ohne Behinderungen" soll im Folgenden die Bedeutung der sozialwissenschaftlichen Perspektive für den perspektivenvernetzenden Bereich der „Gesundheit und Gesundheitsprophylaxe" veranschaulicht werden. Die entwickelten Unterrichtsideen wurden auf folgende Denk-, Arbeits- und Handlungsweisen hin ausgerichtet:
– „An ausgewählten gesellschaftlichen Gruppen partizipieren"
– „Argumentieren sowie zwischen Einzelnen oder zwischen Gruppen mit unterschiedlichen Interessen und Bedürfnissen verhandeln" (GDSU 2013, 30f.).

Im Zusammenhang der Auseinandersetzung mit dem Thema können die Kinder erfahren, inwiefern es für Menschen mit und ohne Behinderungen schwierig sein kann, in gesellschaftlichen Kontexten oder Gruppen zu partizipieren. Daran anschließend könnten konkrete Handlungsfelder in Blick genommen werden, in denen Kinder mit und ohne Behinderung gemeinsam Strategien und mögliche Lösungsansätze entwickeln. Unter Berücksichtigung eigener Stärken und Schwächen sollte es darum gehen, eigene Interessen und Bedürfnisse zu erkennen, diese gegenüber anderen argumentativ zu vertreten und gemeinsame Entscheidungen auszuhandeln. Hinsichtlich des perspektivenvernetzenden Themenbereichs der „Gesundheit und Gesundheitsprophylaxe" sollte es zudem darum gehen, dass die Schülerinnen und Schüler „die Bedeutung sozialer Faktoren für die Gesundheit [...] wahrnehmen, erkennen und beschreiben" (ebd., 82) sowie „Emotionen mitteilen und bei anderen wahrnehmen" (ebd.) können.

2 ‚Behinderungen – Benachteiligungen' als Unterrichtsgegenstand sozialwissenschaftlich-politischen Lernens im Sachunterricht

Die Bezeichnung ‚Behinderung' wurde erst zu Beginn der 1960er Jahre gebräuchlich und löste die zuvor üblichen Benennungen wie ‚Entartung', ‚Idiotie', ‚Imbezillität', ‚Kretinismus', ‚Blödsinn', ‚Schwachsinn', ‚Entwicklungshemmungen' usw. ab. Die Verwendung und Deutung dieser Begrifflichkeiten diente aber auch dazu, den Gegenstand der Sonderpädagogik zu bestimmen, indem ein „bestimmter Personenkreis vom Personenkreis der sog. ‚Normalen' ab[ge]grenzt" (Lindmeier & Lindmeier 2012, 16) wurde. Im Rückgriff auf Bezeichnungen aus der Medizin und Psychologie erfolge eine Unterscheidung der so bestimmten Personengruppe in ‚gesund' – ‚krank' bzw. ‚normal' – ‚pathologisch'. Der Begriff der ‚Behinderung' wird damit als ein subjektives Defizit bzw. als individuelle Normabweichung charakterisiert, dessen „Auftreten spezifische Hilfs- bzw. Unterstützungsleistungen erforderlich macht" (ebd., 17). In Anlehnung an ethische bzw. individualtheoretische Sichtweisen wurde dieses Verständnis erweitert und differenzierter betrachtet und führte schließlich zur Unterscheidung von neun bzw. zehn Behinderungsarten sowie zur Einrichtung des Sonderschulwesens. Im Zuge der Diskussionen um die Legitimation dieses Schultyps in den 1970er Jahren entwickelten sich theoretische Modelle, die unter Bezugnahme auf die Wissenschaftstheorie der Frankfurter Schule (Kritische Theorie) sowie den bei Marx dargelegten Dialektischen Materialismus konsequent das System der Sonderpädagogik und deren Begründungszusammenhänge aufgrund segregativer Tendenzen in Frage stellten. Diese Ansätze entwarfen ein Verständnis von Behinderung, das seinen Ausgangspunkt in einer umfassenden Gesellschaftsanalyse und ihren Auswirkungen auf den Menschen nimmt (vgl. Jantzen 2007).

Diese veränderten Sichtweisen auf den Behinderungsbegriff spiegeln sich insbesondere in den internationalen Klassifikationen von Behinderungen durch die WHO wider, die 1980 erstmals in der Fassung der ‚International Classification of Impairments, Disabilities and Handicaps (ICIDH)' zum Ausdruck gebracht wurden. In einer Neufassung dieses Modells von 1997 und einer 2001 verabschiedeten Form, die international im Bereich der Rehabilitation anerkannt ist, sind die Dimensionen ‚impairment' (Schädigung), ‚disability' (Störung) und ‚handicap' (Benachteiligung, Behinderung) durch die Bezeichnungen ‚impairment', ‚activity' und ‚participation' ersetzt worden, die sich von einer nur defizitorientierten Sichtweise auf Behinderung abwenden und vielmehr eine subjektbezogene, personale Betrachtungsweise fokussieren, die im Hinblick auf Partizipationsmöglichkeiten insbesondere die Stärken und Fähigkeiten von behinderten Menschen betont. Ein solcher Paradigmenwandel in der sonderpädagogischen Debatte zeigt sich auch in der Entwicklung der ICF-Version für Kinder und Jugendliche (vgl. WHO 2007) sowie in den KMK-Empfehlungen hinsichtlich des ‚sonderpädagogischen Förderbedarfs' von Schülerinnen und Schüler (vgl. KMK 1994). Die Empfehlungen betonen, dass sowohl die individuellen Fähigkeiten und Bedürfnisse des Kindes bei der Bestimmung des Förderbedarfs zu berücksichtigen seien als auch das kindliche Umfeld und der Ort der sonderpädagogischen Förderung nicht allein die Förderschule sein müsse. Da jedoch die Anforderung von entsprechenden unterstützenden Ressourcen an die Identifizierung entsprechender Förderbedarfe gebunden ist, muss nichtsdestotrotz eine Kategorisierung von behinderten und nicht-behinderten Schülerinnen und Schülern erfolgen (‚Etikettierungs-Ressourcen-Dilemma', vgl. Lindmeier & Lindmeier 2012, 47). Die durch die UN-Behindertenrechtskonvention von 2006 ausgelöste Debatte um ‚inklusive Bildung' intendiert diesbezüglich zwar eine Auflösung der Kategorisierungsproblematik, jedoch entwickelten auch die neueren KMK-Empfehlungen (2011) bestehende Termini nicht wirklich weiter (vgl. ebd., 48).

Gegenwärtig wird neben dem Begriff der ‚Behinderung' in der sonderpädagogischen Diskussion auch der Begriff der ‚Benachteiligung' fokussiert, der insbesondere Kinder, Jugendliche und Erwachsene zu fassen sucht, „die zwar hinsichtlich ihrer vollen und wirksamen Teilhabe an Bildung beeinträchtigt sind, aber kein Gesundheitsproblem und folglich auch keine Schädigungen körperlicher Strukturen oder Funktionen aufweisen" (ebd., 57). Damit verweist der Unterrichtsgegenstand ‚Behinderungen – Benachteiligungen' über den perspektivenvernetzenden Themenbereich ‚Gesundheit und Gesundheitsprophylaxe' hinaus insbesondere auch auf Themenbereiche der sozialwissenschaftlichen Perspektive wie ‚Das Gemeinwohl' mit der Zielsetzung, „gemeinsam erwünschte Ziele und Werte, um derentwillen Menschen sich in einem politischen Gemeinwesen zusammenschließen" (GDSU 2013, 35) zu reflektieren bzw. der ‚Sozialisation', verbunden mit dem Ziel, kulturelle Werte und Normen vor dem Hintergrund der eigenen Herkunft und den sich daraus ergebenden Handlungsspielräumen zu bedenken (vgl. ebd., 36).

3 Bezüge zum kindlichen Alltag

‚Was ist das, behindert sein? Kann mir das auch passieren? Warum spricht er/sie nicht so wie ich? Mag er mich?'[1] Anhand derartiger Fragen nähern sich bereits Kinder im Alter von vier Jahren behinderten Menschen, die sie in ihrem Umfeld wahrnehmen. Damit wird eine Behinderung als ‚Andersartigkeit' aufgefasst, der Mensch ist im Vergleich zu mir unterschiedlich. Im Kontext der genannten Fragen wird Eltern an dieser Stelle folgendes geraten: „Wie Sie auf diese ersten unschuldigen und neugierigen Beobachtungen reagieren, hat einen Einfluss darauf, wie Ihr Kind über Behinderungen denkt und andere behandelt, wenn es älter wird" (vgl. ebd.). Diese Sichtweise knüpft damit an soziologische Überlegungen zum Verständnis von Behinderung und Benachteiligung an, die insbesondere den Umgang mit behinderten Menschen in Situationen gesellschaftlichen Handelns analysieren. So wird Behinderung und Benachteiligung hier als „eine dauerhafte und sichtbare Abweichung im körperlichen, geistigen oder seelischen Bereich [gedeutet], der allgemein ein entschieden negativer Wert zugeschrieben wird. ‚Dauerhaftigkeit' unterscheidet Behinderung von Krankheit. ‚Sichtbarkeit' ist im weitesten Sinne das ‚Wissen' anderer Menschen um die Abweichung. Ein Mensch ist ‚behindert', wenn erstens eine unerwünschte Abweichung von wie auch immer definierten Erwartungen vorliegt und wenn zweitens deshalb die soziale Reaktion auf ihn negativ ist" (Cloerkes 2007, 8, Hervorhebungen im Original). Ein behinderter Mensch verfüge damit über ein Merkmal, das eine außergewöhnliche Reaktion bei anderen Menschen auslöse. Dieses Merkmal widerspreche dabei den sozialen Erwartungen und werde als ‚Andersartigkeit' wahrgenommen. Von einer Behinderung könne aber erst dann gesprochen werden, wenn diese ‚Andersartigkeit' negativ bewertet werde.

Diese soziale Reaktion umfasst dabei nicht nur die formale Diagnose, sondern beschreibt insbesondere Einstellungen und Haltungen auf der Ebene der zwischenmenschlichen Interaktionen. Über diesen Zusammenhang können vielfältige Bezüge des Unterrichtsgegenstandes ‚Behinderungen – Benachteiligungen' zum kindlichen Alltag hergestellt werden. Denn Cloerkes hebt hervor, dass die negative Bewertung einer Behinderung nicht immer mit einer negativen Reaktion auf den behinderten Menschen einhergehen muss. So werde Blindheit als andersartiges Merkmal, als Behinderung (negativ) bewertet, das Verhalten gegenüber blinden Menschen sei aber in der Regel moderat. Es entscheiden das kulturelle Verständnis von Schädigungen und der soziale Umgang damit, ob eine Schädigung als Behinderung bewertet wird oder nicht. So können einzelne Defekte in unterschiedlichen Kulturen ganz verschieden bewertet werden.

---

1 vgl. http://www.babycenter.de/a27709/wie-sie-mit-ihrem-kind-%C3%BCber-menschen-mit-behinderungen-sprechen-k%C3%B6nnen#section4 [letzter Zugriff: 7.07.2015]

Um die Haltungen und Einstellungen gegenüber behinderten Menschen kennzeichnen zu können, sind die die Einstellungen bestimmenden Werte und Normen einer Gesellschaft aufzuzeigen. Denn die Einstellung zu einer Behinderung und dem Menschen, der durch sie zum Anlass sozialer Reaktionen wird, resultiert aus den Werten, die der Bewertende abstrakten Konzepten wie ‚Gesundheit' etc. beimisst. Eine Einstellung bezieht sich auf einen konkreten Sachverhalt oder einen konkreten Menschen und wird durch die Werte, die sich auf übergeordnete Begriffe und Konzepte beziehen, beeinflusst. Der Begriff der ‚Einstellung' ist in diesem Verständnis durch drei Perspektiven wie die *kognitive* (ein Sachverhalt wird in spezifischer Weise wahrgenommen und drückt sich in Überzeugungen aus), die *affektive* (beinhaltet die emotionalen Aspekte einer Haltung gegenüber einer Sache, einem Objekt) sowie die *konative* (beschreibt die Handlungsweisen gegenüber dem Einstellungsobjekt) Dimension näher bestimmt (vgl. Cloerkes 2007, 104). Einstellungen sind demzufolge ein Konstrukt, „das zwischen bestimmten Reizen (also z.B. dem Zusammentreffen mit bestimmten Personen, Situationen, sozialen Gruppen) und einem nachfolgenden Verhalten (nämlich einer Gefühlsäußerung, einer Meinung, einer Handlung) vermittelt" (Ellinger 2005, 147). Mit dem Begriff der ‚Einstellungen' werden zunächst einmal alle Reaktionsformen von Menschen (freundlich/offen, gleichgültig, negativ) auf Sachverhalte umschrieben, die in Vorurteile münden können und sich damit einer Beeinflussung stark widersetzen.

Einstellungen gegenüber Menschen mit Behinderungen werden durch folgende Aspekte beeinflusst (vgl. Cloerkes 2007, 105f.):

- *Art der Behinderung*: Forschungen zeigen, dass das Ausmaß der Sichtbarkeit einer Behinderung und deren Relevanz für Funktionsleistungen wie u.a. Kommunikation, Mobilität, Intelligenz in besonderem Maße die Einstellung zur Behinderung beeinflussen. Demzufolge werden Auffälligkeiten im geistigen bzw. psychischen Bereich deutlich ungünstiger bewertet als bei körperlichen Schädigungen.
- *Sozio-ökonomische, demographische Merkmale*: Dieser Einfluss ist gering, lediglich die Geschlechtszugehörigkeit und das Lebensalter lassen Rückschlüsse dahingehend zu, dass Frauen eine Behinderung generell etwas positiver beurteilen als Männer und ältere Menschen dieses Phänomen negativer sehen als jüngere Personen. So zeigten Untersuchungen, dass ein höherer Bildungsgrad und die Zugehörigkeit zu einem höheren sozio-ökonomischen Status nicht mit positiveren Einstellungen gegenüber behinderten Menschen zwingend einhergingen.
- *Persönlichkeitsmerkmale*: Der Einfluss bestimmter Persönlichkeitsmerkmale wie Autoritarismus, Angst, Ambiguitätstoleranz etc. auf die Haltung gegenüber Menschen mit Behinderungen lässt sich nicht eindeutig belegen. Cloerkes nimmt jedoch aufgrund einiger Studien an, dass „besonders ich-schwache, ängstliche, dogmatische und ambiguitätsintolerante Personen tendenziell dazu

neigen, Behinderte eher abzulehnen als Personen ohne solche Eigenschaften" (ebd., 105).
- *Kontakt mit Behinderten*: Die Art und Gestaltung des Kontakts mit behinderten Menschen beeinflusst maßgeblich die Einstellung ihnen gegenüber.

Die Einstellung zu behinderten Menschen kann somit nicht eindeutig auf bestimmte Gründe zurückgeführt werden. Letztlich komme es besonders auf die Verletzung der zugrunde gelegten gesellschaftlichen Werte und Normen an, deren kulturelle Bedingtheit die Haltung und Einstellung zu behinderten Menschen nachhaltig beeinflusse. Festzuhalten bleibt jedoch, dass Einstellungen bereits früh im Leben eines Menschen geprägt werden und sich insbesondere Vorurteile schon bei jungen Kindern nur schwer revidieren lassen. Durch die erfolgreiche Integration von behinderten Menschen in allen Lebensbereichen sollen demzufolge Einstellungen und Verhaltensweisen verändert bzw. abgebaut werden. Denn die Qualität des Kontakts zu Menschen mit Behinderungen bestimmt in bedeutender Weise die jeweiligen Einstellungen. Eine relativ hohe Frequenz von Interaktionen mit behinderten Menschen führt dabei aber noch nicht zu einer positiven Haltung. Förderlich sind insbesondere „positive anfängliche Grundeinstellungen und Freude am Kontakt, Freiwilligkeit des Kontakts, eine relative Statusgleichheit und die Verfolgung gemeinsamer Aufgaben und Ziele" (Fries 2005, 166). Die Bedingungen für eine so gestaltete Kontaktaufnahme und -beibehaltung wird durch die konsequente Integration von Menschen mit Behinderungen in alle gesellschaftlichen Bereiche gefördert. Dieser Zusammenhang kann auch für die gemeinsame Beschulung von behinderten und nicht-behinderten Kindern und Jugendlichen nachgewiesen werden. Erfolge im inklusiven Unterricht sind nur dann zu erzielen, wenn das Verhältnis von Kindern und Jugendlichen mit Unterstützungsbedarf und solchen, die ein großes, insbesondere kognitives Leistungsvermögen mitbringen, ausgewogen ist. Hinzukommt, dass „die Erfahrung der Eingebundenheit in die Gruppe und die Selbsterfahrung als anerkanntes Mitglied in der Gemeinschaft" (Lütje-Klose 2013, 36) in Bezug auf die soziale und emotionale Entwicklung entscheidend für das Gelingen gemeinsamen, inklusiven Lernens ist. Diese Erfahrungen müssten jedoch auch in inklusiven Klassen immer wieder aufs Neue hergestellt werden. Denn die Eingebundenheit in eine Gemeinschaft, z.B. über Freundschaft, kann nicht erzwungen werden (vgl. Felder 2012, 150).

3.1 Unterrichtsideen für die Klassen 1 und 2

Eine Hinführung zum Unterrichtsgegenstand ‚Behinderungen – Beeinträchtigungen' in den ersten Klassen der Grundschule fokussiert hier die Ziele, dass Schülerinnen und Schüler zunächst ihre Wahrnehmungen von Behinderungen und Benachteiligungen sowie die von anderen im Alltag reflektieren. In einem zweiten Schritt kann dann das Leben mit einer Behinderung bzw. Benachteiligung unter verschiedenen Perspektiven betrachtet und im Hinblick auf die eigene Lebensweise reflektiert werden. Auf diese Weise werden Kompetenzen des perspektivenvernetzenden Themenbereichs ‚Gesundheit und Gesundheitsprophylaxe' in den Blick genommen wie „die Bedeutung sozialer Faktoren für die Gesundheit (Freunde, Freude, soziale Bindungen) wahrnehmen, erkennen und beschreiben" (GDSU 2013, 82). Diese werden zu den Denk-, Arbeits- und Handlungsweisen der sozialwissenschaftlichen Perspektive wie „an ausgewählten gesellschaftlichen Gruppen partizipieren" und „argumentieren sowie zwischen Einzelnen oder zwischen Gruppen mit unterschiedlichen Interessen und Bedürfnissen verhandeln" (ebd., 29) in Beziehung gesetzt.

Unterrichtsidee: Wahrnehmung von Menschen mit Behinderungen/Benachteiligungen im Alltag

Anhand verschiedener Bilder, auf denen behindernde, benachteiligende Situationen aus einem kindlichen Alltag dargestellt sind (zu klein sein, um an die Keksdose auf dem Schrank zu gelangen; zu jung sein, um einen bestimmten Film im Kino zu sehen; dem Zwang einer Gruppe ausgesetzt sein; krank sein, anders in Bezug auf Haarfarbe, Hautfarbe sein) werden die Erfahrungen von Schülerinnen und Schüler zum Unterrichtsthema verdeutlicht: ‚Was behindert mich in meinem Alltag? In welchen Situationen bin ich benachteiligt? Wie nehme ich benachteiligende, behindernde Situationen im Leben von anderen wahr?' Anhand derartiger Situationen kann eine erste Klärung des Begriffs ‚Behinderung/Benachteiligung' erfolgen: Wann bin ich behindert, benachteiligt? Wo und wie wird mir geholfen? Welche Hilfe kann ich geben? Aus diesem Gespräch heraus wird ein Verständnis von Behinderung/Benachteiligung erarbeitet, das deutlich macht, dass jeder Mensch in eine Situation gelangen kann, in der er in seinem Handeln, in seinem Vorhaben behindert wird, weil andere Menschen bestimmte Regeln aufgestellt und Grenzen gesetzt haben. Vor diesem Hintergrund können dann körperliche, geistige, sinnesbezogene Behinderungen von Menschen vielfältiger in den Blick genommen werden: Welche Situationen könnten für diesen Menschen schwierig werden? Auf welche Weise muss eine Situation umgestaltet werden, damit alle Menschen sie bewältigen können?

Besonders deutlich werden derartige Situationen, wenn beispielsweise ein Mensch mit einer Sehbehinderung in die Klasse eingeladen wird[2] und von seinen Herausforderungen im Alltag berichtet: Wie findet er allein den Weg zum Supermarkt oder Briefkasten? Wie können ein Stock oder ein Blindenhund diesen Menschen in seinem Alltag unterstützen? Sophie Decker (2014) beschreibt ausgehend von Interviews, die sie mit sehbehinderten, blinden Menschen geführt hat, welche

---

2 Alternativ kann auch eine Mobilitätslehrkraft eingeladen werden. Diese betreuen sehbehinderte Menschen eine Zeitlang, damit sie verschiedene Orientierungsstrategien kennen und anwenden lernen (vgl. Decker 2014, 15f.).

Strategien diese anwenden, um sich in bekannten und unbekannten Räumen zu orientieren. Sie schlägt vor, dass Schülerinnen und Schüler zunächst eigene Erfahrungen mit den Herausforderungen der Orientierung machen ohne sehen zu können, um darauf aufbauend über behindernde Situationen nachdenken zu können. Auf diese Weise können im Gespräch auch Fragen des ‚Sich-Verhaltens' gegenüber und des Umgangs mit Menschen mit Behinderungen angesprochen werden: Darf und soll ich diesen Menschen helfen? Und wenn ja, wie? Wie kann ich sie ansprechen? Ich würde gerne wissen, was dem Menschen passiert ist? Darf und kann ich das fragen? (vgl. ebd., 14) Denn oftmals erleben Kinder, dass erwachsene Bezugspersonen in ihrem Feld diesen Fragen ausweichend begegnen, den Kindern bedeuten, dass ‚man' solche Fragen nicht stellt. Doch je offener Kinder ihre Fragen stellen dürfen und positive Erfahrungen im Umgang machen können, desto eher entwickeln sie eine Haltung, dass Behinderungen und Benachteiligungen selbstverständlich zum Alltag von allen Menschen gehören.

Unterrichtsidee: Leben mit einer Behinderung/Benachteiligung im Alltag

Vor dem Hintergrund dieser Reflexionsebenen ist es Kindern möglich, ihren eigenen Alltag unter der Fragestellung ‚Wie und wo erlebe ich behindernde Situationen? Wie und wo nehme ich diese bei anderen wahr?' anzuschauen. Sie schildern sich zunächst eigene Erfahrungen des Alltags, um ein Gespür dafür zu erhalten, wie ein und dieselbe Situation von Menschen unterschiedlich wahrgenommen werden kann. Anhand der fiktiven Biographie von verschiedenen Kindern reflektieren sie in einem nächsten Schritt die Abläufe und mögliche Situationen im eigenen Schulalltag, -gebäude. Auf diese Weise identifizieren sie Orte und Abläufe, die in bestimmten Situationen für manche Menschen zum Hindernis werden können. Mit Hilfe einer Umfrage unter Schülerinnen und Schülern, Lehrkräften, Eltern und Mitarbeitern der Schule werden dann konkrete benachteiligende, behindernde Situationen und Orte gekennzeichnet (Welche Räume sind für mich schwer zu erreichen? In welchen Räumen kann ich gut und weniger gut arbeiten? Wo finde ich Ruhe? Was hilft mir in der Schule dabei, u.a. Mobiliar, bestimmtes Licht…?) und gemeinsam Lösungsmöglichkeiten entwickelt, damit alle jederzeit die Möglichkeit haben, an den für sie wichtigen Elementen des Schulalltags teilzuhaben.[3] Anschaulich werden diese Überlegungen, wenn Schülerinnen und Schüler beispielsweise selbst einmal probieren, mit einem Rollstuhl für Kinder ihre verschiedenen Alltagssituationen zu bewältigen (Gang zur Toilette, Benutzen

---

3 Im *Index für Inklusion* werden derartige Anhaltspunkte anhand von Fragekatalogen, die sich an Kinder und Erwachsene wenden, aufgezeigt, um ein inklusives Zusammenleben im Kontext von Schule und Kindergarten anzubahnen (http://www.eenet.org.uk/resources/docs/Index%20German.pdf, letzter Zugriff: 10.07.2015).

verschiedener Arten von Türen, Aufhängen einer Jacke am Kleiderhaken…).[4] Für ältere Schülerinnen und Schüler ist in diesem Rahmen das Projekt ‚Wheelmap' interessant (vgl. Perrey 2013). Auf einer interaktiven Karte, die online einsehbar ist, können Orte in der eigenen Stadt/dem Stadtteil mit einem Ampelsystem bewertet werden, ob diese rollstuhlgerecht sind. Rollstuhlfahrerinnen und -fahrer nutzen diese Karte, um sich beispielsweise zu erkundigen, inwiefern sie einen öffentlichen Ort wie ein Café oder eine Institution erreichen können. Für Lehrkräfte stehen hier detaillierte Unterrichtsmaterialien zum Projekt zur Verfügung (http://wheelmap.org/projekte/schulprojekt).

3.2 Unterrichtsideen für die Klassen 3 und 4

Nachdem die Schülerinnen und Schüler bereits in der 1./2. Klasse ihre Wahrnehmung des Gegenstands reflektiert, verschiedene Arten von Behinderungen kennengelernt und Aspekte der Teilhabe bzw. Ausgrenzung thematisiert haben, sollen im Folgenden zwei Unterrichtsideen für die 3./4. Klasse vorgestellt werden, die die Themen *„Diskriminierung von Menschen mit Behinderung"* und *„Reflexion und Überwindung eigener Berührungsängste"* in den Blickwinkel nehmen. Beide Unterrichtsideen verfolgen einen eher projektorientierten Ansatz und werden dementsprechend offen skizziert. Während das erste Unterrichtsthema bereits auf der Ebene einer (inklusiven) Einzelklasse aufgegriffen werden könnte, bietet sich die zweite Unterrichtsidee für ein klassen- oder schulübergreifendes Projekt an, in dem Kinder mit und ohne Behinderung aufeinandertreffen.

Unterrichtsidee: Diskriminierung von Menschen mit Behinderung

Die Diskriminierung von Menschen mit Behinderung manifestiert sich im Alltag nicht nur in Form ablehnenden Verhaltens im zwischenmenschlichen Miteinander oder im Zusammenhang struktureller Ausgrenzung. Bereits die Verwendung bestimmter sprachlicher Termini kann als Akt der Diskriminierung gewertet oder empfunden werden. So kann die durch ein Kind naiv formulierte Frage „Bist du behindert?" je nach Kontext unterschiedlich gedeutet werden, insbesondere dann, wenn der Fragende den Adressaten nicht auf der Sachebene anspricht, sondern ihn vielmehr über den Akt der Ansprache als „Behinderten" kategorisiert. Diese als Beleidigung intendierten Wort(neu)schöpfungen findet man vielfach: „Idiot", „Krüppel", „Brillenschlange", „Dummkopf", „Spasti" usw. Insbesondere Kinder, die diese Begriffe im Affekt nutzen, kennen häufig nicht deren tiefere Bedeutung.

---

4 In einer Übersicht sind von der Bundesvereinigung Lebenshilfe für Menschen mit geistiger Behinderung e. V. weitere Übungen und Materialien zusammengestellt worden, die es Schülerinnen und Schülern ermöglichen sollen, für behindernde Situationen im Alltag von Menschen sensibilisiert zu werden (vgl. http://www.lebenshilfe.de/schulinklusion/inklusion-im-unterricht/index.php, letzter Zugriff: 10.07.2015).

Deshalb bietet es sich an, diesen Umstand als Ausgangspunkt für die Auseinandersetzung mit dem Unterrichtsthema *„Diskriminierung von Menschen mit Behinderung"* aufzugreifen. Ziel dabei sollte die Entwicklung nicht diskriminierender zwischenmenschlicher Alltagspraxen sein.

Zum Einstieg in die Unterrichtseinheit kann man die Schülerinnen und Schüler (beispielsweise mittels eines Zeitungsartikels) mit einem Fall konfrontieren, in dem ein Mensch mit Behinderung durch eine Person beleidigt wird. Daran anschließend könnte man dann im Klassengespräch versuchen, die Bedeutung des diskriminierenden Begriffes zu klären und zu überlegen, inwiefern dieser als verletzend empfunden werden kann. Danach bietet sich die Aufgabe für die Schülerinnen und Schülern an, in Kleingruppen darüber nachzudenken, wie Außenstehende angemessen auf einen solchen Vorfall reagieren, das Opfer unterstützen und den vermeintlichen Täter angemessen ansprechen könnten. Ziel eines solchen Gruppenarbeitsauftrags sollte die Erarbeitung eines denkbaren Lösungsansatzes sein. Dabei müssen individuelle Position formuliert und gegenüber anderen argumentativ vertreten werden, z.B. in Form eines Rollenspiels (s. DAH SOWI 2). Am Beispiel einer sie nicht betreffenden Fallbeschreibung erhalten die Schülerinnen und Schüler so einen ersten Eindruck von der verletzenden Wirkung von Sprache.

Der spätere Austausch verschiedener Gruppenergebnisse kann dazu genutzt werden, die Vor- und Nachteile jeweiliger Lösungsansätze umfassend zu reflektieren und gegeneinander abzuwägen. Dabei sollte unbedingt die Deklarierung vermeintlich „richtiger" und „erwünschter" Lösungsstrategien vermieden werden. Vielmehr sollte man gegensätzliche Positionen kontrastiv gegenüberstellen und im Hinblick auf die UN-Konvention über die Rechte von Menschen mit Behinderungen reflektieren. Unter Verwendung verständlicher Informationsmaterialien wie z.B. der Broschüre *„Vereinbarung über die Rechte von Menschen mit Behinderung in Leichter Sprache"* des Bundesministeriums für Arbeit und Soziales (vgl. BMAS 2011) oder der Homepage *„Ich-kenne-meine-Rechte"* (vgl. Deutsches Institut für Menschenrechte e. V. 2015) können die Kinder selbstständig Erklärungen erarbeiten, inwiefern der im Fallbeispiel verwendete Begriff als Diskriminierung angesehen werden muss. Dabei sollte man unbedingt an das in der 1./2. Klassenstufe erworbene Vorwissen anknüpfen, indem z.B. nochmals verschiedene Formen von Behinderungen zusammengetragen werden.

Im Anschluss an die umfassende Reflexion des konkreten Fallbeispiels könnte man zusammen mit den Schülerinnen und Schülern nach weiteren Begriffen suchen, die Menschen mit Behinderungen in verletzender Weise diskriminieren. Eine solche Sammlung von Begriffen könnte anschließend durch die Lernenden im Sinne einer Aufklärungskampagne für die anderen Kinder weiterentwickelt werden. Dazu müssten die Schülerinnen und Schüler in einem ersten Schritt im Internet, in Broschüren oder Sachbüchern nach Informationen recherchieren oder

Expertinnen und Experten zu spezifischen Fragen interviewen. Als Interviewpartnerinnen und -partner kämen beispielsweise die in der Schule arbeitenden Förderschullehrkräfte in Betracht. Eine weitere Möglichkeit wäre die Durchführung von Umfragen, mit denen die Erfahrungen von anderen Kindern mit dem jeweiligen Begriff eingefangen werden könnten. In einem zweiten Arbeitsschritt sollten dann die Ergebnisse der eigenen Recherche in Form eines Handlungsproduktes aufbereitet werden. Dazu bieten sich z.B. Plakate, Vorträge, Theaterstücke, Texte, Filme oder Hörspiele an, in denen relevante Informationen in verständlicher Weise präsentiert und eigene Lösungsansätze zum Ausdruck gebracht werden.[5] Darauf aufbauend könnten dann auf Klassen- bzw. Schulebene neue Regeln und Formen des Miteinanders entwickelt werden, um künftig sprachliche Formen der Ausgrenzung und Diskriminierung zu vermeiden.

Unterrichtsidee: „Reflexion und Überwindung eigener Berührungsängste"

Die zweite Unterrichtsidee, die im Folgenden nur kurz skizziert werden kann, schließt direkt an die bisherigen Unterrichtsbeispiele an. Wenn die Schülerinnen und Schüler bereits verschiedene Arten von Behinderungen und Formen sprachlicher oder sozialräumlicher Ausgrenzung kennengelernt haben, bestünde die Möglichkeit, ein schul- und/oder klassenübergreifendes Unterrichtsprojekt zu initiieren, welches von Kindern mit und ohne Behinderung kooperativ gestaltet werden soll. Mögliche Handlungsprodukte könnten beispielsweise die Gestaltung eines Festes für Kinder mit und ohne Behinderung oder die gemeinsame Präsentation von Ergebnissen am Ende einer Unterrichtseinheit gemäß unterschiedlicher kindlicher Bedürfnisse sein (z.B. das Vorstellen eigener Geschichten zu einem Thema aus dem Deutschunterricht, die Unterrichtsergebnisse einer Einheit zur Lebensweise von Schnecken aus dem Sachunterricht, vgl. u.a. Schomaker 2004). Im Zusammenhang eines solchen Projektes könnten die Schülerinnen und Schüler über schulische Grenzen hinweg verschiedene Formen der Partizipation erproben (s. DAH SOWI 1).

Neben dem Aspekt des organisatorischen Aufwands müssen die betreuenden Lehrkräfte eines solchen Projekts aber auch mit einer gewissen Unsicherheit oder gar mit Berührungsängsten seitens einzelner Schülerinnen und Schüler rechnen, die bisher entweder wenig Erfahrungen mit Menschen mit bestimmten Behinderungen gemacht haben oder als Lernende einer Förderschule nur kleinere Lerngruppen gewöhnt sind. Insofern bezieht sich die Überschrift „*Reflexion und Über-*

---

5 Das Institut für Menschenrechte hat in diesem Zusammenhang Unterrichtsmaterialien zusammengestellt und entwickelt, die Übungen, Filme, Texte, Hintergrundinformationen aufzeigen, mit denen der Aspekt der Diskriminierung im Unterricht thematisiert werden kann (vgl. http://www.institut-fuer-menschenrechte.de/fileadmin/user_upload/Publikationen/Unterrichtsmaterialien/unterrichtsmaterialien_der_schutz_vor_diskriminierung.pdf, letzter Zugriff: 10.07.2015)

windung eigener Berührungsängste" auf alle Kinder. Aus diesem Grund ist es bei der Planung und Durchführung eines solchen Projekts von besonderer Bedeutung, den Sorgen und Nöten der Schülerinnen und Schüler einen Raum zu geben, ihnen parallel dazu aber auch Strukturierungshilfen anzubieten, um mögliche Probleme der Zusammenarbeit eigenverantwortlich lösen zu können.

Literatur

Bittlingmayer, U. H. (2009). Gesundheitsförderung im Setting Schule und ihre normativen Implikationen. In: U. H. Bittlingmayer, D. Sahrai & P.-E. Schnabel (Hrsg.): Normativität und Public Health. Vergessene Dimensionen gesundheitlicher Ungleichheit. Wiesbaden: VS Verl. für Sozialwissenschaften, 269-299.

Bundesministerium für Arbeit und Soziales (BMAS) (2011): Vereinbarung über die Rechte von Menschen mit Behinderung in Leichter Sprache. In: http://www.bmas.de/DE/Service/Publikationen/a729L-un-konvention-leichte-sprache.html [letzter Zugriff: 9.07.2015].

Cloerkes, G. (2007): Soziologie der Behinderten. Eine Einführung. Heidelberg: Universitätsverlag Winter.

Decker, S. (2014): Wie sich Blinde und Sehbehinderte orientieren. Vom Leben in einer Sehkultur ohne sehen zu können. In: Grundschule Sachunterricht, 61, H.1, 13-20.

Deutsches Institut für Menschenrechte e. V. (2014): Vertrag über die Rechte von Menschen mit Behinderungen. In: http://www.ich-kenne-meine-rechte.de [letzter Zugriff: 9.07.2015].

Ellinger, S. (2005): Einstellung – Vorurteil – Stigmatisierung. In: S. Ellinger & R. Stein (Hrsg.): Grundstudium Sonderpädagogik. Oberhausen: Athena, 142-156.

Felder, F. (2012): Die Sphären von Inklusion und ihre Bedeutungen für den schulischen Kontext. In: Sonderpädagogische Förderung heute 58, H. 2, 136-152.

Fries, A. (2005): Sozialpsychologie und Behinderung. In: S. Ellinger & R. Stein (Hrsg.): Grundstudium Sonderpädagogik. Oberhausen: Athena, 157-169.

Gesellschaft für Didaktik des Sachunterrichts (GDSU) (Hrsg.) (2013): Perspektivrahmen Sachunterricht. (Vollst. überarb. u. erw. Ausg.). Bad Heilbrunn: Klinkhardt.

Giest, H. (2007): Gesundheitssituation und Gesundheitserziehung im Grundschulalter. Grundschulunterricht, 54, H.6 2-6.

Giest, H. & Hintze, K. (2007): Für einen aktiven Gesundheitsbegriff. Grundschulunterricht, 54, H.6, 10-18.

Hurrelmann, K. (2009): Gesundheitsförderung [Zu Kap. 2 Prävention]. In: G. Opp & G. Theunissen (Hrsg.): Handbuch schulische Sonderpädagogik. Bad Heilbrunn: Klinkhardt, 428-436.

Hurrelmann, K. & Franzkowiak, P. (2015): Gesundheit. Leitbegriffe der Gesundheitsförderung. Bundeszentrale für gesundheitliche Aufklärung. In: http://www.leitbegriffe.bzga.de/?uid=c67d11f6576c8e66ff9001304a91b057&id=angebote&idx=143 [letzter Zugriff: 09.07.2015].

Jantzen, W. (2007): Allgemeine Behindertenpädagogik. Teil I und II. Berlin: Lehmanns Media.

Kiper, H. (2007): Gesundheitserziehung. In: J. Kahlert, M. Fölling-Albers, M. Götz, A. Hartinger, D. von Reeken & S. Wittkowske (Hrsg.): Handbuch Didaktik des Sachunterrichts. Bad Heilbrunn: Klinkhardt, 196-200.

KMK (1994): Empfehlungen zur sonderpädagogischen Förderung in den Schulen der Bundesrepublik Deutschland. In: http://www.kmk.org/fileadmin/veroeffentlichungen_beschluesse/1994/1994_05_06-Empfehl-Sonderpaedagogische-Foerderung.pdf [letzter Zugriff: 17.06.2014].

KMK (2011): Inklusive Bildung von Kindern und Jugendlichen mit Behinderungen in Schulen. Beschluss der Kultusministerkonferenz vom 20.10.2011. In: http://www.dgfe.de/fileadmin/Ordner-

Redakteure/Sektionen/Sek06_SondPaed/KMK_2011_Inklusive_Bildung_von_Kindern_und_Jugendlichen_mit_Behinderungen_in_Schulen.pdf [letzter Zugriff: 9.07.2015].

KMK (2012): Empfehlung zur Gesundheitsförderung und Prävention in der Schule. Beschluss der Kultusministerkonferenz vom 15.11.2012. In: http://www.mk.niedersachsen.de/portal/live.php?navigation_id=1923&article_id=6496&_psmand=8 [letzter Zugriff: 9.07.2015].

Lindmeier, B. & Lindmeier, C. (2012): Pädagogik bei Behinderung und Benachteiligung. Bd. 1: Grundlagen. Stuttgart: Kohlhammer.

Lütje-Klose, B. (2013): Inklusion – Herausforderung für Schul- und Unterrichtsentwicklung. In: Pädagogik, 9, 34-36.

Marchwacka, M. A. (2013): Gesundheitsförderung – eine pädagogische Herausforderung? In: M. A. Marchwacka (Hrsg.): Gesundheitsförderung im Setting Schule. Wiesbaden: Springer, 11-28.

Perrey, S. (2013): ‚Wheelmap' – Online nach rollstuhlgerechten Orten suchen. Zeitschrift für Heilpädagogik, 8, 322-325.

Raithel, J., Dollinger, B. & Hörmann, G. (2009). Einführung Pädagogik. Begriffe – Strömungen Klassiker – Fachrichtungen (3. Auflage.). Wiesbaden: VS Verlag für Sozialwissenschaften.

Schomaker, C. (2004): ‚Herzlich Willkommen im Schneckenzirkus' – Anregungen und Ideen zur Umsetzung ästhetischer Zugangsweisen im Sachunterricht. In: A. Kaiser & D. Pech (Hrsg.): Basiswissen Sachunterricht. Integrative Dimensionen für den Sachunterricht. Neuere Zugangsweisen (1. Auflage, S. 213-218). Baltmannsweiler: Schneider.

Schneider, V. (2008): Gesund leben: Mehr als gesunde Ernährung und viel Bewegung!? Der Beitrag des Sachunterrichts zur fächerübergreifenden Aufgabe „Gesundheitsförderung". Grundschule Sachunterricht, 38, H.2, 2-7.

Simon, T. (2013): Gesundheitsförderung in der Schule und im Sachunterricht als Beitrag zur schulischen Inklusion. In: www.widerstreit-sachunterricht.de, (19), 1–24.

Stein, M. & Wittkowske, S. (2012): Du bist, was du isst! Gesundheitsförderung, Ernährungsbildung und Motivation zur gesunden Ernährung in der Grundschule. Grundschulunterricht Sachunterricht, 59, H.3, 4-7.

WHO (1986): Ottawa-Charta zur Gesundheitsförderung. In: http://www.euro.who.int/_data/assets/pdf_file/0006/129534/Ottawa_Charter_G.pdf [letzter Zugriff: 9.07.2015].

WHO (1997): Die Jakarta-Erklärung zur Gesundheitsförderung für das 21. Jahrhundert. In: http://www.who.int/healthpromotion/conferences/previous/jakarta/en/hpr_jakarta_declaration_german.pdf [letzter Zugriff: 9.07.2015].

WHO (2007): International Classification of Functioning, Disability and Health. Children and Youth Version. Genf: ICF-CY.

Autorinnen und Autoren

Coers, Linya, Universität Vechta
Gläser, Eva, Prof. Dr., Universität Osnabrück
Gloe, Markus, Dr., Universität München
Goll, Thomas, Prof. Dr., Technische Universität Dortmund
Götzmann, Anke, Dr., Pädagogische Hochschule Karlsruhe
Hempel, Marlies, Prof. Dr., Universität Vechta
Kallweit, Nina, Humboldt Universität zu Berlin
Kuhn, Hans-Werner, Prof. Dr., Pädagogische Hochschule Freiburg
Ohlmeier, Bernhard, PD Dr., Universität Augsburg
Pech, Detlef, Prof. Dr., Humboldt Universität zu Berlin
Peuke, Julia, Universität Osnabrück
Piorkowsky, Michael-Burkhard, Prof. Dr., Universität Bonn
Rank, Astrid, Prof. Dr., Universität Regensburg
Richter, Dagmar, Prof. Dr., Technische Universität Braunschweig
Schauenberg, Eva-Maria, Dr., Technische Universität Dortmund
Schomaker, Claudia, Prof. Dr., Universität Hannover
Seeber, Günther, Prof. Dr., Universität Koblenz-Landau
Weber, Birgit, Prof. Dr., Universität zu Köln
Weißeno, Georg, Prof. Dr., Pädagogische Hochschule Karlsruhe
Wohltmann, Jan Heiko, Universität Hannover